AF414102

Antonio Francisco Costa

CHI TACE ACCONSENTE!

*Temi socio-politici
dal punto di vista del giurista*

◆

EDIZIONI WE

ANTONIO, FRANCISCO COSTA
Testo originale: QUEM CALA CONCORDA!
Temas sócio-políticos na ótica do jurista
Salvador: 2024.

Opera tradotta e curata
dall'autrice italo-brasiliana e cofondatrice delle Edizioni We
Simona Adivíncula.

ISBN 979-12-5497-206-9

©2025 Edizioni WE di Nicola Bergamaschi
Via Paulli 10/A – 26015 – Soresina (CR)

www.clickpertutti.com
www.edizioniwe.com
www.facebook.com/edizioniwe
www.instagram.com/edizioniwe
info@edizioniwe.com

Sommario

PRESENTAZIONE
DELL'AUTORE ANTONIO FRANCISCO COSTA

Il presente compendio costituisce una sorta di raccolta di articoli di natura socio-politica, con fondamento giuridico, che abbiamo pubblicato su siti, giornali e riviste specializzate, per lo più criticando gli errori ripetuti commessi dal Potere Giudiziario in Brasile, a partire dalla *Corte Suprema Federale*, errori che minacciano la sicurezza giuridica, in una misura tale da inquietare la società e lasciare perplessi giuristi e dottrinari preoccupati per la valorizzazione e il rispetto del nostro ordinamento giuridico.

Purtroppo, la Corte Suprema Federale ha vilipeso la sacra Costituzione Federale, facendo *tabula rasa* delle sacre norme costituzionali che ne delimitano le competenze e le funzioni giurisdizionali, come custode della Costituzione, incaricata del dovere di garantire il rispetto e l'effettività della Carta Magna. Quest'ultima è destinata a promuovere la sicurezza giuridica, la pace, l'armonia e il benessere sociale. Tuttavia, la Corte è arrivata a fare politica esplicita, professando ideologie politiche e di partito, autoproclamandosi persino "potere moderatore del Brasile". Questo potere straordinario, però, è proprio ed esclusivo del sistema imperiale. Il nostro sistema giuridico è repubblicano e democratico, e non tollera l'intromissione audace di un autoproclamato "potere moderatore"!

Noi ci ispiriamo all'ideale pedagogico del compianto e insuperabile giurista Pontes de Miranda, il quale ha sempre insegnato, come disse in un'intervista al giornalista *Oto Lara Rezende* nel 1979, subito dopo essere stato eletto all'Accademia Brasiliana di Lettere, che *"il DIRITTO non è né di sinistra né di destra"*. Il DIRITTO è l'ordinamento giuridico, naturalmente imparziale, costruito dal popolo attraverso i suoi rappresentanti in Parlamento. È ciò che si trova nella norma preesistente ai fatti, modellando la società con l'istituzione di regole generali di condotta, destinate a tutti, senza distinzione di alcun genere.

Pertanto, i Poteri dello Stato hanno un impegno costituzionale verso il bene comune, l'ordine, l'armonia e il benessere sociale. Se la *Corte Suprema Federale* è decisa a inclinarsi verso la marginalità della Costituzione Federale, disprezzando il senso di imparzialità del diritto e della giustizia, incorporando un'ideologia politica, dovrebbe rinunciare alla preziosa biblioteca del compianto maestro Pontes de Miranda, che attualmente custodisce, e trasferirla a un'Università o a una Biblioteca Pubblica di qualità e prestigio che valorizzi quel ricco patrimonio, che possiamo persino definire un patrimonio dell'umanità.

Per i giuristi accademici brasiliani era già molto triste sentire i Ministri della Corte Suprema Federale affermare che la Corte esercita il "Potere Moderatore in Brasile". E ora, dopo essere stato nominato Ministro della Corte Suprema, il nuovo Ministro Dino dichiara, enfaticamente, in un'intervista alla "Gazeta do Povo", che "la Corte Suprema ha questo grande ruolo di controllo sugli altri Poteri", vantandosi, dunque, come Ministro, che la *Corte Suprema Federale esercita il controllo sugli altri Poteri della Nazione"*. Hanno quindi abolito la Repubblica Federativa del Brasile, o si tratta di una deliberata dichiarazione di stato di eccezione, *Dittatura del Potere Giudiziario?* Dov'è l'impegno per l'effettività della Costituzione Federale e per la Democrazia? Dov'è il rispetto per i Poteri costituiti, per l'armonia e per il benessere sociale?

Da qui la giustificazione dei titoli che troveremo in questo volume, come *"L'insicurezza giuridica in Brasile promossa dallo Stato-Giudice"*, *"L'apparente regime di eccezione istituito nella Corte Suprema"*, *"Il caso di Deltan Dallagnol, vittima della presunta 'dittatura del giudiziario'* in un abominevole precedente giudiziario", "L'attivismo politico della Corte Suprema" e altri.

Una buona e riflessiva lettura!

Antonio Francisco Costa

PREFAZIONE
DI SERGIO HABIB[1]

L'opera in esame è il risultato delle riflessioni di **Antonio Francisco Costa**, avvocato attivo ed esponente, che si propone, con successo, di analizzare l'attuale congiuntura del nostro paese, dal punto di vista del giurista, con le peculiarità di ciascun caso e del momento. L'autore ci presenta una raccolta di articoli pubblicati su siti, giornali e riviste specializzate, mettendo in evidenza i ripetuti errori commessi dal Supremo Tribunale Federale, massimo organo della giustizia brasiliana, nei suoi giudizi collegiali o monocratici. Il titolo suggestivo: **"Chi tace acconsente!"** ci riporta alle decretali (*ius decretalium*) del papato di Bonifacio VIII (1294-1303), il quale, come si narra, avrebbe coniato l'espressione **"Chi tace consente!"**, per significare che l'omissione di un'opinione su determinate questioni equivale ad acconsentire, poiché il silenzio implica consenso.

L'analisi giuridica condotta nei testi raccolti nell'opera è in perfetta armonia con la migliore dottrina e contesta la nuova posizione del Supremo Tribunale Federale, adottata sulla base di orientamenti ideologici incompatibili con il dovere di neutralità proprio di un organo giudicante, specialmente del massimo organo di giustizia, che, come le altre istanze, può sbagliare, con l'unica differenza di avere il privilegio di essere l'ultimo a sbagliare, il che significa che le sue decisioni rappresentano l'ultima parola e, una volta passate in giudicato, hanno efficacia *erga omnes.*

[1] Sergio Habib - Master in Diritto presso l'UFBa; ex-Segretario di Stato della Sicurezza Pubblica di Bahia e del Dipartimento degli Affari Penali della Segreteria della Giustizia; è stato professore di diritto penale e processuale in varie università: UFBa, Unime, Unifacs, Unidom, Uniceub (Brasilia), FIB (San Paolo), Faculdade Atual da Amazônia; Difensore Pubblico dell'Unione (ha operato presso il STF e lo STJ); membro della Commissione del Senato Federale per la Riforma della Legge di Esecuzione Penale; membro dell'Accademia Brasiliana di Diritto Penale, dell'Accademia di Lettere Giuridiche di Bahia e dell'Accademia di Lettere di Itabuna; membro dell'Istituto degli Avvocati di Bahia e dell'Istituto Geografico e Storico di Bahia; Consigliere dell'OAB per vari anni; ha fatto parte di numerose commissioni di concorso per la Magistratura, il Ministero Pubblico e l'Avvocatura; professore della Scuola dei Magistrati di Bahia e del Ministero Pubblico e dell'Accademia di Polizia Civile; del Corso Preparatorio per Ufficiali della Polizia Militare della Bahia; autore di numerose opere giuridiche e letterarie; conferenziere nazionale e internazionale; Avvocato Penalista.

In effetti, negli ultimi tempi, il Supremo Tribunale Federale ha drasticamente modificato la sua giurisprudenza, e si può persino affermare in modo sorprendente, poiché contraddice tutto il suo lascito, costruito nel corso di decenni di consolidata interpretazione, tanto che non si riconosce più il suo ruolo di "Custode della Costituzione", essendo proprio il Supremo Tribunale Federale a violarla e disprezzarla, a partire dal momento in cui procede a interpretazioni disparate e contraddittorie del suo sacro testo.

Ma il Supremo Tribunale Federale non viola solo la Carta Magna, bensì anche le leggi ordinarie, facendolo in modo ripetuto e intenzionale, lasciando la comunità giuridica perplessa e sconcertata. Per gli operatori del diritto, diventa un compito di Sisifo argomentare in modo ortodosso, basandosi sulla dottrina consolidata, su regole e principi tradizionali, quando la massima corte ignora tutto ciò, voltando le spalle a tutto quello che si è costruito in passato e che ha favorito la sicurezza giuridica nel paese.

Viviamo, dunque, nell'era del caos, della babele giuridica e, purtroppo, non si sentono voci che protestano contro tali aberrazioni, tranne pochi gridi rauchi e isolati, soffocati da una censura implacabile imposta dall'attivismo giudiziario intermittente e castrante. Il libro *sub examine* contiene una di queste voci, di questi gridi, ed è per questo che è così necessario oggi. L'autore ha scelto di esporsi piuttosto che di tacere, quando avrebbe potuto rimanere tra i suoi libri, concentrandosi su compiti meno tormentosi. A tal proposito, più di un secolo fa, Ruy Barbosa avvertiva: "Nelle attuali condizioni del mondo, non c'è spazio per i neutrali...". Ecco perché **Antonio Francisco Costa** afferma: "L'omissione caratterizza l'accettazione di chi dovrebbe opporsi, assumendosi la responsabilità per gli effetti e le conseguenze degli atti irregolari".

L'attivismo giudiziario è estremamente nocivo alla democrazia e viola la tripartizione dei poteri, che risale a Montesquieu. E, purtroppo, il Supremo Tribunale Federale continua su questa strada, nonostante sia consapevole dei danni che la sua azione può causare all'organismo sociale. Oltre a ciò, è responsabile di una insicurezza giuridica senza precedenti, con effetti deleteri sull'applicazione della legge nel paese. Va aggiunto che questo attivismo, come sottolineato in precedenza, deriva da posizioni ideologiche, il che è incompatibile con la neutralità-imparzialità richiesta ai membri del Potere Giudiziario.

L'omissione delle istituzioni nazionali, soprattutto dell'intelli-ghenzia giuridica, di fronte a un fatto così grave, è imperdonabile e lascia trasparire una certa connivenza con ciò che sta accadendo, esattamente perché, come afferma **Antonio Francisco Costa**, **"Chi tace acconsente"**. È come se ci trovassimo di fronte alla figura del garante dell'art. 13 del Codice Penale, che tratta dell'omissione penalmente rilevante, quando l'omittente poteva e doveva agire per evitare il risultato. Siamo tutti, giuristi, avvocati, scrittori, professori, in breve, operatori del diritto e, in definitiva, l'intera società, garanti le cui responsabilità non ci permettono di ometterci in un momento così grave vissuto dalla nazione brasiliana.

Su questo, **Antonio Francisco Costa** aggiunge: "Quando il potere giudiziario tenta di operare ai margini della Costituzione, con uno stile autoritario e dittatoriale, diventa la minaccia più seria e grave per lo Stato Democratico di Diritto, una minaccia insidiosa per la democrazia, per il benessere sociale e, inoltre, influisce negativamente sullo sviluppo economico e, di conseguenza, sulla stessa sopravvivenza dei cittadini. L'insicurezza giuridica disgrega il settore produttivo".

Ci sembra di vivere la stessa situazione descritta ne **La Peste** di Albert Camus, che si abbatte sulla città algerina di Orano, dove tutti si sono trovati costretti ad affrontarla dopo un lungo periodo di letargia o astrazione. Oppure, nel **Saggio sulla cecità** di Saramago, dove l'autore analizza il comportamento dei ciechi colpiti dalla cosiddetta "cecità bianca", la cui unica via d'uscita è rappresentata dalla presa di coscienza e dall'unione di tutti, guidati da una sola donna che non aveva contratto la malattia. Quella donna potrebbe essere la dea Themis (della Giustizia), - un tempo lo sarebbe stata, sì, - se non fosse più cieca di coloro che lo sono diventati a causa dell'epidemia descritta nel **saggio**. Ci sono, dunque, punti di convergenza che passano sicuramente attraverso il processo di comprensione della realtà e la comunione di tutti per affrontare la crisi, tanto che l'astrattismo, il negazionismo, l'isolazionismo, e tanti altri "ismi" non saranno mai la via per superare il dispotismo, l'interventismo e l'attivismo statale. In questo contesto, è importante considerare gli insegnamenti della teoria della Gestalt, che propone i principi di prossimità, somiglianza, continuità, chiusura, figura-sfondo, pregnanza e punto focale come guide per l'autoconoscenza.

Il giurista **Antonio Francisco Costa**, quindi, ci invita a prendere coscienza di ciò che sta accadendo, senza perdere il focus, senza tergiversazioni o scorciatoie per trovare soluzioni pratiche. Il primo passo è non restare in silenzio, proprio come non sono rimasti in silenzio gli abitanti del piccolo villaggio che ha fatto da sfondo a **Cronaca di una morte annunciata**, del premio Nobel per la letteratura del 1982 - García Márquez (corifeo del realismo magico latino-americano) - in cui la comunità si è astenuta davanti alla prevedibilità del crimine che ha colpito il giovane di etnia araba Santiago Nasar, vittima della vendetta omicida dei fratelli Vicario, il cui scopo era lavare con il sangue l'onore della loro sorella, Angela Vicario.

Per tutti questi motivi, raccomando la lettura di quest'opera, allo stesso tempo sfidante e illuminante, in cui si analizza ciò che sta accadendo nel mondo giuridico, in seguito alle recenti decisioni della Corte Suprema, i loro riflessi sulla giurisprudenza e i danni causati da sentenze quanto meno discordanti e assurde, che deviano dal percorso tracciato dalla dogmatica giuridica, contravvenendo alla logica, al buon senso e, in molti casi, anche all'etica.

Di fronte a tutto questo, il silenzio rappresenta la rottura del dovere civico a cui tutti noi siamo obbligati, nella misura in cui miriamo a preservare lo Stato di Diritto (non quello che si propaganda, ma quello che scaturisce dal suo vero significato), il bene comune, la conservazione dei valori, la stabilità politica, la neutralità giudiziaria, e soprattutto la libertà di pensiero e di azione. *Contrario sensu*, essere complici di questa situazione equivale a farne parte, a essere coautori di abusi e arbitrarietà, a posticipare i diritti e a ignorare i principi, sfidando la legge e privilegiando i potenti a discapito dei non protetti e di coloro che non hanno voce nella società, perché, innegabilmente, **"CHI TACE ACCONSENTE"**!

CHI TACE

ACCONSENTE!

CAPITOLO I

L'insicurezza giuridica in Brasile, promossa dallo Stato-Giudice

1. SICUREZZA GIURIDICA E GARANZIA DEI DIRITTI FONDAMENTALI

Pertanto, la funzione giurisdizionale deve essere esercitata con attenzione alla primazia della *Sicurezza giuridica*, come principio inalienabile di prevedibilità e coerenza nell'applicazione delle leggi, sia nell'ambito delle relazioni tra i privati, tra i cittadini, sia negli ambienti imprenditoriali, dove è necessario garantire agli imprenditori, piccole o grandi imprese, un contesto più prevedibile, ragionevole e stabile per la *sicurezza* nei rapporti negoziali. Da qui il principio giuridico imperativo secondo il quale, quando la legge non prevede eccezioni, *non spetta all'interprete né ai tribunali introdurne, né per ampliarle né per restringerle.*

La *sicurezza giuridica* è imprescindibile per la stabilità sana della società, perché conferisce al cittadino una giusta comprensione dei propri diritti e doveri, delle conseguenze delle proprie azioni e omissioni e di come la società è organizzata e regolata.

La sicurezza giuridica costituisce un **principio** secondo cui lo Stato (Stato di Diritto) deve agire come garante dei diritti fondamentali dei cittadini, rispettando l'ordinamento giuridico precedentemente costituito, come strumento di prevedibilità e stabilità delle relazioni, senza pregiudicare la possibilità di cambiamenti o interpretazioni, senza tergiversare sul principio che la legislazione è stabile e che anche i cambiamenti normativi non possono arrecare pregiudizio alle decisioni precedenti né agli atti giuridici perfetti e conclusi.

È che la nostra Costituzione Federale, lo statuto supremo del nostro ordinamento giuridico, nel capitolo dei Diritti Fondamentali, ha consacrato il principio della sicurezza giuridica nel suo articolo 5°, stabilendo nel capoverso che *"Tutti sono uguali davanti alla legge, senza distinzione di alcun genere, garantendo ai brasiliani e agli stranieri residenti nel Paese l'inviolabilità del diritto alla vita, alla libertà, all'uguaglianza, alla sicurezza e alla proprietà, nei seguenti termini:"*, evidenziando al comma XXXVI che *"la legge non pregiudicherà il diritto acquisito, l'atto giuridico perfetto e la cosa giudicata* [1]

---

[1] **BRASIL.** Costituzione della Repubblica Federativa del Brasile del 1988. Brasília, DF: Presidenza della Repubblica, [2022]. Disponibile su: https://www.planalto.gov.br/ccivil_03/constituicao/constituicaocompilado.htm. Visitato il 15 Marzo 2023.

Pertanto, la cosa giudicata è una garanzia costituzionale, tutelata dal citato articolo 5°, comma XXXVI, della Costituzione della nostra Repubblica Federativa del Brasile, anche denominata Carta Magna, sottolineando che *"La legge non pregiudicherà il diritto acquisito, l'atto giuridico perfetto e la cosa giudicata"*.

In questo modo, *la sicurezza giuridica* si consacra nella garanzia delle premesse: diritto acquisito, atto giuridico *perfetto e cosa giudicata*.

Si ha il *diritto acquisito* quando una persona fisica o giuridica acquisisce un diritto in modo legale; anche se la legge di riferimento viene modificata o sostituita, la persona non potrà essere pregiudicata né perderà il diritto già acquisito.

L'Atto giuridico perfetto è quello già concluso e consumato, in conformità con la legge vigente all'epoca, e non può essere annullato nonostante un cambiamento nella legislazione.

La *cosa giudicata* è ogni questione decisa, per la quale non esistono più mezzi di impugnazione, non essendo più possibile modificare la sentenza, che vale per il suo contenuto, indipendentemente dalle modifiche legislative.

Tutto ha un inizio. Il gusto per la rottura della sicurezza giuridica da parte dello Stato-Giudice, in Brasile, ha origine quando il Parlamento, su indicazione del Potere Giudiziario, partendo dal *Supremo Tribunale Federale* (STF), approvando l'Emendamento Costituzionale 45/2004, ha introdotto nell'ordinamento giuridico il § 3°, all'articolo 102 della Costituzione Federale della Repubblica del Brasile (CFRB), la necessità di identificare la ripercussione generale della questione costituzionale, come condizione per la valutazione da parte del STF dei Ricorsi Straordinari, miranti alla correzione della violazione della norma costituzionale. Questa procedura è stata regolamentata dalla Legge n° 11.418/2006, mediante l'inclusione degli articoli 543-A e 543-B nel vecchio Codice di Procedura Civile del 1973, che ha portato, sempre nel 2006, all'Emendamento Regolamentare 19, con il quale il STF ha modificato il proprio Regolamento Interno per disciplinare l'identificazione della ripercussione generale nell'ambito della Corte. Da quel momento, lo Stato-Giudice ha ottenuto l'autorizzazione a disimpegnarsi dalla sicurezza giuridica.

Che cosa significa l'identificazione della ripercussione generale nell'atto giudiziario che viola una norma costituzionale e che costituisce oggetto del Ricorso Straordinario? Significa che, anche se la violazione della norma costituzionale è evidente nella decisione giudiziaria contestata, se questa violazione non presenta una chiara ripercussione generale, il cittadino sarà costretto a tollerare l'incostituzionalità senza poter protestare! Ma allora, dove si trova la *sicurezza giuridica?*

Nell'ambito del *Tribunale Superiore di Giustizia* (STJ), Corte di Sovrapposizione incaricata costituzionalmente di garantire l'uniformità del diritto infra costituzionale e il controllo della non violazione delle disposizioni letterali della legge tramite il *Ricorso Speciale,* cresce sempre di più la tendenza ad allontanare il giurisdizionato dall'accesso alla Corte per cercare giustizia. Questo si traduce nella creazione di ostacoli per l'ammissibilità e la valutazione del *Ricorso Speciale,* sacrificando l'essenza del diritto a favore della forma del suo esercizio e annullando così l'efficacia del diritto materiale.

Per il *Tribunale Superiore di Giustizia,* la violazione delle disposizioni letterali della legge da parte dei tribunali inferiori, o persino del diritto acquisito, è considerata di minore importanza se, secondo la visione della stessa Corte, la questione non presenta una *rilevanza federale.* Ciò avviene tramite l'introduzione di filtri per l'ammissibilità del Ricorso Speciale, con l'obiettivo di ridurre il numero di ricorsi che possono essere sottoposti al suo esame. In questo contesto, dove si trova il senso di sicurezza giuridica e di giustizia promesso ai giurisdizionati? *"Il popolo è solo un dettaglio"*!

È imprescindibile la competenza dei Tribunali nel definire una ragionevole interpretazione del diritto controverso, poiché non è concepibile che il giurisdizionato debba convivere con una pluralità di decisioni contrastanti su casi concreti identici. Tuttavia, non è ragionevole che l'efficacia del diritto materiale, elemento fondamentale dell'ordinamento giuridico che modella la società, venga sostituita dall'efficacia del diritto come interpretato dai giudici, spesso disimpegnati rispetto alla norma giuridica del diritto materiale e ai principi generali del diritto, inclusi i precetti costituzionali.

Tribunali e giudici accumulano migliaia di procedimenti, spesso perché molti magistrati non vi si dedicano con l'impegno necessario né con un'esclusiva attenzione all'attività giurisdizionale. Essi si occupano di conferenze, corsi di formazione e insegnamento in più università, gestendo i procedimenti a distanza, attraverso internet, con il supporto di assistenti e tirocinanti, senza approfondire adeguatamente le questioni giuridiche sottoposte dal giurisdizionato.

Il risultato di tale atteggiamento è l'accumulo eccessivo di procedimenti che finiscono per essere eliminati naturalmente attraverso vie indirette, come la prescrizione, la preclusione, la decadenza o la perdita dell'oggetto, senza che venga fornita una tutela giurisdizionale adeguata. Cosa sta facendo, allora, il potere giudiziario per risolvere questo problema? Ciò che non deve accadere è la ricerca della strada più facile, creando ostacoli all'accesso alla giustizia, soprattutto per quanto riguarda la revisione in sede di ricorso, distruggendo la speranza di giustizia nutrita dal giurisdizionato. È doloroso constatare che, attualmente, le richieste avanzate dal sistema giudiziario per concedere l'assistenza giudiziaria gratuita ai giurisdizionati indigenti sono spesso eccessive e irragionevoli. Giudici e tribunali, ignorando le norme pertinenti stabilite dal legislatore processuale nel Codice di Procedura Civile del 2015, complicano l'accesso alla giustizia in un Paese povero, dove i costi giudiziari sono altissimi e incompatibili con la realtà economica della società.

L'accesso alla giustizia è il percorso primario per garantire la *sicurezza giuridica*.

Non sembra vera, o almeno non è convincente, l'affermazione secondo cui la sistematizzazione delle procedure presso la Corte *Suprema Federale e il Tribunale Superiore di Giustizia* garantisca razionalità ai lavori e sicurezza ai giurisdizionati che cercano una giustizia più celere ed efficace, perché, in realtà, come detto, la celerità deriverà dalla mancata effettiva decisione del processo, dalla non adeguata prestazione dell'attività giurisdizionale. In questo modo, questa giustizia non può dirsi effettiva.

Purtroppo, in generale, il sistema giudiziario brasiliano si è preoccupato più di innovare nel diritto, creando diritto, come se fosse un legislatore, per liberarsi del processo o, in alcuni casi, per imporre l'ideologia politica del giudicato o dei giudici, piuttosto che interpretare e applicare, con adeguata motivazione, il diritto preesistente, che costituisce la vera essenza della funzione giurisdizionale prevista dalla Costituzione. Possiamo dunque affermare che *l'insicurezza giuridica è stata promossa in modo evidente dallo stesso Stato-Giudice.*

Tristemente, questa condotta, che assume la forma di una deliberata *insicurezza giuridica promossa dallo Stato-Giudice* in Brasile, si è manifestata palesemente, prendendo sempre più piede ed evolvendo senza alcuna preoccupazione per la soddisfazione della società, del diritto e dell'insegnamento giuridico, a partire dai Tribunali Superiori, noti come Tribunali di Sovrapposizione.

2. DELLA RESPONSABILITÀ
DELLA CORTE SUPREMA FEDERALE

Non ci possono essere dubbi sul fatto che, in ultima istanza, è la *Corte Suprema Federale* (Supremo Tribunal Federal, STF) l'organo responsabile della tutela della sicurezza giuridica dovuta alla società e ai cittadini, attraverso il dovuto processo legale, principalmente mediante il ricorso straordinario. Se la sicurezza giuridica viene compromessa, in linea teorica, la responsabilità ricade sulla *Corte Suprema Federale*, che non deve eccedere la propria competenza costituzionale né sottrarsi ad essa.

Pertanto, è imperativo che tutte le istituzioni statali siano consapevoli delle competenze funzionali e costituzionali della Corte Suprema Federale, le quali mi impegno a rendere note, laddove opportuno, come stabilito nell'articolo 102 della Costituzione Federale[2], *in verbis:*

Compete alla Corte Suprema Federale, principalmente, la salvaguardia della Costituzione, spettandole:

I - Processare e giudicare, originariamente:
a) l'azione diretta di incostituzionalità di una legge o atto normativo federale o statale e l'azione dichiarativa di costituzionalità di una legge o atto normativo federale; (testo introdotto dalla Emenda Costituzionale n. 3/93)
b) nei reati comuni, il Presidente della Repubblica, il Vi-

---

cepresidente, i membri del Congresso Nazionale, i propri ministri e il Procuratore Generale della Repubblica;

c) nei reati penali comuni e nei crimini di responsabilità, i Ministri di Stato e i Comandanti della Marina, dell'Esercito e dell'Aeronautica, salvo quanto disposto dall'art. 52, I, i membri dei Tribunali Superiori, quelli della Corte dei Conti dell'Unione e i capi di missione diplomatica a carattere permanente; (testo introdotto dalla Emenda Costituzionale n. 23/99)

d) il "habeas corpus", quando il paziente è una delle persone indicate nelle lettere precedenti; il mandato di sicurezza e l'habeas data contro gli atti del Presidente della Repubblica, delle Camere del Parlamento, del Tribunale dei Conti dell'Unione, del Procuratore Generale della Repubblica e della stessa Corte Suprema Federale;

e) le controversie tra Stati esteri o organismi internazionali e l'Unione, lo Stato, il Distretto Federale o il Territorio;

f) le cause e i conflitti tra l'Unione e gli Stati, l'Unione e il Distretto Federale, o tra loro e le rispettive entità dell'amministrazione indiretta;

g) l'estradizione richiesta da uno Stato estero;

h) (abrogata) (Abrogata dalla Emenda Costituzionale n. 45/04).

i) l'habeas corpus, quando l'autore della coercizione sia un Tribunale Superiore o quando l'autore della coercizione o il paziente sia un'autorità o un funzionario i cui atti siano soggetti direttamente alla giurisdizione della Corte Suprema Federale, o nel caso di un reato soggetto alla stessa giurisdizione in unica istanza; (testo introdotto dalla Emenda Costituzionale n. 22/99).

j) la revisione penale e l'azione rescissoria delle proprie sentenze;

l) la richiesta per la preservazione della propria competenza e la garanzia dell'autorità delle proprie decisioni;

m) l'esecuzione di sentenze nelle cause di sua competenza originaria, con la facoltà di delegare le attribuzioni per la pratica di atti processuali;

n) l'azione in cui tutti i membri della magistratura siano interessati direttamente o indirettamente, e quella in cui più della metà dei membri del tribunale di origine siano impediti o siano interessati direttamente o indirettamente;

o) i conflitti di competenza tra il Supremo Tribunale di Giustizia e qualsiasi tribunale, tra Tribunali Superiori o tra questi e altri tribunali;

p) la richiesta di misure cautelari nelle azioni dirette di incostituzionalità;

q) il mandato di ingiunzione, quando la redazione della norma regolatrice sia attribuzione del Presidente della Repubblica, del Congresso Nazionale, della Camera dei Deputati, del Senato Federale, delle Camere del Parlamento, del Tribunale dei Conti dell'Unione, di un Tribunale Superiore o della stessa Corte Suprema Federale;

r) le azioni contro il Consiglio Nazionale di Giustizia e contro il Consiglio Nazionale del Pubblico Ministero.

II - Giudicare, in ricorso ordinario:

a) il *"habeas corpus"*, il mandato di sicurezza, l'habeas data e il mandato di ingiunzione decisi in unica istanza dai Tribunali Superiori, se la decisione è stata negativa;

b) i crimini politici;

III - Giudicare, mediante ricorso straordinario, le cause decise in unica o ultima istanza, quando la decisione impugnata:

a) contraddica un dispositivo di questa Costituzione;

b) dichiari l'incostituzionalità di un trattato o di una legge federale;

c) giudichi valida una legge o un atto di governo locale contestato ai sensi di questa Costituzione;

d) giudicare valida la legge locale contestata in relazione alla legge federale. (Aggiunta la lettera "d" dalla Emenda Costituzionale n. 45/04)

§ 1º L'argomentazione di inadempimento di un precetto fondamentale, derivante da questa Costituzione, sarà esaminata dal Supremo Tribunale Federale, secondo le modalità stabilite dalla legge. (Rinumerato da paragrafo unico a § 1º dalla Emenda Costituzionale n. 3/93)

§ 2º Le decisioni definitive di merito, pronunciate dal Supremo Tribunale Federale, nelle azioni dirette di incostituzionalità e nelle azioni dichiaratorie di costituzionalità, produrranno efficacia contro tutti e effetto vincolante, relativamente agli altri organi del Potere Giudiziario e all'amministrazione pubblica diretta e indiretta, a livello federale, statale e municipale. (Nuova formulazione data dalla Emenda Costituzionale n. 45/04).

§ 3º Nel ricorso straordinario, il ricorrente dovrà dimostrare la rilevanza generale delle questioni costituzionali discusse nel caso, secondo quanto stabilito dalla legge, affinché la Corte esamini l'ammissione del ricorso, che potrà essere rifiutato solo con la manifestazione di due terzi dei suoi membri. **(Aggiunto dalla Emenda Costituzionale n. 45/04).**

Naturalmente, la garanzia della sicurezza giuridica, attesa dal giurisdizionato, inizia con la verifica che il Supremo Tribunale Federale non supererà i limiti della sua competenza definiti dalla Costituzione Federale, né si disinteresserà quando sarà chiamato a fornire l'attività giurisdizionale.

3. INSICUREZZA GIURIDICA PROMOSSA DALLA STF

Non è sufficiente la recente minaccia di grave instabilità socio-politica, derivante da un atto della Corte Suprema Federale (STF), con un'interpretazione stravagante della norma regolamentare, apparentemente abusando dell'autorità. Sotto la giustificazione che "qualsiasi sede o dipendenza del Tribunale" possa estendersi a tutto il territorio nazionale, e che qualsiasi atto compiuto da un cittadino, ovunque nel Paese, possa essere considerato un crimine contro l'STF o i suoi membri, secondo il giudizio di qualsiasi ministro, si giustifica l'apertura di un'inchiesta condotta illegalmente dalla stessa "vittima," senza ragionevolezza. Questo esce dal confine di tirannia e abuso di autorità. Ora, si approvano interpretazioni palesemente contrarie alla norma costituzionale esplicita applicabile in questioni giurisdizionali di questo tipo.

Si osserva, dunque, dalla reazione negativa manifestata dalla comunità giuridica brasiliana, che ciò appare un insulto all'intelligenza dei nostri rispettabili giuristi, impegnati quotidianamente nella difesa dello stato di diritto e del rispetto della Costituzione Federale. L'incredulità si è accentuata dopo la decisione presa dalla Corte *Suprema Federale l'8 febbraio 2023*, così come resa pubblica.

In quella data, all'unanimità, *il Plenario dell'STF* ha stabilito che una decisione definitiva, già divenuta "cosa giudicata materiale", sui tributi riscossi in modo continuato, perde i suoi effetti qualora la Corte si pronunci diversamente in un altro processo. Questo è stato argomentato sostenendo che, "secondo la legislazione e la giurisprudenza," una decisione, anche se transitata in giudicato, produce effetti finché sussistono le circostanze di fatto e di diritto che la giustificano. In caso di cambiamento, gli effetti della decisione precedente possono cessare. Tuttavia, questa giustificazione è una concezione giuridica generica che, in linea di principio, non modifica la cosa giudicata materiale, che, una volta trascorso il termine legale, diventa immutabile.

Nel caso concreto, coinvolgendo i due ricorsi straordinari RE 955227 (Tema 885) e RE 949297 (Tema 881), rispettivamente relazionati dai ministri Luís Roberto Barroso ed Edson Fachin, il ministro Barroso, che ha sostenuto la tesi vincente, ha cercato di giustificare il suo nuovo approccio con un'esposizione dei punti chiave della discussione. Secondo lui, non si può parlare di danno per le imprese, poiché, dal 2007, l'STF aveva convalidato l'imposta e le imprese avrebbero dovuto iniziare a pagare o, quanto meno, accantonare risorse a tal fine. Ha affermato:

> *"L'insicurezza giuridica non è stata creata dalla decisione della Corte Suprema. L'insicurezza giuridica è stata creata dalla decisione di non pagare il tributo o di non accantonare risorse anche dopo che la Corte ha stabilito che il tributo era dovuto. (...) Dal momento in cui la Corte stabilisce*

che il tributo è dovuto, chi non ha pagato o accantonato ha fatto una scommessa.[3]"

No, Signor Ministro! Non è proprio così! Almeno non secondo l'articolo 5, comma XXXVI, della Costituzione Federale, che dispone: "la legge non pregiudicherà il diritto acquisito, l'atto giuridico perfetto e la cosa giudicata".

Coloro che non hanno versato l'imposta sotto il regime di una decisione provvisoria (precaria), ora, a seguito di una decisione generale e definitiva "erga omnes" dell'STF che impone il pagamento dell'imposta, dovranno regolarizzare i tributi non versati, secondo quanto stabilito per tutti, compreso il pagamento degli importi parzialmente versati.

Tuttavia, chi non ha versato i tributi, o li ha versati diversamente, in virtù di una sentenza definitiva, transitata in giudicato, che li esentava dal pagamento o li definiva diversamente, non può essere penalizzato dal nuovo orientamento generale "erga omnes" della Corte Suprema. Questo nuovo orientamento dovrebbe valere solo da quel momento in avanti, come stabilito dall'articolo 5, comma XXXVI, della Costituzione Federale. Non si tratta di una "scommessa", poiché il sistema giudiziario non è una lotteria, bensì di una sentenza definitiva che deve essere rispettata dal sistema stesso, da cui deriva la sicurezza giuridica delle decisioni giudiziarie.

Dunque, è stravagante una decisione che annulli gli effetti di una sentenza definitiva, transitata in giudicato, che non ammette più ricorsi. Questo rappresenta una seria minaccia all'ordine giuridico e un pericoloso precedente, soprattutto per quanto riguarda i tributi riscossi periodicamente, come la Contribuzione Sociale sul Reddito Netto (CSLL). Tale decisione è estremamente pericolosa, poiché costituisce un vero affronto alla norma costituzionale. Precedenti come questo rischiano di trasformarsi in regole, facendo sì che il sistema giudiziario diventi davvero una "lotteria".

Le decisioni giudiziarie, principalmente destinate all'uniformità

---

[3] STF. Decisioni definitive su questioni tributarie perdono efficacia con una decisione contraria del STF. 10 feb. 2023. Disponibile su https://portal.stf.jus.br/noticias/verNoticiaDetalhe.asp?idConteudo=502140&ori=1. Visitato il 15 Marzo 2023.

dell'interpretazione del diritto, di portata erga omnes, devono continuamente essere in armonia con i principi generali del diritto; pertanto, per quanto riguarda il diritto tributario, non possono prescindere dall'intelligenza del principio dell'annualità, che garantisce al contribuente un periodo di vacatio di almeno due mesi per conoscere la tassazione a cui sarà soggetto nel prossimo esercizio, sebbene, attualmente, si dia priorità al principio della precedenza, che richiede solo che la legge tributaria materiale abbia vigore antecedente al 19 gennaio.

In ogni caso, indipendentemente da dove si radichi l'interpretazione, riguardo ai principi tributari in evidenza, una definizione di capacità e responsabilità tributaria stabilizzata da una decisione giudiziaria passata in giudicato non può essere modificata bruscamente per affermare che, in futuro, la responsabilità tributaria debba essere diversa, aumentata!

Inoltre, *mutatis mutandis*, trattandosi di cosa giudicata materiale, il principio di irretroattività vieta agli enti fiscali di riscuotere tributi in relazione a fatti imponibili verificatisi prima dell'entrata in vigore della legge che li ha istituiti o aumentati.

4. L'AZIONE DI ANNULLAMENTO NEL DIRITTO TRIBUTARIO

Incontestabilmente, la sicurezza giuridica costituisce un pilastro fondamentale dello Stato Democratico di Diritto, che si propone a garantire alla società, nel suo insieme, la prevedibilità e la coerenza nell'applicazione della legislazione al caso concreto, oltre a evitare l'annullamento ingiustificato di un atto giuridico perfetto e concluso.

Non si può negare che la sicurezza giuridica sia sotto grave rischio, a causa del giudizio congiunto dei suddetti Ricorsi Straordinari 949.297 e 955.227, corrispondenti ai temi 881 e 885, di Rilevanza Generale, rispettivamente, nei termini in cui si è verificato.

La delicata controversia, matrice dei suddetti ricorsi, ruota attorno alla **flessibilizzazione** dell'efficacia immutabile della cosa giudicata in materia di diritto tributario. In particolare, poiché riguarda la possibilità di procedere alla riscossione automatica e immediata di un tributo che in precedenza era stato dichiarato incostituzionale con decisione giudiziaria di merito passata in giudicato, a seguito di una successiva dichiarazione di costituzionalità nel controllo concentrato, o, ancora, sulla base di una modifica del principio formale della Corte *Suprema Federale* nel controllo diffuso, nell'ambito della, non ben compresa, sistematica della *"ripercussione generale "*, quando una sentenza, con effetti dichiarativi, si fondi sulla costituzionalità o incostituzionalità di un tributo derivante da un rapporto giuridico-tributario di esecuzione continuativa.

Come possiamo ora osservare, nella discussione di entrambi i temi, che hanno avuto relatori diversi coincidentemente (come se fosse stato preventivamente concordato), è prevalso il principio secondo cui la dichiarazione di costituzionalità del tributo, precedentemente ritenuto incostituzionale nel controllo diffuso e/o concentrato, equivale alla creazione di una nuova norma giuridica, che, di conseguenza, corrisponde all'istituzione di un nuovo tributo, e in tal modo, non si potrebbe parlare di violazione della cosa giudicata.

Tuttavia, non si può ignorare che, se inteso come una nuova norma giuridica, la riscossione del tributo non può retroagire a periodi in cui questo non esisteva, e quindi coerente è la conclusione che gli effetti del nuovo principio giudiziario producano efficacia solo a partire dalla sua regolare pubblicazione, tenendo conto della novantina nei casi di contributi sociali e, per gli altri tributi, sia della novantina che dell'annualità.

In principio, dunque, sembra un fondamento logico ragionevole. Tuttavia, un'altra questione importante che si sviluppa oltre la flessibilità dell'efficacia immutabile della cosa giudicata, alla quale non si può rimanere indifferenti, è la discussione se la nuova interpretazione della Corte Suprema Federale debba essere applicata automaticamente ai casi già passati in giudicato, o se sia necessaria l'introduzione di Azioni Rescisorie per annullare gli effetti della sentenza passata in giudicato, con il dovuto rispetto dei termini legali.

Ora, non sembra difficile comprendere che, rispettando l'inevitabile efficacia della norma dell'articolo 5°, comma XXXVI, della Costituzione Federale, in relazione a un'interpretazione consolidata dalla *Corte Suprema Federale* dopo il passaggio in giudicato, è indispensabile l'inizio di un'Azione Rescisoria, rispettando, naturalmente, la questione dei termini! Il termine di due anni.

Non è stato a caso che il legislatore processuale civile, attento alla protezione del diritto acquisito, dell'atto giuridico perfetto e della cosa giudicata, abbia definito espressamente il termine di prescrizione per la presentazione dell'Azione Rescisoria, poiché la Costituzione Federale dispone già, come clausola fondamentale, che *"la legge non pregiudicherà il diritto acquisito, l'atto giuridico perfetto e la cosa giudicata"* (Art. 5°, XXXVI, CF).

Ora, se la Costituzione Federale stabilisce che tutti sono uguali davanti alla legge, *"Art. 5°. Tutti sono uguali davanti alla legge, senza distinzione di alcun tipo..."*, e se ogni cittadino deve avvalersi dell'attività giurisdizionale dello Stato, cioè ricorrere al potere giudiziario per garantire l'efficacia dei propri diritti sanciti nell'ordinamento giuridico, lo stesso principio deve valere anche per l'amministrazione pubblica! Cosa accadrebbe se si interpretasse diversamente? Se, nel caso in questione, si eliminasse la necessità di un'Azione Rescisoria?

È che, secondo la norma sancita al § 8° dell'articolo 535 del Codice di Procedura Civile[4] - *in verbis*: *"§ 8° Se la decisione di cui al § 5° è pronunciata dopo il passaggio in giudicato della decisione da eseguire, è possibile proporre un'azione di annullamento, il cui termine sarà calcolato dal passaggio in giudicato della decisione pronunciata dalla Corte Suprema Federale –*, la decisione della Corte Suprema Federale che dichiara la costituzionalità o l'incostituzionalità di una disposizione normativa non può comportare automaticamente la riforma o la rescissione delle decisioni precedenti che abbiano adottato un'interpretazione diversa.

Tuttavia, affinché ciò avvenga, sarà indispensabile la presentazione del ricorso appropriato o, nei casi previsti dalla legge, la necessaria proposizione di un'Azione Rescissoria, conformemente alla norma dell'articolo 485 dello stesso Codice di Procedura Civile, inclusa l'osservanza del relativo termine decadenziale previsto dall'articolo 495.

È incontestabile che sancire, con un'altra decisione giudiziaria, il ripristino automatico e immediato della riscossione di un tributo precedentemente dichiarato incostituzionale, può aprire spazi a interpreta-

---

[4] **BRASILE.** Legge n. 13.105, del 16 marzo 2015. Istituisce il Codice di Procedura Civile. Disponibile su https://www.planalto.gov.br/ccivil_03/_ato2015-2018/2015/lei/l13105.htm. Visitato il 15 Marzo 2023.

zioni diverse da parte dello Stato tributario e dell'amministrazione fiscale. E, quindi, quale sarebbe la legittima aspettativa della sicurezza giuridica?

Lo Stato, tradizionalmente avido in materia tributaria, desideroso di riscuotere tributi, sarà più incline a dare interpretazioni favorevoli ai nuovi giudizi della *Corte Suprema Federale,* senza alcuna preoccupazione per ciò che potrebbe caratterizzare una sorprendente ridefinizione della capacità contributiva del contribuente.

5. STRANA SODDISFAZIONE DELLA STF
RIGUARDO LE SUE DECISIONI

In modo insolito, il Ministro del STF *Gilmar Mendes* ha pubblicato un articolo su "O Globo" nel febbraio 2023, intitolato "Chi ha assunto l'insicurezza giuridica?"[5], come giustificazione delle decisioni sopra menzionate, relative ai Ricorsi Straordinari n. RE 955227 (Tema 885) e RE 949297 (Tema 881), rispettivamente dei relatori *Ministri Luís Roberto Barroso ed Edson Fachin.*

Ora, se i membri della *"Corte Suprema Federale"* si sentono in dovere di rivolgersi ai giornali per commentare e fornire spiegazioni sulle loro decisioni giudiziarie, è perché tali decisioni sono, almeno, stravaganti e fuori dall'ordinario giuridico!

In realtà, vi è una grande inquietudine nella comunità dei giuristi brasiliani, impegnati nella sostenibilità dello Stato Democratico di Diritto e, di conseguenza, nella protezione e difesa dell'effettività della *Costituzione Federale,* riguardo alle ultime decisioni controverse della Corte Suprema Federale, che hanno messo in discussione la sicurezza giuridica, costituendo una minaccia alla stabilità socio-politica del Paese.

Se un *magistrato* è convinto che la sua decisione sia basata sulla legge e che abbia seguito l'ordinamento giuridico, non deve dare spiegazioni a nessuno! Deve pubblicarla e garantirne l'efficacia.

---

[5] **MENDES, Gilmar.** Chi ha commissionato l'insicurezza giuridica? *O Globo,* 25 febbraio 2023. Disponibile su https://oglobo.globo.com/opiniao/artigos/coluna/2023/02/quem-contratou-a-inseguranca-juridica.ghtml. Visitato il 18 marzo 2023.

Tuttavia, se un magistrato, nel pronunciare una decisione giudiziaria, si preoccupa ardentemente di fornire spiegazioni sulla decisione presa, persino a chi non le ha richieste, è perché la sua coscienza gli sta dicendo che c'è qualcosa di anomalo nell'atto compiuto, o quanto meno, è incomprensibile!

Nel suddetto opuscolo, il Ministro, entusiasta della stesura dell'articolo di stampo giornalistico, esordisce, in modo esagerato, affermando che "pochi temi sotto il sole generano più contenziosi giudiziari del Contributo Sociale sul Reddito Netto (CSLL)".

Il problema è che il cuore della questione che disturba i giuristi brasiliani non sta nell'oggetto della causa legale, *"la Contribuzione Sociale sul Reddito Netto (CSLL)"*, ma piuttosto nella flagrante violazione della norma dell'articolo 5°, XXXVI della Costituzione Federale, dove è stabilito che "La Legge non pregiudicherà il diritto acquisito, l'atto giuridico perfetto e la *cosa giudicata*." Se la Legge non può danneggiare, tanto meno possono i giudici e i tribunali!

Il problema è che il nocciolo della questione che preoccupa i giuristi brasiliani non risiede nell'oggetto della controversia giudiziaria, ovvero "il Contributo Sociale sul Reddito Netto (CSLL)", ma piuttosto nella flagrante violazione della norma dell'articolo 5, inciso XXXVI, della Costituzione Federale, dove si stabilisce che *"La legge non pregiudicherà il diritto acquisito, l'atto giuridico perfetto e la cosa giudicata."* Se la legge non può pregiudicare, tanto meno possono i giudici e i tribunali!

Non si può negare che una cauta pianificazione fiscale sostenibile, in un Paese dove si pagano più tasse al mondo, nel rispetto dell'ordinamento giuridico, è un dovere dell'imprenditore responsabile, per attenuare le sorprese che il mercato può riservare. Tuttavia, il Ministro articolista, incautamente, suggerisce malizia da parte dell'imprenditoria brasiliana, affermando che *"in vari modi si è cercato di sottrarsi al pagamento di questo tributo"*, quando ciò che viene messo in discussione non è il tributo in sé, ma piuttosto il dovuto rispetto all'efficacia della cosa giudicata. Pertanto, non è ragionevole affermare, per giustificare l'apparente violazione della cosa giudicata, che si tratterebbe di *"un amore esagerato per il rischio"*, e che "questa è la caratteristica del grande imprenditore" brasiliano. Qui si confonde imprenditorialità con rischio d'impresa.

Inoltre, è priva di ragionevolezza l'affermazione del *Ministro*

Gilmar Mendes secondo cui *"se vi è insicurezza, è stata generata da chi si è messo a rischio, intentendo un'azione il cui effetto pratico desiderato era diventare immune alla sentenza del 2007, che ha efficacia generale (erga omnes) e che, per questo, richiede l'osservanza di tutte le imprese brasiliane"*.

No, non è vero. Perché il semplice fatto di avviare un'azione non implica immunità da nulla, tanto meno garantisce una sentenza favorevole. Tale azione potrebbe persino essere respinta sommariamente!

D'altro canto, il diritto di azione è costituzionale e si basa sul principio dell'inaccessibilità al controllo giurisdizionale.

L'interpretazione e l'applicazione del diritto sono una funzione del giudice, tanto quanto quella di garantire l'efficacia delle sue decisioni.

Se esistono decisioni conflittuali, la colpa non può mai essere attribuita alla parte in giudizio, ma esclusivamente allo Stato-giudice, il quale ha il compito di curare immediatamente la loro uniformità.

Pertanto, le decisioni giudiziarie passate in giudicato devono essere rispettate e protette dallo stesso Stato-giudice che le ha emesse, il quale ha il dovere di far valere le sue decisioni e garantirne l'efficacia assoluta, potendo essere rescisse solo attraverso il rigoroso rispetto del dovuto processo legale. La sovranità delle decisioni giudiziarie deriva dal principio della presunzione di verità legale, pertanto, la decisione giudiziaria passata in giudicato è rivestita della presunzione di verità immutabile.

6. CONTRIBUTO DEL STJ ALL'INSICUREZZA GIURIDICA

Con-sostanziandosi in una rilevante interferenza nell'ordine economico, il 08.02.2023, con la maggioranza dei voti, a partire da una tesi innovativa del Ministro Gurgel de Faria, della 1ª Sezione della *Corte Suprema di Giustizia*, è stato deciso che l'Amministrazione Pubblica Nazionale può utilizzare l'Azione Rescisoria per annullare una sentenza che le fosse sfavorevole, in una questione di natura tributaria.

Questa è stata la prima volta che la Corte ha ammesso tale interpretazione innovativa, con un impatto naturalmente molto positivo per il Fisco e per l'Amministrazione Finanziaria Nazionale, che d'ora in poi avrà ampie possibilità di annullare sconfitte subite in alcune azioni collettive, già soggette a esecuzione, da una pluralità di contribuenti beneficiari della decisione passata in giudicato, con una prevedibile rilevanza economica.

La sentenza che ha definito l'ammissibilità dell'Azione Rescisoria è stata approvata con 4 voti favorevoli contro 3 contrari, accogliendo, come detto, la tesi innovativa sostenuta dal Ministro Gurgel de Faria, Relatore del Ricorso, e supportata dal Revisore, Ministro *Francisco Falcão*, seguiti dai Ministri Herman Benjamin e Benedito Gonçalves, quest'ultimo divenuto molto conosciuto nelle ultime elezioni, in quanto ha svolto le funzioni di Correttore del Tribunale Superiore Elettorale.

La divergenza, voto contrario, è stata espressa dal *Ministro Mauro Campbell, secondo cui l'Azione Rescisoria dovrebbe rimanere inadatta per tale ipotesi, posizione condivisa dalle Minestre Assusete Magalhães e Regina Helena Costa.*

La questione riguarda nuovamente il pagamento di un'imposta, questa volta l'Imposta sui Prodotti Importati (IPI), versata dalle aziende che rivendono prodotti importati. Ciò ha suscitato un'apparente situazione di doppia imposizione, considerando che l'imposta viene già pagata al momento dello sdoganamento.

Come noto, storicamente, *il Supremo Tribunale di Giustizia* ha sempre ritenuto che le aziende che rivendono tali prodotti dovessero comunque versare l'IPI. Tuttavia, nel 2014, il tribunale ha modificato la propria posizione, durante il giudizio del caso E.REsp 1.411.749, sancendo l'esonero dal pagamento dell'imposta al momento della rivendita. Tale interpretazione, però, ha avuto breve durata, rimanendo in vigore solo un anno. Già nel 2015, la 1ª Sezione del STJ ha esaminato il tema in risorse ripetitive, tornando a riconoscere la legittimità della riscossione dell'imposta sia al momento dello sdoganamento che al momento della rivendita. Tale interpretazione è stata confermata nel 2020 dal *Supremo Tribunale Federale.*

I contribuenti che hanno ottenuto decisioni favorevoli tra il 2014 e il 2015 si sono trovati legittimati a richiedere il rimborso degli importi indebitamente versati o una giusta compensazione dell'indebito da parte dell'Amministrazione Finanziaria Nazionale.

In contrasto, l'Amministrazione Pubblica Nazionale ha intentato circa 27 Azioni Rescisorie, cercando di annullare alcune di queste decisioni, ma sempre senza successo, poiché la Corte Suprema di Giustizia applicava la Sommaria 343 del STF, che vieta l'Azione Rescisoria per violazione di una disposizione letterale di legge, quando la decisione da annullare si basa su un testo legale la cui interpretazione è controversa nei tribunali.

Il fatto è che l'Azione Rescisoria portata in giudizio nella 1ª Sezione della Corte Suprema di Giustizia mirava ad annullare la sentenza della 2ª Sezione della stessa Corte, nel REsp 1.427.246, in cui era stata confermata una decisione favorevole emessa nell'Azione intentata dal Sindacato delle Imprese di Commercio Estero dello Stato di Santa Catarina. E, poiché si trattava di un'Azione Collettiva, la decisione veniva eseguita dalla pluralità di contribuenti beneficiari di quella decisione, motivo per cui, secondo l'Amministrazione Pubblica Nazionale, l'esecuzione della sentenza ha comportato sei richieste di emissione di Precatórios, per un importo totale da restituire di circa R$ 3.600.000,00.

Forse sensibilizzato dall'importo da restituire ai contribuenti, il Relatore, Ministro Gurgel de Faria, ha proposto di cambiare la giurisprudenza della 1ª Sezione, ritenendo che *"esiste il rischio di pregiudizi ai principi della libera iniziativa e della concorrenza, oltre a violazioni dell'uguaglianza rispetto agli altri contribuenti"*.

Dal punto di vista del rispetto della cosa giudicata, il Ministro Mauro Campbell Marques ha espresso dissenso, opponendosi all'ammissibilità dell'Azione Rescindente, sostenendo, inoltre, che solo coloro che avevano ottenuto decisioni favorevoli tra il 2014 e il 2015 sarebbero stati esentati dal versamento dell'IPI al momento della rivendita.

In questo modo, la nuova posizione dello STJ si è allineata al recente e innovativo orientamento del STF, che ha consentito l'annullamento di decisioni definitive a seguito di un cambiamento di interpretazione della Corte in materia tributaria. È stato quindi deciso che, se un contribuente è stato autorizzato dalla giustizia a non pagare un'imposta, ma successivamente, anche con il passaggio in giudicato della decisione, il Tribunale ritiene che il pagamento sia dovuto, il contribuente perderà il diritto e dovrà effettuare il pagamento, indipendentemente dal tempo trascorso dal passaggio in giudicato della decisione.

In altre parole, un'azienda potrebbe passare anni a contestare il Governo in tribunale, vincere in tutte le istanze, ottenere una decisione definitiva nei termini della legge ordinaria pertinente, e comunque non avere la certezza che la decisione giudiziaria venga rispettata o abbia efficacia.

In altre parole, un'azienda può anche passare anni a lottare contro il Governo in tribunale, vincendo in tutte le istanze e ottenendo una decisione passata in giudicato, secondo quanto previsto dalla legge ordinaria pertinente, ma, anche così, non ha la certezza che la decisione giudiziaria venga rispettata o abbia qualche efficacia.

Se dovesse esserci un cambiamento nella legge, la sentenza favorevole al contribuente in materia tributaria, anche se passata in giudicato, indipendentemente dal tempo trascorso, potrà essere riesaminata e il contribuente dovrà effettuare pagamenti retroattivi relativi al periodo in cui era ancora in disputa con il governo in tribunale.

L'insicurezza giuridica derivante dalla proliferazione di decisioni giudiziarie straordinarie, in contrasto con le normative legali e persino in violazione dei diritti costituzionali fondamentali, ha raggiunto un livello tale che, recentemente, il Consiglio Nazionale di Giustizia (CNJ) ha disposto la sospensione provvisoria della giudice Dott.ssa Ludmila Lins Grilo, del Tribunale di Giustizia di Minas Gerais (TJMG), a causa di ripetute critiche, sui social network, alle decisioni dei Ministri della Corte Suprema Federale, così come hanno fatto tanti altri giudici e consiglieri, forse in modo più moderato[6].

7. POTERE MODERATORE DESIDERATO DALLA STF

Sulla perversa via dell'insicurezza giuridica, che, a poco a poco, è stata promossa dal Potere Giudiziario, in piena vigenza del governo democratico legittimo del Presidente Bolsonaro, il quale solitamente supplicava gli altri Poteri e le rispettive Istituzioni del Potere Pubblico di agire sempre "entro le quattro linee" della Costituzione Federale, il

---

[6] **CNJ determina l'allontanamento di una giudice che ha attaccato i ministri della Corte Suprema Federale.** UOL Politica, São Paulo, 14/02/2023. Disponibile su https://noticias.uol.com.br/politica/ultimas-noticias/2023/02/14/cnj-determina-afastamento-de-juiza-que-atacou-ministros-do-stf.htm. Visitato il 20 mar. 2023.

Ministro Dias Toffoli ha dichiarato al 9° Forum Giuridico di Lisbona, in Portogallo, che la Corte Suprema Federale è il "POTERE MODERATORE" in Brasile, sostenendo nella sua conferenza che: "Noi abbiamo già un semi presidenzialismo con un controllo del potere moderatore che oggi è esercitato dalla Corte Suprema Federale"[7].

Non si può negare che questo infelice pronunciamento pubblico di natura internazionale rappresenti un affronto alla Nazione Brasiliana, un affronto all'intelligenza dei giuristi brasiliani e un pericoloso affronto alla Costituzione Federale che ha consacrato il Potere Statale del Brasile diviso, soltanto, in tre funzioni ben definite e delineate, distribuite tra il Potere Legislativo, il Potere Esecutivo e il Potere Giudiziario - tre Poteri.

In Brasile, solo ai tempi dell'Impero, a causa della natura giuridica del sistema imperiale, la Costituzione Imperiale del 1824 divideva, funzionalmente, il Potere dello Stato in quattro poteri: Potere Esecutivo; Potere Legislativo; Potere Giudiziario; e Potere Moderatore, quest'ultimo esercitato dall'IMPERATORE.

Sotto l'egida della Costituzione Imperiale, il Potere Moderatore era naturalmente esercitato dall'Imperatore, Capo Supremo della Nazione, dotato di competenza costituzionale per interferire negli altri Poteri.

È di gravissimo rischio per la democrazia, per lo sviluppo economico del Paese e per la stabilità socio-politica della Nazione che la Corte Suprema Federale, violando la Costituzione Federale, pretenda di arrogarsi questo inimmaginabile "Potere Moderatore". Ciò sembra evidenziare un'eccessiva sete di un potere tirannico, incompatibile con il regime democratico.

Purtroppo, il Paese dà forti segnali di essere gravemente malato, soffrendo di una profonda instabilità politica, soprattutto a causa dell'insicurezza giuridica. Attualmente, sembra che, nel Potere Giudiziario, con rare eccezioni onorevoli, ogni giudice abbia il proprio codice e ogni tribunale la propria costituzione. Hanno scarso valore le accurate tesi e le argomentazioni sostenute da competenti e devoti giuristi che, per amore del diritto, condividono le sofferenze dei loro assistiti, senza

---

[7] Sei d'accordo che la Corte Suprema di Giustizia (STF) sia il potere moderatore in Brasile, come ha detto Toffoli? Gazeta do Povo, 16/11/2021. Disponibile su https://www.gazetadopovo.com.br/republica/breves/enquete-stf-e-o-poder-moderador-no-brasil-toffoli. Visitato il 22 mar. 2023.

piegarsi alle ingiustizie, alle ingiustificabili negazioni di validità della legge e alle riprovevoli violazioni della Costituzione Federale da parte di chi dovrebbe garantirne l'applicazione e la vigilanza.

Non avendo a chi rivolgersi, la speranza, ogni giorno di più, si trasforma in un impegno la cui realizzazione è continuamente rimandata. Persino per l'elaborazione di una nuova Costituzione, la Nazione incontrerebbe difficoltà nel formare un'Assemblea Costituente legittima. Il Paese è malato, afflitto dall'insufficienza del proprio ordinamento giuridico.

Tuttavia, *per un nuovo ordine giuridico!*

8. RIFERIMENTI BIBLIOGRAFICI

BRASILE. Costituzione della Repubblica Federativa del Brasile del 1988. Brasília, DF: Presidenza della Repubblica, [2022]. Disponibile su: https://www.planalto.gov.br/ccivil_03/constituicao/constituicaocompilado.htm. Accesso il: 15 mar. 2023.

BRASILE. Legge n. 13.105, del 16 marzo 2015. Istituisce il Codice di Procedura Civile. Disponibile su https://www.planalto.gov.br/ccivil_03/_ato2015-2018/2015/lei/l13105.htm. Visitato il 15 Marzo 2023.

GAZETA DO POVO. Sei d'accordo che la STF è il potere moderatore in Brasile, come ha detto Toffoli? Gazeta do Povo, 16/11/2021. Disponibile su https://www.gazetadopovo.com.br/republica/breves/enquete-stf-e-o-poder-moderador-no-brasil-toffoli. Visitato il 22 Marzo 2023.

MENDES, Gilmar. Chi ha contratto l'insicurezza giuridica?. O Globo, 25 feb. 23. Disponibile su https://oglobo.globo.com/opiniao/artigos/coluna/2023/02/quem-contratou-a-inseguranca-juridica.ghtml.
Visitato il 18 Marzo 2023.

STF. Decisioni definitive su questioni fiscali perdono efficacia con decisione contraria della STF. 10 feb. 2023. Disponibile su https://portal.stf.jus.br/noticias/verNoticiaDetalhe.asp?
idConteudo=502140&ori=1.
Visitato il 15 Marzo 2023.

UOL POLITICA. CNJ ordina allontanamento della giudice che ha attaccato i ministri della STF. San Paolo, 14/02/2023. Disponibile su https://noticias.uol.com.br/politica/ultimas-noticias/2023/02/14/cnj-determina-afastamento-de-juiza-que-atacou-ministros-do-stf.htm.
Visitato il 20 Marzo 2023.

CAPITOLO II

Il regime apparente di eccezione istituito nella Corte Suprema STF

The apparent regime of exception instituted in the "STF"

Riassunto: Il Brasile sta attraversando un momento di incertezze politiche e sociali, di insicurezza giuridica in settori dello Stato, con partecipanti dei poteri istituzionali e agenti pubblici. L'articolo presente mira ad analizzare il potere esercitato in Brasile, attualmente, dall'organo della Corte Suprema Federale nelle sue funzioni e limiti delle sue competenze costituzionali, basandosi sulla Costituzione Federale del 1988.

Abstract: *Brazil has been going through a moment of political and social uncertainties, of legal uncertainty in sectors of the State, with participants from institutional powers and public agents. The present article aims to analyze the power exercised in Brazil, currently, by the body of the Federal Supreme Court in its functions and limits of its constitutional competences, based on the Federal Constitution of 1988.*

Parole chiave: Diritto Costituzionale; Corte Suprema Federale (STF); competenze costituzionali; abuso di potere; Democrazia; Stato Democratico di Diritto; Costituzione Federale.

Keywords: *Constitutional right;* Supremo Tribunal Federal (STF) - *Federal Supreme Court; constitutional competences; Power abuse; Democracy; Democratic state; Federal Constitution.*

1. INTRODUZIONE

Nella comunità irrazionale, così come nello stato sottosviluppato, il potere è esercitato da chi ha la brama di esso, ha la forza e l'audacia di esercitarlo a proprio libero arbitrio, con le ragioni e l'etichetta che desidera mostrare, in ciò convince facilmente la maggioranza che si ferma nel timore di dispiacergli e di essere punita.

Con grande tristezza e disgusto, così può essere ritratto il potere esercitato in Brasile, attualmente, dall'organo della Corte Suprema. Per la maggior parte, di conseguenza, per la Corte, sembra non esistere la sacra Costituzione Federale e nessun impegno della Nazione con i Trattati Internazionali che trattano dei diritti e delle garanzie individuali del cittadino, in particolare quello della libertà di movimento, della libertà di espressione; diritto a un giusto processo, a un giudizio pubblico, trasparente e imparziale, rispetto alla dignità umana.

Affiora, dai suoi atti e decisioni stravaganti, l'apparente ambizione di dominazione del potere generale sullo Stato brasiliano e il controllo del popolo, scartando o trascurando la funzione giurisdizionale costituzionale di garanzia della sicurezza giuridica e promotrice del benessere e della pace sociale.

Non essendo sufficientemente significativo, o non meritando importanza quanto inciso nella norma dell'articolo 5 della Costituzione Federale, per quanto riguarda i diritti e le garanzie individuali del cittadino, sembra anche non meritare alcuna attenzione o valorizzazione le giustificazioni preambolari redatte in carattere universale nella Dichiarazione Universale dei Diritti Umani, dove le Nazioni Unite affermarono che:

> Considerando che il riconoscimento della dignità inerente a tutti i membri della famiglia umana e dei loro diritti uguali e inalienabili costituisce il fondamento della libertà, della giustizia e della pace nel mondo;

> Considerando che l'ignoranza e il disprezzo dei diritti dell'Uomo hanno condotto ad atti di barbarie che indignano la coscienza dell'Umanità e che l'avvento di un mondo in cui gli esseri umani siano liberi di parlare e di credere, liberati dal terrore e dalla miseria, è stato proclamato come la più alta

ispirazione dell'Uomo;

Considerando che è essenziale la protezione dei diritti dell'Uomo attraverso un regime di diritto, affinché l'Uomo non sia costretto, in supremo ricorso, alla rivolta contro la tirannia e l'oppressione;

Considerando che è essenziale incoraggiare lo sviluppo di relazioni amichevoli tra le nazioni;

Considerando che, nella Carta, i popoli delle Nazioni Unite proclamano, ancora una volta, la loro fede nei diritti fondamentali dell'Uomo, nella dignità e nel valore della persona umana, nell'uguaglianza dei diritti tra uomini e donne e si dichiarano risolti a favorire il progresso sociale e a instaurare migliori condizioni di vita all'interno di una libertà più ampia;

Considerando che gli Stati membri si sono impegnati a promuovere, in cooperazione con l'Organizzazione delle Nazioni Unite, il rispetto universale ed effettivo dei diritti dell'Uomo e delle libertà fondamentali;

Considerando che una concezione comune di questi diritti e libertà è di massima importanza per dare piena attuazione a tale impegno: L'Assemblea Generale proclama la presente Dichiarazione Universale[8] (...).

Così, dopo aver descritto con precisa chiarezza i rispettivi sacri diritti universali dell'uomo, in particolare le libertà di manifestazione del pensiero, di credo e di circolazione, il rispetto e la protezione della dignità umana, concluse con l'articolo 30 proclamando che *"Nessuna disposizione della presente Dichiarazione può essere interpretata come il riconoscimento a qualsiasi Stato, gruppo o persona, del diritto di esercitare qualsiasi attività o di compiere qualsiasi atto destinato alla distruzione di uno qualsiasi dei diritti e delle libertà qui stabiliti"*.

Per coloro che credono nella giustizia, in verità per i cultori del diritto, i reiterati atti di violazione dei sacri precetti giuridici scolpiti nella Dichiarazione Universale dei Diritti dell'Uomo e nella stessa Costituzione Federale, da parte del "STF", distruggono la sicurezza giuridica e lasciano la Nazione attonita, oltre a riflettere un'immagine negativa e perniciosa

---

[8] **Assemblea Generale delle Nazioni Unite.** (1948). Dichiarazione Universale dei Diritti Umani (DUDU). Parigi. Disponibile su https://brasil.un.org/sites/default/files/2020-09/por.pdf. Visitato il 20 febbraio 2022.

del Paese per la comunità giuridica internazionale, infliggendo una macchia terribile sulla Corte stessa, difficile da rimuovere.

Sarà solo la vanità personale a spingere l'individuo all'esercizio arrogante del potere, al punto da non vedere i propri limiti? Manca una buona formazione e sensibilità ai principi di socialità e ai doveri etici? Qualunque sia la "giustificazione", sembra qualcosa di inconcepibile e incoerente per uno stato democratico di diritto.

La Corte Suprema ha il dovere di ispirare la fiducia del popolo nella giustizia, di guidare la credibilità nella sicurezza giuridica, come uno strumento di pacificazione, ordine e benessere sociale. L'immagine del giudice non può essere quella del temuto giustiziere, carnefice e vendicatore.

2. COMPETENZA DELLA CORTE SUPREMA FEDERALE

Preservando lo stato democratico di diritto, la competenza della Corte Suprema Federale si esaurisce nei limiti di quanto disposto dagli articoli 101 a 103 della Costituzione Federale, nulla più oltre a questo. Il suo necessario Regolamento Interno si basa su quanto contenuto nella Costituzione, non possono essere create regole stravaganti.

La Corte Suprema Federale deve esercitare la sacra funzione di custode della Costituzione Federale, vigilando sulle azioni dei poteri Esecutivo e Legislativo, mediante opportuno impulso attraverso il giusto processo legale, garantendo che quei poteri agiscano nel rispetto della costituzionalità.

Nell'ambito dell'attività giurisdizionale, salve le ipotesi legali dell'Azione Diretta di Incostituzionalità e della Reclamo Costituzionale, questa funzione costituzionale viene attuata attraverso il corretto e adeguato Ricorso Straordinario, per verificare la costituzionalità o meno, se ci sia stata o meno violazione della norma costituzionale durante il giudizio del caso concreto nelle istanze ordinarie.

Alla Corte Suprema Federale, la cui composizione deve rispettare le regole di base definite nell'articolo 101 della CF, compete, principalmente, la custodia della Costituzione, come disciplina il suo articolo 102, spettando a essa:

I - processare e giudicare, originariamente:

a) l'azione diretta di incostituzionalità di legge o atto normativo federale o statale e l'azione dichiarativa di costituzionalità di legge o atto normativo federale;

b) nelle infrazioni penali comuni, il Presidente della Re-pubblica, il Vicepresidente, i membri del Congresso Nazionale, i propri Ministri e il Procuratore Generale della Repubblica;

c) nelle infrazioni penali comuni e nei crimini di responsabilità, i Ministri di Stato e i Comandanti della Marina, dell'Esercito e dell'Aeronautica, salvo quanto disposto nell'art. 52, I, i membri delle Corti Superiori, quelli del Tribunale dei Conti della Federazione e i capi di missione diplomatica di carattere permanente;

d) l'habeas corpus, essendo paziente qualsiasi delle persone menzionate nelle precedenti lettere; il mandato di sicurezza e l'habeas data contro atti del Presidente della Repubblica, delle Presidenze della Camera dei Deputati e del Senato Federale, del Tribunale dei Conti della Federazione, del Procuratore Generale della Repubblica e della stessa Corte Suprema Federale;

e) il contenzioso tra uno Stato estero o un organismo internazionale e l'Unione, lo Stato, il Distretto Federale o il Territorio;

f) le cause e i conflitti tra l'Unione e gli Stati, l'Unione e il Distretto Federale, o tra di essi, comprese le rispettive entità dell'amministrazione indiretta;

g) l'estradizione richiesta da uno Stato estero;

h) (Abrogato dalla Emenda Costituzionale n. 45 del 2004)

i) l'habeas corpus, quando l'autorità coercitiva è una Corte Superiore o quando l'autorità coercitiva o il paziente sono un'autorità o un funzionario i cui atti sono soggetti direttamente alla giurisdizione della Corte Suprema Federale, o riguardano un crimine soggetto alla stessa giurisdizione in un'unica istanza;

j) la revisione penale e l'azione rescissoria delle sue sentenze;

l) la richiesta per la preservazione della sua competenza e la garanzia dell'autorità delle sue decisioni;

m) l'esecuzione della sentenza nei casi di sua competenza originaria, con facoltà di delegare funzioni per la pratica di atti processuali;

n) l'azione in cui tutti i membri della magistratura siano direttamente o indirettamente interessati, e quella in cui più della metà dei membri del tribunale di origine siano impediti o siano direttamente o indirettamente interessati;

o) i conflitti di competenza tra la Corte Superiore di Giustizia e qualsiasi tribunale, tra le Corti Superiori, o tra queste e qualsiasi altro tribunale;

p) la richiesta di misura cautelare delle azioni dirette di incostituzionalità;

q) il mandato di ingiunzione, quando l'elaborazione della norma regolamentare è attribuzione del Presidente della Repubblica, del Congresso Nazionale, della Camera dei Deputati, del Senato Federale, dei Presidenti di una di queste Camere Legislative, della Corte dei Conti dell'Unione, di uno dei Tribunali Superiori, o della stessa Corte Suprema Federale;

r) le azioni contro il Consiglio Nazionale di Giustizia e contro il Consiglio Nazionale del Ministero Pubblico;

II - giudicare, in ricorso ordinario:

a) l'habeas corpus, il mandato di sicurezza, l'habeas data e il mandato di ingiunzione decisi in unica istanza dai Tribunali Superiori, se la decisione è di diniego;

b) il crimine politico;

III - giudicare, mediante ricorso straordinario, le cause decise in unica o ultima istanza, quando la decisione impugnata:

a) contraddice un dispositivo di questa Costituzione;

b) dichiarare l'incostituzionalità di un trattato o di una legge federale;

c) dichiarare valida una legge o un atto del governo locale contestato in relazione a questa Costituzione.

d) dichiarare valida una legge locale contestata in relazione a una legge federale.

§ 1. L'eccezione di violazione di un precetto fondamentale, derivante da questa Costituzione, sarà esaminata dalla Corte

Suprema Federale, secondo quanto previsto dalla legge.

§ 2. Le decisioni definitive di merito pronunciate dalla Corte Suprema Federale, nelle azioni dirette di incostituzionalità e nelle azioni dichiarative di costituzionalità, produrranno efficacia contro tutti e effetto vincolante nei confronti degli altri organi del Poder Judiciário e dell'amministrazione pubblica diretta e indiretta, nelle sfere federale, statale e municipale.

§ 3. Nel ricorso straordinario, il ricorrente deve dimostrare la rilevanza generale delle questioni costituzionali discusse nel caso, secondo quanto previsto dalla legge, affinché il Tribunale esamini l'ammissione del ricorso, potendolo rifiutare solo con la manifestazione di due terzi dei suoi membri.

In riferimento alle menzionate azioni dirette di incostituzionalità e azioni dichiarative di costituzionalità, disciplina l'articolo 103 della Costituzione Federale, che ha legittimità solo per proporle:

I - il Presidente della Repubblica;

II - la Presidenza del Senato Federale;

III - la Presidenza della Camera dei Deputati;

IV - la Presidenza dell'Assemblea Legislativa o della Camera Legislativa del Distretto Federale;

V - il Governatore dello Stato o del Distretto Federale;

VI - il Procuratore Generale della Repubblica;

VII - il Consiglio Federale dell'Ordine degli Avvocati del Brasile;

VIII - partito politico con rappresentanza nel Congresso Nazionale;

IX - confederazione sindacale o ente di categoria di livello nazionale.

§ 1° Il Procuratore Generale della Repubblica dovrà essere previamente ascoltato nelle azioni di incostituzionalità e in tutti i processi di competenza della Corte Suprema Federale.

§ 2° Dichiarata l'incostituzionalità per omissione di misura per rendere effettiva una norma costituzionale, sarà data comunicazione all'Autorità competente per l'adozione delle misure necessarie e, per quanto riguarda l'organo amministrativo, per farlo entro trenta giorni.

§ 3° Quando la Corte Suprema Federale esaminerà l'incostituzionalità, in linea di principio, di una norma legale o di un atto normativo, citerà, previamente, l'Avvocato Generale dell'Unione, che difenderà l'atto o il testo contestato.

§ 4.° (Abrogato dalla Emenda Costituzionale n. 45 del   2004)

Art. 103 - A. La Corte Suprema Federale potrà, d'ufficio o su provocazione, mediante decisione di due terzi dei suoi membri, dopo reiterate decisioni su materia costituzionale, approvare un'ordinanza che, a partire dalla sua pubblicazione nella stampa ufficiale, avrà effetto vincolante rispetto agli altri organi del Potere Giudiziario e all'amministrazione pubblica diretta e indiretta, nelle sfere federale, statale e municipale, così come procedere alla sua revisione o annullamento, secondo quanto stabilito dalla legge.

§ 1° Il riassunto avrà come obiettivo la validità, l'interpretazione e l'efficacia di norme determinate, riguardo alle quali vi sia attuale controversia tra organi giudiziari o tra questi e l'amministrazione pubblica, che comporti grave insicurezza giuridica e rilevante moltiplicazione di procedimenti su questioni identiche.

§ 2° Fatto salvo quanto sarà stabilito dalla legge, l'approvazione, la revisione o l'annullamento del riassunto può essere sollecitato da coloro che possono proporre l'azione diretta di incostituzionalità.

§ 3° Contro l'atto amministrativo o la decisione giudiziaria che contraddice il riassunto applicabile o che lo applica indebitamente, è possibile presentare reclamo alla Corte Suprema, che, giudicando fondato, annullerà l'atto amministrativo o revocando la decisione giudiziaria contestata, e disporrà che un'altra sia pronunciata con o senza l'applicazione del riassunto, a seconda dei casi.

3. ANALIZZANDO IL CONCETTO DI DEMOCRAZIA

Se a nessuno è dato ignorare la legge, è superfluo dire che così si esaurisce la competenza funzionale giurisdizionale della Corte Suprema, definita dalla Costituzione Federale del 1988!

Non ci sono dubbi che il rispetto e la cura per la Costituzione Federale caratterizzino il rispetto e la cura per la democrazia, forma di governo che rimanda all'idea di governo del popolo, governo del cittadino, sistema abbracciato dalla Nazione brasiliana.

Come è noto, la Democrazia è una forma politica di governo attraverso la quale ogni cittadino ha il diritto di esporre la propria opinione in un dibattito pubblico e, quando necessario, di votare per la decisione su un determinato argomento di interesse generale, ciò che si definisce democrazia.

Circoscritti alle loro funzioni, ciascuno dei tre poteri che costituiscono lo stato brasiliano rappresenta lo Stato stesso, impegnato con i giusti e regolari interessi della Nazione, con il dovere di fedeltà al principio costituzionale e universale secondo cui lo Stato deve essere gestito con attenzione a ciò che è giusto, a ciò che è di interesse generale, mirandosi al bene comune, alla prosperità e all'armonia sociale.

Nello stato moderno non si concepisce che qualcuno voglia elevarsi come proprietario del potere e imporre le proprie volontà e concezioni politiche particolari. Lo Stato è il popolo organizzato secondo la volontà collettiva, regolare e previamente normata; lo Stato deve essere di leggi e non di uomini; gli uomini, il popolo, costituiscono la Nazione plurale.

Sono le leggi che stabiliscono e garantiscono la libertà. Dal momento in cui l'agente pubblico, "l'autorità", può fare liberamente ciò che vuole, come se nulla gli fosse impossibile, la democrazia si trasforma in tirannia. Non ci sarebbe modo di pensare all'efficacia del bene comune; sarebbe il regno della tirannia dell'individualismo egoista e inibitore del benessere sociale.

La Democrazia deve essere sovrana, anche con le necessarie limitazioni a favore dell'unità collettiva, dell'armonia sociale e del benessere comune, non dovendo gli interessi individuali interferire nel potere legale previamente definito degli organi di deliberazione e giudizio, che costituiscono poteri collettivi espressi in una costituzione, né negare il dovere di agire secondo le leggi.

Non ci si può esimere dalla consapevolezza che in Brasile, sin dall'epoca di un governo più disciplinatore e più vigile sulla condotta patriottica, durante il Governo del regime militare, la Costituzione Federale del 1969, confermando la forma di governo democratico nel Paese, stabilì nel suo articolo 1º, § 1º che: "Tutto il potere emana dal popolo e in suo nome è esercitato", delineando il modello di Democrazia Rappresentativa.

Coerente con il momento politico e il pensiero ideologico dei costituzionalisti eletti per la sua discussione e redazione, la Costituzione Federale del 1988, ripetutamente, ratificando la forma democratica per il governo brasiliano, stabilì nel suo articolo 1, paragrafo unico che: "Tutto il potere emana dal popolo, che lo esercita tramite rappresentanti eletti o direttamente, ai sensi di questa Costituzione", riflettendo la concezione di una forma di Democrazia Mista, democrazia rappresentativa e democrazia partecipativa - senza alcuna registrazione della possibilità di ricezione ad atti di tirannia o abuso di potere.

In questo modo, nella Costituzione Brasiliana vigente, non si verifica una delega piena di potere ai rappresentanti eletti per i processi legislativi e di governance. Con riferimento alla parte finale dell'articolo 1, paragrafo unico, sopra menzionato, dove è scritto "o direttamente, secondo i termini di questa Costituzione", il costituente ha già definito nella Carta Magna, come non potrebbe essere altrimenti, quali sono le forme di partecipazione diretta del popolo al potere statale: attraverso il plebiscito, il referendum popolare, il potere di iniziativa delle leggi e mediante la partecipazione nell'amministrazione pubblica tramite commissioni formate da rappresentanti della società civile.

Pertanto, né il popolo esercita il potere di governo direttamente, né il potere è completamente delegato ai rappresentanti del popolo, gli eletti in elezioni pubbliche, tanto meno a chi non è stato eletto.

4. STATO DEMOCRATICO DI DIRITTO
E DOVUTO PROCESSO LEGALE

Nonostante possa sembrare difficile da comprendere, l'espressione "Stato Democratico di Diritto" ha la sua concezione inscritta nel nucleo fondamentale della Costituzione Federale, che ha definito che è attraverso questa forma di Stato che il Brasile è costituito, come si legge nel suo articolo 1°:

> "La Repubblica Federativa del Brasile, formata dall'unione in-dissolubile degli Stati, dei Comuni e del Distretto Federale, si costituisce in Stato Democratico di Diritto e ha come fondamenti[9] (...)."

Nello Stato Democratico di Diritto, la regola intangibile che non può essere minacciata è che il Potere Legislativo creerà le leggi, il Potere Esecutivo farà valere le leggi attraverso il governo e il Potere Giudiziario, su richiesta, giudicherà, attraverso il dovuto processo legale, pubblico, trasparente e imparziale.

È incerto dove voglia arrivare la Corte Suprema quando, in modo stravagante, decide di instaurare d'ufficio "inchieste" contro atti pubblici dei cittadini, compresi i parlamentari, senza l'inevitabile pronunciamento del Ministero Pubblico Federale.

Questo potere ambizioso non rientra nell'ambito delle competenze che le sono attribuite dalla Costituzione Federale - articoli 101 a 103 - né il suo Regolamento Interno potrebbe né potrà creare competenze al di là di quelle costituzionalmente definite.

L'indagine è un procedimento di natura investigativa, pre-processuale, basato su indizi di autorialità e materialità, che ha lo scopo di chiarire un presunto fatto criminoso oggetto di indagine, con l'obiettivo di dimostrare la giusta causa dell'azione penale, anche al fine di evitare l'avvio di azioni infondate.

La Suprema Corte Tribunale avrebbe competenza a tal fine? Assolutamente no.

Sarebbe un'interpretazione estravagante pretendere di giustificare tale atto inconstituzionale inconcepibile con un'interpretazione distorta dell'articolo 43 del Regolamento Interno della Corte Suprema (RISTF), dove è disposto che:

---

[9] BRASILE, 1941.

Art. 43. **In caso di violazione della legge penale** *nella sede o dipendenza del Tribunale*, **il Presidente istituirà un'inchiesta**, se coinvolge autorità o persone soggette alla **sua giurisdizione, o delega tale attribuzione a un altro Ministro.**

Tradurre ignoranza giuridica o abuso di interpretazione della norma regolamentare, quindi abuso di autorità, è la giustificazione che può essere considerato *"sede o dipendenza del Tribunale"* tutto il territorio nazionale. O che qualsiasi atto praticato da qualsiasi cittadino, in qualsiasi luogo del Paese, che per interpretazione di uno qualsiasi dei suoi Ministri venga considerato come un reato commesso contro la Corte Suprema o i suoi membri, debba essere considerato come se fosse praticato "nella sede o dipendenza del tribunale"!

Non c'è giustificazione né ragionevolezza, fuori dalla concezione di tirannia e abuso di autorità, nell'ammettere che qualsiasi crimine commesso contro la Corte Suprema di Giustizia (STF) e/o i suoi membri, in qualsiasi parte del territorio nazionale, possa essere indagato tramite un'inchiesta avviata d'ufficio dalla Corte, sulla fragile base del fatto che il ministro è ministro ovunque, come se fosse un'estensione della Corte Suprema. È ignorare o fare *tabula rasa* del principio giuridico che la giurisdizione è processualizzata e il processo è giurisdizionalizzato. Non c'è giurisdizione senza processo, non c'è giudice senza processo.

In caso di eventi pubblici che possano offendere il Supremo Tribunale Federale o i suoi ministri, considerati come illeciti penali, essi dovranno essere comunicati alla Procura Generale della Repubblica, con i necessari elementi informativi, richiedendo che si proceda con le indagini attraverso la Polizia Federale, affinché, alla fine, se la PGR si convinca dell'illiceità dell'atto investigato, possa presentare l'accusa e, in tal modo, instaurare il dovuto processo legale.

Il giusto processo legale è un imperativo costituzionale e una guida fondamentale del diritto internazionale, della Dichiarazione Universale dei Diritti Umani. Come si può osservare, l'articolo 5° del nostro Codice di Procedura Penale dispone che nei *crimini di azione pubblica l'inchiesta della polizia sia avviata:*

I - d'ufficio;

II - su richiesta dell'autorità giudiziaria o del Ministero Pubblico, o su richiesta della persona offesa o di chi ha qualità per rappresentarla.

Il comma I di questo articolo stabilisce che l'inchiesta presieduta dalla polizia giudiziaria - la Polizia Federale o la Polizia Civile - il commissario di polizia può avviare l'inchiesta d'ufficio.

Nel comma II, osserviamo la disciplina riguardante la richiesta di apertura dell'inchiesta su iniziativa del Ministero Pubblico o del giudice stesso.

Sarebbe una meschinità di interpretazione voler comprendere lo spirito della legge ignorando i principi generali del diritto, in particolare i principi costituzionali. Perciò è imprescindibile capire in quali circostanze fattuali sia legittimata la prerogativa del giudice di ordinare al commissario di polizia l'apertura di un'inchiesta quando la notizia di reato giunge alla sua conoscenza o quando abbia conoscenza del crimine a causa della notorietà e dell'importanza del fatto.

Non possiamo rinunciare al principio dell'inattività della giurisdizione, che si attiva solo su legittima provocazione, così come all'imparzialità del giudice. Infatti, nel sistema accusatorio, il giudice è un soggetto inerte e imparziale, e gli atti d'ufficio fanno parte del sistema inquisitorio; di conseguenza, non c'è ragionevolezza nell'idea che il magistrato avvii un'inchiesta o ordini a un'autorità, che ha la competenza di decidere se aprirla o meno, di farlo. Ci troveremmo di fronte al più assoluto autoritarismo.

D'altra parte, il giudice, nel determinare l'apertura di un'inchiesta, perché ha ritenuto che quel fatto sia illecito o abbia caratteristiche di illiceità, diventerebbe preventivo e dovrebbe giudicare un fatto le cui caratteristiche giuridiche sono state da lui create o immaginate! Inoltre, peserebbe un forte parzialità nel giudizio del caso, perché partirebbe da una concezione già formata, violando il principio del giudice naturale.

Se non vengono osservate queste imperative discipline pedagogiche dei principi generali del diritto, nell'interpretazione dell'articolo 5° del Codice di Procedura Penale, ci troveremmo di fronte a un conflitto irrazionale e ingiustificabile con la norma dell'articolo 40° dello stesso strumento processuale, che stabilisce che: *"Quando, in atti o docu-*

menti di cui siano a conoscenza, i giudici o i tribunali riscontrano l'esistenza di un reato di azione pubblica, invieranno al Ministero Pubblico le copie e i documenti necessari per l'offerta dell'accusa. " Al Ministero Pubblico spetterà analizzare e decidere se presentare o meno l'accusa, nessuna autorità può imporre una cosa o l'altra, se non l'autorità della Legge.

Non vi è alcun fondamento giuridico o ragionevolezza per l'idea arbitraria e autoritaria dell'apertura di un'inchiesta da parte della Corte Suprema Federale. È un'interpretazione poco intelligente dell'articolo 43° del Regolamento Interno della Corte, cieca rispetto ai principi costituzionali e di diritto ai quali si sottopone ogni norma giuridica, e, inoltre, esce dai limiti di competenza delineati dagli articoli 101° a 103° della Costituzione Federale. È estremamente vaga la pretesa di attribuire un'interpretazione estensiva al disposto nell'articolo 43° del RISTF, poiché il concetto di *"sede o dipendenza del Tribunale"* si circoscrive alla delimitazione dello spazio fisico, nulla di più. Anche se si affermasse che l'articolo 43° sia una norma speciale, essa è comunque subordinata alla Costituzione Federale e ai principi generali del diritto.

La norma giuridica in discussione è semplice e precisa: l'inchiesta, sulla base del RISTF, può essere avviata solo per reati commessi nella sede della Corte e quando coinvolgono persone soggette alla sua giurisdizione.

Per rispetto alla Democrazia, alla Costituzione Federale e ai principi generali del diritto, così come ai principi etici, né i giuristi né gli accademici possono rimanere in silenzio di fronte agli errori dannosi e aberranti commessi dai membri della Corte Suprema, che escono dai loro limiti di competenza e macchiano la credibilità della Corte con atti che riflettono un evidente attivismo politico.

Gli errori giuridici della discutibile detenzione del signor Roberto Jefferson, che per un lungo periodo ha composto ripetute prime pagine di giornali e TV del Paese e del mondo, costituiscono pessimi precedenti che potrebbero contaminare la struttura infracostituzionale del sistema giudiziario brasiliano, a danno dell'ordine giuridico e, soprattutto, delle fasce sociali più povere, incapaci di permettersi difese più preparate.

Come è divenuto pubblico e noto, per ordine del ministro della

Corte Suprema, Alexandre de Moraes, la Polizia Federale ha arrestato il signor Roberto Jefferson, presidente del PTB (Partito Lavorista Brasiliano) e ex-deputato, esplicito sostenitore del presidente Jair Bolsonaro, il 13 agosto 2020, quando fu decretata la sua *"custodia cautelare"*, con l'incomprensibile argomento di presunta partecipazione in una *"organizzazione criminale digitale montata per attaccare la democrazia"*.

Uno studente di diritto potrebbe chiedere: Ordinando arresti, il Ministro della Corte Suprema sta facendo *tabula rasa* dei principi del giusto processo legale, del giudice naturale, della presunzione di innocenza, della difesa ampia e del contraddittorio? Sì! È triste, ma è vero, un atto tipico della tirannia dei regimi d'eccezione!

Poiché questo straordinario procedimento è diventato pubblico, si evince che l'illegittima richiesta di arresto di Roberto Jefferson è stata formulata dalla Polizia Federale e prontamente accolta dal ministro Alexandre de Moraes, il quale ha motivato l'ordine di arresto e custodia sulla base della *"garanzia della legge e dell'ordine e della convenienza dell'istruzione penale"*, *sostenendo che negli atti del procedimento erano stati inequivocabilmente dimostrati forti indizi di materialità e paternità dei reati di calunnia, diffamazione, ingiuria, istigazione a delinquere, apologia di reato o di criminali, associazione a delinquere, oltre ai reati previsti dalla Legge di Sicurezza Nazionale e dal Codice Elettorale.* Inoltre, nelle motivazioni della decisione, il ministro ha affermato che le pubblicazioni dell'"imputato" contenevano *"discorsi d'odio"* e commenti *"omofobici"*, riferiti ai ministri della Corte Suprema Federale, che minacciano di *"corrodere le strutture del regime democratico e l'assetto dello Stato di diritto"*.

Nonostante la condotta illecita e spropositata dell'accusato, la decretazione dell'arresto è assolutamente illegale e viziata da antigiuridicità.

È di elementare conoscenza che la decretazione della custodia cautelare in carcere, ai sensi della Costituzione Federale e del Codice di Procedura Penale, rappresenta una misura eccezionale. Anche se si considerano la gravità dei fatti e i precedenti dell'imputato (non possiamo semplicemente definirlo indagato, poiché il paziente è detenuto), ciò di

per sé non sarebbe sufficiente per la decretazione della custodia cautelare, secondo l'interpretazione dell'articolo 312° del Codice di Procedura Penale, il quale stabilisce che *"la custodia cautelare potrà essere decretata a garanzia dell'ordine pubblico, dell'ordine economico, per la
convenienza dell'istruzione penale o per assicurare l'applicazione della
legge penale, quando vi siano prove dell'esistenza del reato e indizi suf-
ficienti di colpevolezza, nonché del pericolo derivante dallo stato di
libertà dell'imputato"*.

Completa il § 2° del citato dispositivo legale che la *"decisione che decreta la custodia cautelare in carcere deve essere motivata e fondata sul
timore di pericolo e sull'esistenza concreta di fatti nuovi o contemporanei che giustifichino l'applicazione della misura adottata"*. Inoltre,
l'articolo 313°, nel suo § 2°, stabilisce che *"non sarà ammessa la decretazione della custodia cautelare con la finalità di anticipare l'esecuzione della pena o come conseguenza immediata di un'indagine penale o
della presentazione o accoglimento di un'accusa"*.

Focalizzandoci sull'analisi approfondita del Codice di Procedura Penale,
possiamo osservare che, in modo didattico, l'istituto procedurale è definito
nell'articolo 315°, il quale prevede che *"nella motivazione della decretazione della custodia cautelare o di qualsiasi altra misura cautelare, il giudice
dovrà indicare concretamente l'esistenza di fatti nuovi o contemporanei
che giustifichino l'applicazione della misura adottata"*.

Pertanto, sebbene si possa affermare che è facile dimostrare
l'esistenza di numerosi reati perpetrati dall'imputato Roberto Jefferson,
consubstanziati, in linea di principio, nell'esistenza di un crimine e nei
flagranti indizi di colpevolezza, non c'è indicazione nella decisione del
ministro Alexandre de Moraes, quando ordina l'arresto, che la permanenza dell'imputato in libertà metta a rischio la società e/o l'istruzione
processuale. Manca all'ordine di arresto i presupposti di legalità, il *fu-
mus commissi delicti* e il *periculum libertatis*, la dimostrazione del
pericolo che deriva dallo stato di libertà dell'imputato.

Evidentemente, la decisione eccezionale del ministro della Corte Suprema di Giustizia, Alexandre de Moraes, oltre a superare la competenza della Corte, non rispetta l'ordinamento del Codice di Procedura
Penale, come delineato nelle norme contenute negli articoli 312°, § 2°,

in combinato disposto con gli articoli 313°, § 2°, e 315, § 1°, e, nel merito, violando, come detto sopra, i principi del giusto processo legale, del giudice naturale, della presunzione di innocenza e della difesa ampia e del contraddittorio.

Nello stesso contesto di illegalità e incostituzionalità, si sviluppa tra le tempeste provocate dal ministro Alexandre de Moraes il processo instaurato, per vie oblique, nella Corte Suprema, che ha portato all'arresto del Deputato Daniel Silveira.

L'erroneo arresto disposto dal ministro Alexandre de Moraes è derivato anche dall'incostituzionale *"Inchiesta sulle Fake News"*, con la giustificazione che il Deputato Daniel Silveira avrebbe continuativamente commesso crimini contro l'onore dei ministri e la sicurezza nazionale.

Per quanto già detto sopra, è aberrante l'incostituzionalità di tale ordine di arresto, visto che il ministro Alexandre de Moraes non avrebbe competenza per decretare tale atto di restrizione della libertà del Deputato.

Non si intravede correlazione tra il presunto crimine segnalato e quelli, in-costituzionalmente, considerati oggetto dell'inchiesta da lui presieduta. È visibilmente in violazione del principio costituzionale del giudice naturale, incluso tra i diritti e le garanzie individuali del cittadino previsti nell'articolo 5° della Costituzione Federale.

D'altra parte, non c'è stata né accusa né richiesta di arresto, ed è di pubblico dominio che il potere giudiziario è un potere inerte che non può accusare, richiedere e determinare l'arresto, cumulativamente - principio dell'inerzia della giurisdizione - e non può agire senza una regolare e competente provocazione.

Sulla base della decisione incostituzionale, si sarebbe ritenuto che l'ora arrestato avesse attentato all'onore del potere giudiziario e dei ministri della Corte Suprema di Giustizia, e contro lo Stato democratico di diritto, compiendo atti di violenza o grave minaccia, come previsto dalla Legge n. 7.170/73, specificamente negli articoli 17°, 18°, 22°, commi I e IV, 23, commi I, II e IV e l'articolo 26°, per giustificare l'ordine di arresto severo e inadeguato, violando indiscutibilmente la norma dell'articolo 53° della Costituzione Federale.

Non si può dimenticare che la stessa Corte Suprema di Giustizia, nel giudizio della "ADI n. 5526°", aveva già consacrato la garanzia dell'immunità formale costituzionale, assicurata dal suddetto articolo 53°, secondo cui è ammesso l'arresto dei parlamentari solo in caso di reato flagrante per crimine non ammesso a cauzione, non essendo quindi ammessa alcuna altra forma di arresto cautelare, inclusa l'arresto preventivo previsto dall'articolo 312° del Codice di Procedura Penale, nei confronti dei parlamentari.

Nel caso in oggetto, non si sono verificati atti concreti di violenza né di grave minaccia, ma solo manifestazioni incisive di opinione da parte di un parlamentare, forse radicali, che poco importa per il risultato, sia esso riprovevole o meno. Il signor Ministro della Corte Suprema di Giustizia non ha competenza per decretare l'arresto.

Appare cristallino che l'arresto del deputato Daniel Silveira sia stato incostituzionale, illegale e arbitrario, il che, a nostro avviso, configura un reato di abuso di autorità, e potrebbe persino costituire un reato di responsabilità del ministro che lo ha disposto. Questo, in verità, è ciò che induce a un possibile rischio per la democrazia.

È, inoltre, incostituzionale l'ordine di arresto del Deputato Daniel Silveira perché emesso a partire dagli atti di un'inchiesta inconcepibile e incostituzionale, violentemente abusiva, sebbene instaurata d'ufficio, dalla stessa autorità che la presiede, produce le prove e giudica! Fino a quando la Corte Suprema continuerà a comportarsi in questo modo? Dove vuole arrivare?
È inconcepibile, tanto meno sostenibile, che in pieno regime democratico di diritto, un giudice, agente di un potere naturalmente inerte che agisce solo per provvedimento regolare e competente, mediante il giusto processo legale, si arroghi il diritto di esercitare le funzioni di accusatore, di instaurare un'inchiesta e di produrre egli stesso le prove d'ufficio, poiché l'organo accusatore è il Ministero Pubblico, per disciplina costituzionale.

5. LA DOTTRINA DEL GIURISTA GILMAR MENDES

Oltre all'incompetenza del Ministro Alexandre de Moraes per la decretazione delle stravaganti detenzioni di evidente natura politica, vi è un flagrante conflitto di interpretazione giuridica tra il Ministro, in quanto "rappresentante" della Corte Suprema Federale, nei suoi atti ordinatori di detenzione e la dottrina costituzionalista del giurista Gilmar Ferreira Mendes, anch'esso Ministro della Corte Suprema Federale, come si può verificare nella sua fantastica opera pedagogica, con 1.638 pagine, intitolata "Corso di Diritto Costituzionale"[10], pubblicata in coautoria con il Professor Paulo Gustavo Gonet Branco, dove il giurista, Ministro costituzionalista, sottolinea:

> "La disposizione sul flagrante nella Costituzione Federale deve essere interpretata in sintonia con le altre garanzie inerenti alla regola generale di libertà di circolazione, tra cui la garanzia espressa che 'nessuno sarà portato in prigione, o vi sarà mantenuto, se la legge ammette la libertà provvisoria con o senza cauzione' (CF, art. 5, LXVI).
> Il testo costituzionale richiede, quindi, più della semplice mantenimento della detenzione in flagrante quando sono soddisfatti i requisiti formali. Affinché qualcuno possa rimanere in detenzione, in via cautelare, la Costituzione Federale esige una decisione giudiziaria sufficientemente motivata sul non luogo a procedere della libertà provvisoria, il che rafforza ulteriormente il carattere precario della detenzione in flagrante, anche prima delle innovazioni introdotte dalla Legge n. 12.403/2011".

Ora, nei suddetti arresti decretati dal *Ministro Alexandre de Moraes,* oltre al fatto che il Ministro non detiene la competenza che si è arrogato, quella di giudice delle esecuzioni penali, delle pene da lui stesso stabilite, i fatti indicati come giustificatori degli arresti non sono nemmeno tipificati nell'ordinamento giuridico come crimine. *"Nullum crimen sine lege"*, *"Nulla poena sine crimine"*!

Sottolinea ancora di più il costituzionalista (Ministro) Gilmar Mendes che:

"La regola generale sancita dalla nostra Legge Suprema è la libertà di movimento. Regola generale che deriva dall'altisonante principio della dignità della persona umana (comma III dell'art. 1°) e così doppiamente

---

[10] MENDES, 2018, p. 632.

affermata dall'art. 5° della stessa, la Costituzione: Il costituzionalista (Ministro) Gilmar Mendes sottolinea ulteriormente che:

> "La regola generale sancita dalla nostra Legge Suprema è la libertà di locomozione. Regola generale che deriva dall'altisonante principio della dignità della persona umana (comma III dell'art. 1°) e che viene doppiamente espressa dall'art. 5° della stessa Costituzione:
>
> a) "è libera la locomozione nel territorio nazionale in tempo di pace" (comma XV);
>
> b) "nessuno sarà privato della libertà o dei suoi beni senza il dovuto processo legale'"(comma LIV).

Di conseguenza, l'istituto della detenzione appare nel corpo normativo della Costituzione come una misura esplicitamente eccezionale, vale a dire: "nessuno sarà arrestato se non in flagranza di reato o per ordine scritto e motivato di un'autorità giudiziaria competente, salvo nei casi di infrazione militare o di reato propriamente militare, definiti dalla legge' (comma LXI dell'art. 5° della CF/88). Inoltre, da quest'ultimo dispositivo emerge il duplice carattere eccezionale dell'arresto in flagranza: in primo luogo perché si contrappone alla regola generale della libertà fisica o spaziale (libertà di locomozione secondo il linguaggio della Carta Magna); in secondo luogo, perché si contrappone anche all'arresto decretato per ordine scritto e motivato dell'autorità giudiziaria competente. Da ciò deriva la necessità di un'interpretazione restrittiva, anche perché la flagranza è un evento fugace del mondo dell'essere. Esiste per dissolversi nel più breve tempo possibile, in modo da legittimare il vettore interpretativo della distinzione tra essa, arresto in flagranza, e la necessità della sua continuazione. Necessità che dipenderà dalla concreta valutazione giudiziaria della pericolosità dell'agente, a cui il giudice dovrà prestare attenzione in conformità ai termini dell'art. 312° del Codice di Procedura Penale[11].

---

[11] *Ibidem*, p. 633

Questa attuale posizione adottata dalla Corte Suprema Federale ha preoccupato la comunità giuridica che ha un impegno naturale con lo stato di diritto. Genera una preoccupazione più marcata il fatto che non si comprenda chiaramente perché il Ministro costituzionalista, Gilmar Mendes, non si opponga a ciò, sembrando addirittura condividere questo nuovo atteggiamento imprudente della Corte Suprema. L'omissione caratterizza l'accettazione da parte di chi dovrebbe opporsi, legandosi alla responsabilità per gli effetti e le conseguenze degli atti irregolari.

Non possiamo ignorare che lo "stato di diritto" presuppone uno stato effettivamente costituzionale, governato da una costituzione efficace e rispettata, assimilata in modo generale con un ordinamento giuridico fondamentale e concentrato al quale tutti i poteri pubblici devono essere vincolati e subordinati, esemplarmente i tre poteri che costituiscono i pilastri di sostegno dello Stato - legislativo, esecutivo e giudiziario.

Quando il potere giudiziario cerca di operare ai margini della Costituzione, in uno stile autoritario e dittatoriale, si trasforma nella minaccia più seria e grave per lo Stato Democratico di Diritto, rappresentando un'imprudente minaccia alla democrazia, al benessere e alla pace sociale, influenzando negativamente anche lo sviluppo economico e, di conseguenza, la stessa sopravvivenza dei cittadini. L'insicurezza giuridica compromette il settore produttivo.

Importante osservare che il principio universalmente denominato di *costituzionalità* non si limita al principio della costituzionalità delle leggi, ma si applica a tutti gli atti di tutti i poteri istituzionali dello Stato, indistintamente, sotto pena di essere atti che operano ai margini dell'ordine costituzionale, violando il sacro "Stato di Diritto". È ciò che possiamo definire il principio della *supremazia della Costituzione*, che nessuno può ignorare, tanto meno i funzionari pubblici che, nell'ambito delle loro funzioni, agiscono come se fossero lo stesso Stato.

Quando giuridicamente si parla di *principio costituzionale della separazione dei poteri*, non ci si riferisce semplicemente all'autonomia e alla libertà, anche perché non esiste una libertà assoluta - la libertà assoluta è alienazione, follia, distacco generalizzato. Ma si fa riferimento anche alla responsabilità per gli atti propri dell'esercizio delle rispettive funzioni di un potere politico statale - svolgimento delle proprie funzioni e compiti nelle rispettive competenze con responsabilità.

6. CAMUFFAMENTO DELL'AUTORITARISMO INCOSTITUZIONALE DEL STF

Sotto l'etichetta, in un'apparente modulazione di *marketing* inappropriata di un potere inesistente, è stato instaurato presso la Corte Suprema Federale un cosiddetto "Inchiesta delle *Fake News*", uno strumento investigativo, giudicante e punitivo, avviato e condotto dallo stesso "offeso", senza alcun consenso da parte dell'autorità pubblica competente, la Procura Generale della Repubblica.

L'atteggiamento autoritario della Magistratura, a partire dalla Corte Costituzionale Suprema, stimola la modellazione autoritaria di tutto il sistema giudiziario nazionale, agendo senza il rispetto dei limiti legali e del giusto processo, sminuendo i diritti e le garanzie costituzionali dei cittadini, conducendo l'intera nazione verso il disagio sociale e morale dell'insicurezza giuridica, attraverso il terrore riflesso della "Dittatura del Potere Giudiziario", dichiarata, con lucidità, dal giurista dei giuristi brasiliani, Rui Barbosa, come la peggiore delle dittature, poiché da essa non c'è a chi rivolgersi.

È allarmante per la comunità giuridica, in particolare per i costituzionalisti, l'atteggiamento apertamente incostituzionale della Corte Suprema Federale, che si arroga il diritto di, tramite uno strumento etichettato come "Inchiesta sulle *Fake News*", indagare, accusare e giudicare in causa propria, sfidando i più elementari principi costituzionali e i principi generali del diritto.

La dimensione o la natura del fatto o dell'atto giuridico praticato da cittadini brasiliani che ha offeso e infastidito i Ministri della Corte Suprema Federale non giustifica, legalmente, l'implementazione di un particolare regime d'eccezione tradotto nell'istituzione dell'atipica e incostituzionale Inchiesta n. 4.781, sulle *Fake News*, violando la Costituzione Federale e il diritto infracostituzionale nel suo complesso.

È una verità assoluta che le persone intelligenti, patrioti consapevoli e ben intenzionati, non hanno mai applaudito né condivideranno manifestazioni stravaganti irresponsabili e antidemocratiche, prive del minimo buon senso, come la chiusura della Corte Suprema Federale o le aggressioni fisiche ai suoi membri, per quanto possano essere discutibili i loro atti. Per qualsiasi atto illecito, l'ordinamento giuridico dispone dei relativi ed efficaci rimedi giuridici che possono essere applicati adeguatamente attraverso il giusto processo legale.

Nella stessa linea di pensiero, si può dire della debolezza mentale di chi crea e diffonde notizie false, soprattutto di natura diffamatoria e/o minacciosa nei confronti delle istituzioni del potere pubblico o dei loro rispettivi agenti, il che, in realtà, non è altro che manifestazioni e movimenti sconsiderati di piccoli gruppi privi di rappresentatività, senza progetti o programmi definiti, alla ricerca soltanto di riflettori, senza alcun impegno per il proprio futuro. Devono essere controllati, naturalmente, attraverso il giusto processo legale.

Niente di tutto ciò, però, giustifica il particolare "regime di eccezione", istituito in modo strano, per vie oblique, nella Corte Suprema. Gli atti illeciti devono essere combattuti e puniti correttamente, tuttavia seguendo le procedure sanzionatorie regolari dell'ordinamento giuridico, previamente costituito e in vigore, con il dovuto rispetto per le competenze degli organi istituzionali e alla luce delle norme e dei principi costituzionali.

A tal fine, sarebbe imprescindibile avere un'accusa formale competente, di iniziativa del Ministero Pubblico, contro i responsabili, affinché il Poder Judiciário, una volta sollecitato, possa giudicare e decidere imparzialmente sulla dimensione della punibilità, o meno!

Quello che non si concepisce, poiché soffre di inequivocabile antigiuridicità, è che colui che giudica voglia anche accusare. L'accusatore non può essere anche il giudice!
È, esclusivamente, del Ministero Pubblico il potere accusatorio, sostenuto nelle indagini di polizia, in base alla norma sancita nell'articolo *129° della Costituzione Federale: - Art. 129°. Sono funzioni istituzionali del Ministero Pubblico:*
I - promuovere, in via esclusiva, l'azione penale pubblica, secondo la legge;... - L'autorità di polizia indaga, il Ministero Pubblico accusa e il Judiciário giudica, non è ragionevole, tanto meno legale, che un'istituzione abbia l'iniziativa di indagare, formalizzare l'accusa e giudicare la causa. Questa attitudine obliqua, attualmente in voga nella Corte Suprema, esprime una postura egocentrica e inconcepibilmente autoritaria.

Sembra sia già passato il momento per la Corte Suprema di riflettere e discutere necessariamente in collegio, e tornare ai limiti delle sue funzioni costituzionali, per la pacificazione politica del Paese e il benessere sociale, riguardo alla sicurezza giuridica che deve ispirare il cittadino, inclusa la credibilità della giustizia, per quanto riguarda il dovere di imparzialità.

Sfortunatamente, la Corte Suprema Federale si è mostrata molto più sensibile alle critiche naturali che le vengono mosse, piuttosto che al dovere di garantire l'efficacia reale della Costituzione Federale, oltre-passando i limiti delle sue funzioni costituzionali, riflettendo immaturità o autoritarismo! Tenendo conto dell'età dei suoi membri, appare più un pernicioso autoritarismo. La Corte Suprema non può ignorare che, es-sendo un ente pubblico, al servizio della Nazione, al servizio del popolo, sarà sempre soggetta a critiche.

È importante sottolineare che non ci sono dubbi, riguardo a ciò che è pubblicamente noto, che le minacce rivelate contro la Corte Su-prema Federale sono inaccettabili, e perciò devono essere combattute con serietà, attraverso il giusto processo legale, come già ben delineato in precedenza. Non è a causa dei piccoli gruppi estremisti, inconseguen-ti, privi di rappresentatività, attualmente sparsi per il Paese, con l'intento esclusivo di turbamento dell'ordine, che le istituzioni democratiche de-vono uscire dai loro limiti costituzionali, macchiando la Democrazia.

Lo Stato deve agire prontamente ed efficacemente, attraverso gli strumenti costituzionalmente predefiniti nell'ordinamento giuridico, prestando attenzione alla definizione della competenza specifica per ciascuna istituzione. I gruppi che minacciano la Democrazia devono es-sere indagati dagli organi competenti, con l'obiettivo di assistere nella denuncia da promuovere da parte del Pubblico Ministero, provocando in modo legale ed efficace il Potere Giudiziario per il dovuto giudizio e la sanzione legale pertinente, quando sarà il caso.

Ma ciò che ha avuto un'eco eccessivamente negativa è stato il sorprendente fatto giuridico (giuridico perché produce effetti giuridici, anche se, nella realtà, antigiuridico), prodotto dalla Corte Suprema Fe-derale, quando il 27/05/2020, il Ministro Alexandre de Moraes, sponta-neamente, d'ufficio, ha disposto, di fronte a apparenti semplici manife-stazioni pubbliche di pensiero politico, l'esecuzione di operazioni di ri-cerca e sequestro nelle abitazioni e negli uffici di persone di notorietà politico-sociale, in particolare del giornalista Alan dos Santos e del noto imprenditore brasiliano Luciano Hang, che ha contribuito notevolmente allo sviluppo del Paese generando migliaia di posti di lavoro diretti e raccogliendo molti milioni di reais per le casse pubbliche a titolo di tributo - anche se tali atti di imprenditorialità non suggeriscono impunità, si tratta di cose distinte. Tali operazioni hanno suscitato grande stupore nella comunità giuridica, poiché era già in corso un giudizioso dibattito nella dottrina tra giuristi accademici, nell'ambito del diritto processuale penale, sull'incostituzionalità dell'instaurazione di inchieste d'ufficio da parte della Corte Suprema Federale. Da quel momento in poi, il Ministro *Alexandre de Moraes* ha preso gusto alla nuova competenza che ha aggiunto alle sue funzioni giudiziarie e ha continuato a reiterare fatti identici, incluso, da quel momento in poi, aggiungendo ai suoi mandati giudiziali ordini di arresto.

Purtroppo, viviamo un periodo triste di disapprovazione della magistratura, in particolare della Corte Suprema, il cui comportamento riflette ampiamente su tutto il Potere Giudiziario. Sarebbe quindi ragionevole che l'Istituzione si disponesse a fare un'autocritica per identificare le ragioni dell'elevato grado di insoddisfazione dei giurisdizionati e promuovesse una revisione della postura istituzionale, abbandonando le vanità, l'arroganza e la superbia che emergono dal comportamento di alcuni membri della Corte, che sfidano le altre istituzioni democratiche e la Nazione nel suo complesso, compresa la cautela riguardo alle affrettate modifiche della giurisprudenza. Agendo in questo modo, senza dubbio si invertirebbe l'insoddisfazione popolare espressa e si indirizzerebbe il Paese verso la pacificazione politica e tutta la Nazione verso una pace duratura.

7. CONCLUSIONE

Innegabilmente, il Brasile sta attraversando un momento serio di incertezze, di tumulto politico e sociale, di pericolosa insicurezza giuridica che si estende a tutti i settori dello Stato, con molti dei partecipanti ai poteri istituzionali, agenti pubblici, che vogliono elevarsi a proprietari unici dello Stato e della verità. Senza dubbio, riflessi negativi di una postura autoritaria e dittatoriale assunta dalla Corte Suprema, attraverso vie oblique, tergiversando sulle sue funzioni e superando i limiti delle sue competenze costituzionali.

Lo Stato brasiliano già invoca uno stato di armonia e sicurezza giuridica in cui possa condurre la Nazione verso la pace e il benessere sociale, liberando il settore produttivo per cercare, con fiducia, la prosperità desiderata, portando il Paese a un livello di equilibrio economico e finanziario sostenibile.

Questa desiderata armonia politico-sociale, sicurezza giuridica e fiducia nella giustizia, sembrano dipendere dalla disponibilità della Corte Suprema a una auto riflessione, e i suoi componenti a rinunciare all'estrema vanità e arroganza, riservandosi al dovere di vigilare sul rispetto e sull'efficacia assoluta della Costituzione Federale, abbandonando i discorsi e gli scontri politici, concentrandosi sull'esercizio delle loro funzioni, circoscritte ai limiti delle loro competenze.

Infelice è colui che sogna di "aggiustare" il mondo a modo suo, secondo il proprio arbitrio, perché l'infelicità è già incastonata dentro di sé, e non avrà altro da condividere se non l'infelicità. Lo sviluppo del mondo evolve nella proporzione dello sviluppo individuale di ciascuno di noi. Ognuno compia i propri doveri, le proprie obbligazioni e segua liberamente, per quanto può avanzare, nel tempo e nello spazio, alla ricerca della felicità, rispettando gli spazi e i limiti dell'altro, che non sono i suoi.

È che, come detto sopra, a*ll'inizio della costituzionalità si legano* tutti gli atti di tutti i poteri istituzionali dello Stato, indistintamente. Altrimenti, gli atti fluttueranno al margine dell'ordine costituzionale, contaminando il sacro stato di diritto, per aver violato il principio della primazia della Costituzione, al quale a nessuno è dato fare "*tabula rasa*", in particolare, agli agenti pubblici che, nell'ambito delle loro funzioni, agiscono come se fossero lo Stato stesso.

Il *principio costituzionale* della separazione dei poteri non costituisce la semplice autonomia e libertà di azione, ma una responsabilità consapevole per gli atti propri dell'esercizio delle rispettive funzioni del potere politico statale, valorizzando il principio dell'unità dei poteri. Funzioni esercitate con responsabilità, competenza ed efficienza. Per l'armonia della Nazione e il benessere sociale.

8. RIFERIMENTI BIBLIOGRAFICI

Assembleia Geral da ONU. *Declaração Universal dos Direitos Humanos (DUDH)*. Paris, 1948. Disponibile su https://brasil.un.org/sites/default/files/2020-09/por.pdf. Visitato il 20 Febbraio 2022.

BRASIL. *Código de Processo Penal.* decreto lei nº 3.689, de 03 de outubro de 1941. Disponibile su http://www.planalto.gov.br/CCIVIL/Decreto-Lei/Del3689.htm. Visitato il 18 Febbraio 2022.

BRASIL. Constituição (1988). *Constituição da República Federativa do Brasil.* Brasília, DF: Senado **Federal**: Centro Gráfico, 1988.

BRASIL. Supremo Tribunal Federal (STF). *Regimento interno* [recurso eletrônico] / Supremo Tribunal Federal. - Brasília: STF, Secretaria de Altos Estudos, Pesquisas e Gestão da Informação, 2020. Disponibile su http://www.stf.jus.br/arquivo/cms/ legislação Regimento Interno/anexo/RISTF.pdf. Visitato il 20 Febbraio fev. 2022.

MENDES, Gilmar Ferreira; BRANCO, Paulo Gustavo Gonet. *Curso de Direito Constitucional.* 13ª Edição. Saraiva, 2018.

CAPITOLO III

Democrazia, Società, Diritto e Giustizia

Riassunto: Il presente articolo si propone di analizzare il legame intrinseco tra Democrazia e Diritti Sociali, attraverso una revisione dei concetti di Democrazia, Diritto e Giustizia, e come questi si relazionano in una società veramente democratica capace di garantire il benessere collettivo, effettivamente, per lo sviluppo umano e il miglioramento delle istituzioni politiche.

Parole chiave: Democrazia; Società; Diritto; Giustizia; Diritti individuali; Ordine Sociale.

Sommario:
1. Introduzione: Società e sedimentazione della Democrazia.
2. Società e Diritti Sociali.
3. A fine di una società democratica.
4. Giustizia e Diritti Individuali.

1. INTRODUZIONE: SOCIETÀ
E SEDIMENTAZIONE DELLA DEMOCRAZIA

La Carta delle Nazioni Unite, senza esprimere il termine letteralmente, si fonda sull'essenza del principio della democrazia, fin dal suo incipit, esprimendo *"Noi, i popoli delle Nazioni Unite"*, riflettendo il pilastro fondamentale del regime democratico, la volontà dei popoli, la radice della legittimità dello Stato di diritto, autonomo e sovrano, e la legittimità della stessa Organizzazione delle Nazioni Unite come Istituzione.

La Dichiarazione Universale dei Diritti Umani, nel 1948, ha cristallizzato chiaramente una concezione di democrazia, quando ha enunciato *"La volontà del popolo è il fondamento dell'autorità dei poteri pubblici"*. Questa Dichiarazione aveva l'animus di pronunciare, con precisione, i diritti essenziali per la costruzione di una società sana e politicamente partecipativa, ispirando le costituzioni degli Stati di tutto il mondo e rafforzando l'accettazione della concezione democratica.

Oggi, è di conoscenza elementare che la parola democrazia origina dal greco *demokratia*, la composizione di demos, che significa "popolo", e *kratos*, che significa "potere", suggerendo un sistema politico in cui il potere è esercitato dal popolo attraverso il suffragio universale, la libera scelta dei propri rappresentanti e gestori dell'ordine politico-amministrativo.

Perché si opta per la Democrazia? Per rispondere all'interrogativo è valido ricordare che nel modello di regno, o regno, oggi apparentemente in decadenza, si caratterizzava per l'unione della famiglia, formando gruppi che stabilivano un sistema di vita comune, in principio, della stessa etnia, legati alla stessa cultura, parlando lo stesso dialetto, o un dialetto simile, e per questo l'intercambio era quasi biologico e l'economia variava in termini di capacità produttiva, vivendo in un regime di scambio.

Qui si presentava il problema, derivante da un principio animale, politico e sociale. Naturale, perché ogni essere vivente cerca di segnare il territorio dove vivrà, costituire una famiglia e lì sviluppare il necessario per la propria sussistenza, per il proprio istinto gregario. Politico, perché l'uomo vive in eterna competizione, cioè, quando non compete con il suo simile, compete con se stesso, cercando sempre di produrre di più e meglio rispetto ai suoi concorrenti.

Ecco che emerge il problema sociale in cui uno dimostra di avere più poteri dell'altro e comincia a imporsi per abilità, capacità o forza. È allora che si avverte la necessità di eleggere un leader che possa dirigere il gruppo, solo per le conversazioni, per i consigli, per l'età o per la forza, per l'abilità e per le armi.

Tutto ciò può sembrare che si deliberasse naturalmente, ma, affinché questo pensiero non si propaghi, si camuffava la convenienza che il leader fosse scelto da Dio e, poiché la società ha sempre avuto paura di una forza superiore, cominciava ad accettarlo nelle condizioni di "unto", emergendo così la prima figura del capo, che si impone come "scelto da Dio" per guidare a vita e/o ereditariamente, assumendosi quindi la responsabilità di lasciare un'eredità per la sua famiglia, prima beneficiaria della scelta dei cieli.

Ma la gelosia è anche una faccia dell'umanità; e le competizioni la risvegliano. E l'individuo inizia a bramare il potere del suo simile, così la figura del capo attirava, non solo rispetto e speranza, ma anche pericolo. Proprio per questo, il capo non aveva più sicurezza e si proclamava Re, il popolo lavorava per ringraziarlo del regno, e i suoi figli erano principi, e il maggiore erede, il secondo conte e il terzo religioso. Sembrava che tutto fosse risolto, ma, ecco che il potente Re scopre che da solo è debole, mentre diventerebbe forte se potesse riunire diversi regni indipendenti in una federazione per lavorare a favore di uno Stato più grande, su un territorio più ampio, sviluppando una capacità produttiva che susciti invidia e paura.

Diventa, quindi, necessario eleggere un capo tra i capi, il *"primus inter pares"*, il primo tra i primi, come dicevano i romani con la denominazione di Imperatore, *"Imperator Romanus"*, con l'obbligo di riscuotere decimi, tasse da tutti i re o magistrati del suo Impero e colui che non accetta questa composizione politica resta fuori dall'Impero e passa alla denominazione di "straniero", che i romani, riproducendo i greci, chiamavano "barbari", come tutti coloro che venivano dall'est Europa e dall'Africa.

Di regola, l'Imperatore deteneva in modo supremo il potere di giudicare, donare, conferire, uccidere, arricchire e concedere titoli nobiliari. Oggi, lo Stato subisce una nuova interpretazione, a partire dal Medioevo, poiché fino a quella data i Re o Imperatori si consideravano scelti da Dio e, perciò, solo a Dio dovevano rendere conto delle loro azioni. Da qui sappiamo perché lo Czar non si dichiarasse Re, ma si definisse Imperatore di tutte le *Russie* ed era padrone di tutto: terre, ricchezze e nazionalità. In questo modo, l'Imperatore era la figura suprema, indipendentemente dal nome che portava. Nella Repubblica moderna, ci sono un Dittatore e i re, i tiranni, e quando questi sono militari, si intitolano Generalissimo, ma politicamente con una flessibilità di aggettivi.

Un'analisi della Storia mette in evidenza: Alessandro (356-323 a.C.), Imperatore di Macedonia e Grecia; Giulio Cesare (100-44 a.C.) che creò l'Impero Romano; Napoleone (1769-1821) che si proclamò imperatore dei francesi. Nelle Americhe Centrali e Meridionali si trova sporadicamente la figura dell'Imperatore nella politica, che poco a poco ha perso terreno a favore della Democrazia, "Governo del popolo, dal popolo e per il popolo".

In verità, il popolo cerca la libertà, ma, sfortunatamente, confonde ancora la democrazia con l'anarchia. Il popolo non ha ancora assorbito il concetto di convivenza democratica, anche con l'avvento della Dichiarazione Universale dei Diritti Umani, che nel suo articolo XXIX, 2, ha scolpito un modello, affermando che *nell'esercizio dei propri diritti e libertà, ogni persona sarà soggetta solo alle limitazioni stabilite dalla legge, esclusivamente al fine di garantire il dovuto riconoscimento e rispetto dei diritti e delle libertà altrui e di soddisfare le giuste esigenze della moralità, dell'ordine pubblico e del benessere di una società democratica.*

È stato con l'obiettivo di questo benessere sociale suggerito e desiderato che la **Carta delle Nazion**i, già nel suo articolo 1°, ha messo in evidenza che:

> *Gli scopi delle Nazioni Unite sono: (...) 2. Sviluppare relazioni tra le nazioni, basate sul rispetto del principio dell'uguaglianza dei diritti e dell'autodeterminazione dei popoli, e prendere altre misure appropriate per rafforzare la pace mondiale; 3. Ottenere una cooperazione internazionale per risolvere i problemi internazionali di carattere economico, sociale, culturale o umanitario, e per promuovere e stimolare il rispetto dei diritti umani e delle libertà fondamentali per tutti, senza distinzione di razza, sesso, lingua o religione.*

E seguendo questa linea di obiettivi, ha inciso nell'articolo. 13° - 1. che l' Assemblea Generale inizierà studi e farà raccomandazioni destinate a:

a) ...

b) *promuovere la cooperazione internazionale nei settori economico, sociale, culturale, educativo e sanitario, e favorire il pieno godimento dei diritti umani e delle libertà fondamentali, da parte di tutti i popoli, senza distinzione di razza, lingua o religione.*

E, concludendo le raccomandazioni nella stessa direzione, ha raccomandato, nell'articolo 55°, che,

[...] al fine di creare condizioni di stabilità e benessere, necessarie per relazioni pacifiche e amichevoli tra le Nazioni, basate sul rispetto del principio dell'uguaglianza dei diritti e dell'autodeterminazione dei popoli, le Nazioni favoriranno:

a) livelli più elevati di vita, lavoro effettivo e condizioni di progresso e sviluppo economico e sociale;

b) la soluzione dei problemi internazionali economici, sociali, sanitari e connessi; la cooperazione internazionale, di carattere culturale e educativo;

c) il rispetto universale ed effettivo dei diritti umani e delle libertà fondamentali per tutti, senza distinzione di razza, sesso, lingua o religione.

Questo è il disegno fondamentale per la sedimentazione della desiderata e inalienabile società democratica.

2. SOCIETÀ E DIRITTI SOCIALI.

Quando si parla di società, si deve presumere una struttura di convivenza e attività plurale dell'uomo, ordinata o organizzata consapevolmente, che non deve essere confusa con comunità, gruppi con articolazioni organiche di formazione naturale.

Nella società, i diritti e le garanzie individuali costituiscono una divisione condominiale dei diritti sociali, del diritto collettivo, dei diritti della stessa società nel suo insieme. Se ogni cittadino avesse una reale comprensione del fatto che i propri diritti e garanzie individuali sono uguali ai diritti e alle garanzie individuali di tutti gli altri, non ci sarebbero così tanti conflitti di diritti.

La democrazia deve essere esercitata come un regime di convivenza partecipativa, plurale e armonica, con rinuncia a volontà e interessi particolari a favore dell'armonia e del benessere collettivo, dove le *leadership* agiscono osservando le norme fondamentali di rispetto per la vita e la dignità umana, e con la consapevolezza della responsabilità di gestione della cosa pubblica, come se fosse una propria cosa, e definiscono le regole di condotta e le condizioni strutturali socio-politiche.

Le libertà di andare e venire, e di esprimere il pensiero devono essere gli strumenti concepibili della persuasione razionale per il convincimento di idee e per la trasformazione verso lo sviluppo umano. La brutalità della forza irrazionale non costruisce nulla, distrugge solamente - distrugge vite, società e culture; aggredisce la natura.

Si deve comprendere che non si può parlare di società senza diritto, né di diritto senza il corrispondente dovere. La società è presupposta come una struttura armonica, disciplinata, permanente e progressista, nel senso di essere in continua evoluzione, e il diritto non va oltre un insieme di benefici derivanti dalla consapevolezza dei rispettivi doveri effettivamente adempiuti.

Il diritto non si definisce semplicemente come "norma", ma comprende molto di più la facoltà razionale di fare o non fare qualcosa in ragione della consapevolezza effettiva dei rispettivi doveri corrispondenti. La norma è un comportamento stabilito per raggiungere un determinato obiettivo, che obbliga tutti coloro che devono parteciparvi, direttamente o indirettamente. Il diritto è, quindi, molto più di una norma.

3. VERSO UNA SOCIETÀ DEMOCRATICA

È corretto dire che la democrazia è una forma di governo in cui la sovranità è esercitata dal popolo, dove tutte le importanti decisioni politiche emanano dal popolo, che elegge i propri rappresentanti attraverso il voto. È un regime di governo che può essere incorporato sia nel sistema presidenziale, in cui c'è il Presidente come rappresentante maggiore del popolo, sia nel sistema parlamentare, dove esiste il presidente, eletto dal popolo, e il Primo Ministro, indicato dal Parlamento, che prende le principali decisioni politiche, così come nel sistema monarchico, dove viene anche conferita l'indicazione di un Primo Ministro, che governa effettivamente.

I pilastri fondamentali della democrazia sono basati sui principi delle libertà di espressione, di religione, delle opportunità di partecipazione nella vita politica, economica e culturale della società, congiungendo diritti e doveri di partecipare al sistema politico che proteggerà l'uguaglianza, i diritti e le libertà sociali.

In una società effettivamente democratica e armoniosa, sana, non si deve pretendere di dividere la sua composizione in minoranze e maggioranze, ma tutti devono costituire un solo popolo, governati e governanti, una società naturalmente plurale, ma con obiettivi comuni: pace, salute e prosperità. Ciò presuppone l'ideale di una società giusta.

Non esercitano una condotta razionale, tanto meno democratica, coloro che, discordando dalle decisioni democratiche dello Stato, o perché le loro pretese particolari non sono state soddisfatte, si organizzano in gruppi denominandosi "minoranze escluse" per turbare l'ordine pubblico o danneggiare attività essenziali per la società, al fine di compromettere il diritto fondamentale di tutti di muoversi liberamente in pace e lo stesso sviluppo sociale. In verità, violano la norma dell'articolo 7°, § 1° della Convenzione Americana dei Diritti Umani, che afferma che ogni *persona ha diritto alla libertà e alla sicurezza personale.*

Comportamenti egocentrici di questa natura portano alla formazione di organizzazioni radicali fondamentali indesiderabili e retrograde, inibenti dello sviluppo umano.

Le trasformazioni devono avvenire tramite le libere manifestazioni di pensiero, attraverso la vasta libertà di espressione, mediante il legittimo esercizio della persuasione razionale collettiva per il convincimento delle idee, senza che, tuttavia, a questo diritto universale si pretenda aggiungere il dovere di accettazione obbligatoria.

Non è socialmente sano né armonioso che persone o gruppi di persone, anche se effettivamente offesi nei propri diritti particolari, cerchino un risarcimento compulsivo immediato, agendo contro l'intera società e danneggiando i diritti collettivi e le attività essenziali, principalmente la libertà di movimento con sicurezza, come in un atto di auto-tutela, condannando e punendo tutta la società collettivamente per le loro insoddisfazioni, erigendo barricate, incendiando strade, viali e autostrade, impedendo la libera circolazione di persone, beni e servizi, attentando contro gli agenti pubblici della sicurezza. Questo caratterizza una grave aggressione al sistema democratico, minacciando la stessa sopravvivenza della democrazia.

Superando i limiti della violazione dei principi democratici e trascendendo l'abuso di diritto, si inquadra tipicamente nelle condotte illecite di attentato contro l'ordine pubblico e la sicurezza nazionale, come si è verificato in occasione della Coppa del Mondo del 2014, quando gruppi di radicali irresponsabili, sostenendo di essere contro lo svolgimento della Coppa in Brasile, nella notte del 28 giugno 2014, quando il Brasile celebrava la vittoria della sua Nazionale in una partita contro il Cile, decisa ai rigori a Belo Horizonte, hanno collocato in un luogo strategico di affollamento di innocenti, una borsa con 20 mortaretti e 178 ricci, pezzi arrotondati con punte di ferro, mortali, che sono stati sequestrati dalla polizia a Rio de Janeiro. Il materiale esplosivo ad alto rischio è stato trovato intorno alle 20, in un cantiere di Praça Sáens Peña, area commerciale popolosa nel quartiere carioca di Tijuca, come riportato dal noto giornale O Globo. (AMORIM, Bruno. O Globo, 13/07/2014)

Secondo i rapporti della polizia, diffusi dal giornale, alcuni giorni prima, circa 150 manifestanti avevano distrutto una filiale bancaria, incendiando bidoni della spazzatura e lanciando cocktail Molotov contro la Squadra d'Assalto della Polizia Militare, nello stesso quartiere.

Quella cosiddetta borsa misteriosa, riempita con il materiale offensivo di guerriglia, fino a quel momento non aveva un proprietario, ma, per il bene sociale, fu identificato il giorno dopo il sequestro, attraverso una intercettazione telefonica, autorizzata dalla giustizia, che ha registrato una conversazione tra un'insegnante di filosofia, "professoressa universitaria", e un altro autodenominato "attivista". Si vede, quindi, che non si tratta di semplice ignoranza umana, ma di un pericoloso fondamentalismo radicale.

Come riportato dal giornale, comprovata l'origine e la proprietà del materiale di "guerriglia", la professoressa, apparentemente sconvolta, in quella telefonata intercettata dalla polizia, chiedeva al suo interlocutore riguardo alle "penne" e ai "libri" smarriti e diceva di non poter "comprare tutto di nuovo", riferendosi, secondo la polizia, agli artefatti esplosivi.

È chiaro che, in una democrazia, ogni cittadino ha il diritto di organizzare manifestazioni, ma a questo diritto non si aggiunge il diritto di aggredire né di attentare contro l'ordine pubblico e la sicurezza del popolo. Non è credibile che possa esistere il minimo di razionalità nell'attentato contro la via.

È pericoloso quando individui, moralmente inferiori, si sentono così potenti da commettere atroci aberrazioni nella lotta per una autoaffermazione e l'imposizione delle loro volontà irrazionali che frenano lo sviluppo umano e distorcono la qualità della vita.

Non è giusto che un gruppo di persone che si è sentito danneggiato in uno dei propri interessi particolari si senta nel diritto di chiudere un'autostrada impedendo la libera circolazione di beni e servizi di interesse collettivo, ostacolando l'esercizio lavorativo dei conducenti, contribuendo all'aumento dei costi del prodotto e persino alla possibile deteriorazione di beni deperibili in transito.

Il diritto di protestare rientra nel diritto alla libertà di manifestazione del pensiero, ma non è razionale che, nell'esercizio obliquo di questo diritto, si ostacoli la libertà di movimento degli altri e si metta a rischio la sicurezza e la vita del cittadino.

4. GIUSTIZIA E DIRITTI INDIVIDUALI

La giustizia è uno stato armonioso di pace e felicità che si costruisce con il rispetto dell'uguaglianza di tutti i cittadini, con la preservazione dell'ordine sociale e l'osservanza delle norme di diritto, nella loro forma legale, previamente definite con l'obiettivo di consolidare la sicurezza giuridica e la pace duratura.

La giustizia è rispetto e garanzia dei sacri diritti individuali naturali del cittadino, di tutta la società: diritto di espressione e manifestazione del pensiero, diritto alla libertà di muoversi pacificamente e di partecipare alla vita collettiva; diritti che si concretizzano non solo attraverso la lotta per l'appropriazione e il godimento di questi diritti, ma, specialmente, attraverso il rispetto di questi diritti in relazione al terzo, in relazione all'altro.

È ragionevole comprendere che la giustizia è simbolizzata da una statua con gli occhi bendati per rappresentare che tutti sono uguali davanti alla legge, che tutti hanno pari garanzie legali. Pertanto, fare giustizia significa proclamare l'uguaglianza tra tutti, promuovendo la pace e il benessere sociale, con la consapevolezza del dovere di rispettare le garanzie legali dell'altro.

Giusto non è semplicemente colui che rispetta la legge, le norme di comportamento, ma colui che, rispettando la legge e piegandosi all'intelligenza e alla dignità, contribuisce al rispetto dei diritti e delle garanzie dell'altro, alla costruzione del benessere collettivo in una società veramente democratica, contribuendo effettivamente allo sviluppo umano e al perfezionamento delle istituzioni politiche.

Perché Dio mi ha fatto testardo,
Perseguo la bontà e l'amore,
Insistendo nella verità trasparente,
Anche se può causarmi dolore.

Non devo disprezzare Dio.
Senza dubbio, il nostro creatore,
Rispetto, inclusi gli atei,
La dignità è ciò che il Padre ha conferito.

Non sarò io, il padrone della verità,
Non pretendo che si pieghino alla mia fede,
Per le ragioni della mia aurora.

Il poeta dice ciò che pensa
E come diceva un poeta in passato,
Solo mi piego alla dignità e all'intelligenza.

CAPITOLO IV

Piano di Governo:
un contratto socio-politico con la Nazione

Riassunto: Il presente articolo ha come obiettivo provocare una riflessione sull'incostituzionalità di ripetute intromissioni indebite nel Potere Esecutivo, con il tentativo di ostacolare la libera efficacia di atti amministrativi che sono di competenza esclusiva della Presidenza della Repubblica, il che caratterizza un'aggressione ingiusta al regime democratico.

Parole chiave: Piano di Governo; competenza costituzionale; amministrazione pubblica; principi costituzionali.

Sommario:
1. Introduzione.
2. Il Piano di Governo.
3. Costituzionalità degli Atti Presidenziali.
4. Principi dell'Amministrazione Pubblica.
5. Conclusione.

1. INTRODUZIONE

È abbastanza comprensibile che l'Amministrazione Pubblica si costituisca come lo strumento naturale di esecuzione delle competenze e funzioni dello Stato rivolte alla gestione degli interessi e del benessere del popolo, con l'obiettivo di espandere lo sviluppo economico e sociale sostenibile, garantendo l'ordine e la pace.

Per quanto riguarda la sua natura giuridica, l'Amministrazione Pubblica costituisce un'attività concreta e continua dello Stato, nell'ambito del diritto pubblico, per la soddisfazione degli interessi generali del cittadino e per la sicurezza dello stesso Stato organizzato.

Nello stato democratico di diritto, dove vige il sistema presidenziale, consistente in un sistema di governo in cui il capo del governo è anche il capo di Stato e guida il potere esecutivo, separato dal potere legislativo e dal potere giudiziario, in una società sufficientemente civilizzata, ciò che ci si aspetta è che il candidato alla Presidenza presenti, con chiarezza al popolo, all'elettore, un piano di governo e, se eletto, rispetti fedelmente il piano sottoposto all'esame e all'approvazione dell'elettorato.

Come abbiamo visto liberamente nell'anno 2018, il *Presidente Jair Messias Bolsonaro* si è presentato come candidato, ha esposto personalmente le sue credenziali curricolari e un *piano di governo* chiaro e ben esplicito che è stato approvato con entusiasmo dall'elettorato brasiliano, che gli ha conferito il mandato presidenziale con l'aspettativa di vedere realizzato il suddetto piano gestionale dello Stato con fermezza.

IL PIANO DI GOVERNO

Preliminarmente, il *Presidente Jair Messias Bolsonaro* ha promesso che la gestione del suo governo sarebbe stata, sotto la sua *leadership*, esercitata da persone che dimostrassero impegno per il Brasile e per i brasiliani, presentando un piano di governo chiamato *"Il Cammino della Prosperità"*.

In quell'occasione, l'allora candidato a Capo di Stato proponeva di realizzare una gestione *"decente, diversa da tutto ciò che ci ha portato a una crisi etica, morale e fiscale. Un governo senza favoritismi, senza accordi sporchi. Un governo formato da persone che abbiano impegno per il Brasile e per i brasiliani"*. Intendeva realizzare un governo liberale-democratico, con focus sulla sicurezza, sulla salute e sull'istruzione, con *"tolleranza zero verso il crimine, la corruzione e i privilegi"*.

Accettata questa proposta di gestione governativa dalla maggioranza del popolo brasiliano, eleggendo il proponente alla Presidenza della Repubblica, in questo modo è stata montata la struttura di governo, che gli avversari politici sconfitti hanno cominciato a chiamare "gabinetto dell'odio". Una forma deplorevole di fare politica.

È comprensibile l'idea suggerita nel Piano di Governo di focalizzarsi sul liberalismo come soluzione economica per il paese, perché consente la *riduzione dell'inflazione, il calo dei tassi d'interesse, eleva la fiducia e gli investimenti, generando crescita, occupazione e affari.*

Si verificava, inoltre, nel testo della proposta l'affermazione che il problema del Brasile era l'eredità lasciata dalla gestione del PT, che si era conclusa con un *deficit* primario di R$139 miliardi nel 2019 e l'obiettivo era ridurre questo numero per equilibrare i conti pubblici e, allo stesso tempo, "organizzare e disaccoppiare le strutture federali", inclusa la riduzione del numero di ministeri, estinguendo quelli considerati *"inefficienti"* e che non soddisfano "i legittimi interessi della Nazione", servendo, solo, a promuovere lottizzazione dello Stato volto a soddisfare le domande politiche.

È lecito chiedersi: quali sono le giustificazioni di coloro che si oppongono a queste proposte?

Faceva parte della proposta di gestione del governo eletto, accolta dall'elettorato brasiliano, cercare di migliorare l'uso delle risorse nel settore della salute, unificando la cartella clinica dei pazienti a livello nazionale, affinché potesse essere accessibile dalla pluralità di medici di diversi presidi sanitari o ospedali in future prestazioni, cercando la soddisfazione del paziente, la riduzione dei costi e il controllo delle prestazioni dei professionisti della salute.

In questo contesto, un'altra idea è quella di realizzare l'accreditamento universale dei medici, per unificare tutta la forza lavoro nel settore della salute da utilizzare dal SUS, garantendo l'accesso a tutti e evitando la judicializzazione, permettendo agli utenti una maggiore opportunità di scelta, con la condivisione degli sforzi del settore pubblico con quello privato. *Ogni medico brasiliano potrà assistere a qualsiasi piano sanitario.*

Prevede, inoltre, il Piano di Governo, *la creazione della figura del medico dello Stato, con l'obiettivo di operare in aree carenti del Brasile, il miglioramento della formazione degli agenti comunitari di salute affinché possano intervenire nel campo della prevenzione e la possibilità per le famiglie dei medici cubani di immigrare in Brasile.*

Nel *settore dell'istruzione*, la proposta di modernizzazione prevede l'espulsione dell'ideologia di Paulo Freire e la modifica della *Base Nazionale Comune Curricolare (BNCC)* eliminando il meccanismo di approvazione automatica, con un necessario adeguamento della politica disciplinare per gli studenti in aula.

In questa linea di aspettativa, si prevede l'integrazione dell'istruzione superiore, fornita nella sua maggior parte dal governo federale, con l'istruzione secondaria, di responsabilità dei governi statali, e con l'istruzione di base, a carico dei comuni, mirando alla qualificazione degli studenti e degli insegnanti, nelle aree dove ci sono carenze; identificando e correggendo le lacune nel processo di formazione degli studenti, prioritizzando la promozione dell'insegnamento dell'imprenditorialità in tutti i corsi, per consentire ai giovani di uscire *"dall'università pensando a come trasformare le conoscenze acquisite in prodotti, affari, ricchezza e opportunità"*, così come stimolando la ricerca nelle università in collaborazione con le aziende, offrendo a ogni regione del Brasile l'opportunità di concentrarsi sulle proprie competenze o "vantaggi comparativi".

Nella *sfera della sicurezza*, il piano di governo del *Presidente Jair Bolsonaro* si basa sul confronto degli indici di criminalità in Brasile con quelli di altri paesi, mostrando le giustificazioni per la liberalizzazione delle armi da fuoco, tema ampiamente discusso durante la sua campagna. Sottolinea i crimini violenti in Brasile e mostra che la Sinistra non si è mai inclinata verso una soluzione, preoccupandosi più delle morti derivanti dalle azioni della polizia che degli omicidi degli agenti di pubblica sicurezza.

Con queste premesse, propone otto punti *"per ridurre gli omicidi, i furti, gli stupri e altri crimini"*:

1. Investire fortemente in attrezzature, tecnologia, intelligence e capacità investigativa delle forze di polizia.

2. Arrestare e mantenere in prigione! Porre fine alla progressione delle pene e alle uscite temporanee!

3. Ridurre l'età minima di responsabilità penale a 16 anni!

4. Riformulare lo Statuto del Disarmo per garantire il diritto del cittadino alla LEGITTIMA DIFESA propria, dei propri familiari, della propria proprietà e di terzi!

5. Gli agenti di polizia devono avere la certezza che, nell'esercizio della loro attività professionale, saranno protetti da una copertura giuridica. Garantita dallo Stato, attraverso l'esclusione di illiceità. Noi brasiliani dobbiamo garantire e riconoscere che la vita di un poliziotto vale molto e il suo lavoro sarà ricordato da tutti noi! Per la Nazione Brasiliana!

6. Qualificare come terrorismo le invasioni di proprietà rurali e urbane nel territorio brasiliano.

7. Rimuovere dalla Costituzione qualsiasi relativizzazione della proprietà privata, come negli esempi delle restrizioni dell'"EC/81".

8. Ridirizzamento della politica dei diritti umani, dando priorità alla difesa delle vittime della violenza.

Nel campo dell'economia, è sempre stato *chiaro nel Piano di Governo* eletto che la priorità è "*generare crescita, opportunità e occupazione, estraendo enormi contingenti della popolazione dalla situazione precaria in cui si trovano*", concentrando, a tal fine, l'attenzione sul controllo fiscale, allontanandosi da politiche populiste e mantenendo un forte controllo sull'inflazione, con la suddivisione dell'area economica in due segmenti: il Ministero dell'Economia e la Banca Centrale, che operano in modo indipendente, e concentrando nel Ministero dell'Economia le funzioni della Finanza, della Pianificazione e dell'Industria e Commercio, così come la Segreteria Esecutiva del Programma di Partenariato per gli Investimenti (PPI), e il controllo e la coordinazione delle banche pubbliche, come la Caixa Econômica Federal, il Banco do Brasil e il Banco Nazionale di Sviluppo Economico e Sociale (BNDES).

Essendo un governo liberale democratico promesso, nella pianificazione si distingue anche un piano di privatizzazione delle aziende pubbliche non strategiche, utilizzando le risorse raccolte per ridurre il debito pubblico brasiliano.

Osservando un sistema previdenziale quasi fallito, *Jair Messias Bolsonaro* ha introdotto nel suo *piano di governo* l'idea di adottare un modello di capitalizzazione, funzionante in parallelo con l'attuale modello, dopo la necessaria riforma. Quello che il popolo si aspettava che fosse fatto, poiché così ha approvato, tuttavia, il parlamento non ha accettato e ha approvato una riforma preservando privilegi distorti che sono incompatibili con le proposte del governo eletto.

Nel campo tributario, di cui la Nazione tanto si lamenta e considera un grande ostacolo allo sviluppo economico, il governo propone l'unificazione delle imposte in modi semplificati, con proiezione di riduzione delle tasse a medio termine.

Di rilevante importanza è anche la proposta di creazione *di un nuovo libretto di lavoro, nei colori verde e giallo,* come opzione per tutti i lavoratori, permettendo a ogni giovane che entra nel mercato del lavoro di scegliere tra il rapporto di lavoro basato sul libretto di lavoro tradizionale, il libretto blu, subordinato all'ordinamento giuridico attuale, o il libretto di lavoro verde e giallo, dove il contratto individuale di lavoro si sovrappone alla CLT, preservando, tuttavia, tutti i diritti costituzionali.

Questa è quindi la sintesi del *Piano di Governo del Presidente Jair Messias Bolsonaro,* che è stato approvato dall'elettorato brasiliano nelle elezioni del 2018 e che deve essere rispettato dai poteri Giudiziario e Legislativo e pienamente attuato dall'Esecutivo, con riserva di vigilanza e controllo degli atti dell'Amministrazione Pubblica, nei termini esatti della Costituzione, osservando il giusto processo legale.

3. CONSTITUZIONALITÀ DEGLI ATTI PRESIDENZIALI

Quando *l'Assemblea Costituente* competente ha conferito la Costituzione Federale del 1988, ratificando lo Stato Democratico di Diritto, lo ha fatto con lo scopo di assicurare l'esercizio dei diritti sociali e individuali, la libertà, la sicurezza, il benessere, lo sviluppo, l'uguaglianza e la giustizia come valori supremi di una società fraterna, pluralista e priva di pregiudizi, fondata sull'armonia sociale e impegnata, con l'ordine interno e internazionale.

Con questa ordinazione suprema, nel suo articolo 84°, il potere legislativo costituente *ha definito le competenze esclusive del Presidente della Repubblica:*

I - nominare e revocare i Ministri di Stato;

II - esercitare, con l'aiuto dei Ministri di Stato, la direzione superiore dell'amministrazione federale;

III - avviare il processo legislativo, nella forma e nei casi previsti da questa Costituzione;

IV - sanzionare, promulgare e pubblicare le leggi, nonché emettere decreti e regolamenti per la loro fe dele esecuzione;

V - porre il veto su progetti di legge, totalmente o parzialmente;

VI - disporre, mediante decreto, riguardo a: (Redazione fornita dalla Emenda Costituzionale n. 32, del 2001)

> a) organizzazione e funzionamento dell'amministrazione federale, quando non comporta un aumento della spesa né la creazione o l'estinzione di organi pubblici; (Inclusa dalla Emenda Costituzionale n. 32, del 2001)

> b) estinzione di funzioni o incarichi pubblici, quando vacanti; (Inclusa dall'Emendamento Costituzionale n. 32, del 2001)

VII - mantenere relazioni con Stati esteri e accreditare i loro rappresentanti diplomatici;

VIII - celebrare trattati, convenzioni e atti internazionali, soggetti a referendum del Congresso Nazionale;

IX - decretare lo stato di difesa e lo stato di assedio;

X - decretare e eseguire l'intervento federale;

XI - inviare messaggi e piani di governo al Congresso Nazionale in occasione dell'apertura della sessio ne legislativa, esponendo la situazione del Paese e richiedendo le misure che ritiene necessarie;

XII - concedere l'indulto e commutare le pene, previo parere, se necessario, degli organi istituiti dalla legge;

XIII - esercitare il comando supremo delle Forze Armate, nominare i Comandanti della Marina, dell'Esercito e dell'Aeronautica, promuovere i loro ufficiali generali e nominarli per i posti a loro riservati; (Redazione fornita dalla Emenda Costituzionale n. 23, del 02/09/99)

XIV - nominare, previa approvazione del Senato Fe-derale, i Ministri della Corte Suprema e dei Tribunali Superiori, i Governatori dei Territori, il Procuratore Generale della Repubblica, il presidente e i direttori della banca centrale e altri funzionari, quando determinato dalla legge;

XV - nominare, rispettando quanto previsto dall'art. 73, i Ministri del Tribunale dei Conti della Unione;

XVI - nominare i magistrati, nei casi previsti da questa Costituzione, e l'Avvocato Generale della Nazione;

XVII - nominare membri del Consiglio della Repubblica, ai sensi dell'art. 89, VII;

XVIII - convocare e presiedere il Consiglio della Repubblica e il Consiglio di Difesa Nazionale;

XIX - Dichiarare guerra, in caso di aggressione straniera, con l'autorizzazione del Congresso Nazionale o con la sua ratifica, qualora avvenuta nell'intervallo delle sessioni legislative, e, nelle stesse condizioni, decretare, totalmente o parzialmente, la mobilitazione nazionale;

XX - celebrare la pace, autorizzato o con il referendum del Congresso Nazionale;

XXI - conferire onorificenze e distinzioni;

XXII - Consentire, nei casi previsti dalla legge complementare, il transito di forze straniere sul territorio nazionale o la loro permanenza temporanea;

XXIII - inviare al Congresso Nazionale il piano pluriennale, il progetto di legge delle linee guida di   bilancio e le proposte di bilancio previste da questa   Costituzione;

XXIV - presentare, annualmente, al Congresso Nazionale, entro sessanta giorni dall'apertura della sessione legislativa, i conti relative all'esercizio precedente;

XXV - provvedere e estinguere i posti pubblici federali, secondo quanto stabilito dalla legge;

XXVI - emanare misure provvisorie con forza di legge, ai sensi dell'art. 62°;

XXVII - esercitare altre attribuzioni previste da questa Costituzione.
Paragrafo unico. Il Presidente della Repubblica può delegare le attribuzioni menzionate nei commi VI, XII e XXV, prima parte, ai Ministri di Stato, al Procuratore Generale della Repubblica o all'Avvocato Generale della Nazione, che osserveranno i limiti fissati nelle rispettive delegazioni.

4. PRINCIPI DELL'AMMINISTRAZIONE PUBBLICA

Indipendentemente dal fatto che rappresentino *principi costituzionali*, è naturale e civile, soprattutto alla luce del regime democratico di diritto, che qualsiasi atto dell'Amministrazione Pubblica, diretta o indiretta, di uno qualsiasi dei *Poteri dell'Unione, degli Stati, del Distretto Federale e dei Comuni*, in generale, si sottometta ai suoi principi fondamentali:
- *di legalità;*
- *impersonalità;*
- *moralità;*
- *pubblicità e*
- *efficienza.*

Il Principio di Legalità è espresso nell'articolo 5°, II della Costituzione Federale, così disposto: *"Nessuno sarà obbligato a fare o a non fare qualcosa se non in virtù di legge."*

Questo principio è il più importante tra i principi che regolano l'Amministrazione Pubblica, da cui derivano gli altri, fungendo da linea guida e limite all'azione dell'agente pubblico, per il quale è permesso fare solo ciò che la legge autorizza espressamente, avvertendo nel contempo che ciò che la legge vieta espressamente non può essere eseguito dall'agente pubblico. L'azione dell'amministrazione pubblica è delineata dalla legge.

Il Principio di Impersonalità orienta l'Amministrazione Pubblica a non compiere atti volti a interessi personali, sia dell'agente pubblico stesso che di terzi, e affinché gli atti, sempre subordinati ai dettami legali, siano orientati a soddisfare gli interessi sociali.
Pertanto, l'agente pubblico deve agire in modo obiettivo e imparziale,

volto all'obiettivo per cui l'amministrazione pubblica è istituita, per soddisfare i legittimi interessi della collettività.

Il Principio della Moralità impone all'agente pubblico il dovere di agire con moralità, etica, buona fede e lealtà. Si deve quindi affermare che, ogni volta che l'atto dell'agente pubblico, o dell'ente della relazione giuridica derivante da esso, pur essendo fondato sulla legge, offende in modo flagrante la moralità, le buone consuetudini, l'idea comune di onestà, i principi di giustizia e di equità, si configura come una violazione del principio della moralità amministrativa.

Sfortunatamente, nelle diverse sfere dell'Amministrazione Pubblica, talvolta emergono atti che, apparentemente, sono rivestiti di legalità, nella forma, nel tempo, nella pubblicità, ma presentano caratteristiche di immoralità. Ad esempio: il Sindaco sanziona una legge per la cessione di un'area pubblica da utilizzare come parcheggio, pubblica i bandi di gara, ecc. ecc., e, in questo processo di gara, risulta vincitore un parente o un amico intimo! L'atto è viziato, non solo perché viola il principio della moralità amministrativa, ma anche perché incorpora le caratteristiche della disonestà amministrativa.

Infatti, la *probità amministrativa* è naturalmente associata al principio della moralità, in modo tale che l'immoralità amministrativa configura un atto di disonestà amministrativa, secondo quanto regolato dalla Legge n. 8.429/92, che definisce in modo preciso le ipotesi di illeciti tipificati come atti disonesti.

Già il *Principio della Pubblicità* è quello che conferisce maggiore robustezza alla credibilità dell'atto amministrativo e dell'agente pubblico, funzionando come strumento fondamentale di controllo interno ed esterno dell'amministrazione pubblica. Infatti, è proprio attraverso la pubblicazione degli atti amministrativi che il popolo viene a conoscenza di ciò che l'agente pubblico sta realizzando e della qualità delle attività amministrative. Sebbene la pubblicità possa essere esclusivamente interna, a seconda della natura dell'atto amministrativo e in conformità con le esigenze legali, a ogni cittadino è garantito il diritto di accesso a informazioni dettagliate, sia nell'interesse individuale che collettivo, nei termini stabiliti dall'articolo 5° della Costituzione Federale, salve le ipotesi soggette a segreto.

Cosa ci si aspetta dall'Amministrazione Pubblica? Una struttura organizzativa solida, dinamica e competente, che agisca a favore dello sviluppo sostenibile dello Stato, della sicurezza pubblica e del benessere sociale; pertanto, una macchina amministrativa efficiente.

In questo modo, l'Amministrazione Pubblica è subordinata anche al *principio di efficienza*, come stabilisce l'articolo 37°, caput, della Costituzione Federale: *"Art. 37°. L'amministrazione pubblica diretta e indiretta di qualsiasi dei poteri dell'Unione, degli Stati, del Distretto Federale e dei Comuni osserverà i principi di legalità, imparzialità, moralità, pubblicità ed efficienza e..."*. Per la realizzazione di questo principio, è imposto all'Amministrazione Pubblica, nel compimento dei suoi atti amministrativi, il dovere di dinamismo, efficacia, economicità, efficacia e osservanza della qualità. Ciò si denomina efficienza amministrativa.

Un'efficace prestazione dell'agente pubblico nell'esecuzione delle sue attribuzioni per raggiungere i risultati attesi dalla società, mediante una struttura amministrativa organizzata e disciplinata, al fine di evitare sprechi di risorse pubbliche.

5. CONCLUSIONE

Alla luce della sacra Costituzione Federale Brasiliana, il Presidente della Repubblica non è soggetto a un controllo e supervisione preventiva dei suoi atti da parte di nessuno degli altri due Poteri, sia quello Legislativo che quello Giudiziario. Osservando le regolamentazioni costituzionali e infraconstituzionali, il Capo dello Stato è autorizzato a esercitare liberamente le sue competenze e a compiere tutti gli atti necessari per l'esecuzione del suo Piano di Governo, in modo da poter consegnare alla Nazione, fedelmente, quanto promesso durante la campagna elettorale. Se qualcosa è legalmente inconcepibile, tale qualcosa può essere annullato e disdetto attraverso l'organo competente e il giusto processo legale.

Non contraddicendo nessuno dei principi costituzionali elencati nel *caput* dell'articolo 37° della Costituzione Federale, il Presidente della Repubblica non solo è autorizzato a compiere gli atti necessari per la dinamica dell'amministrazione pubblica, inclusa la nomina o sostituzione degli agenti pubblici ausiliari elencati nell'articolo 84° della CF, ma è anche obbligato, per il dovere di imprimere celerità, efficacia ed effettività alla gestione pubblica di qualità, per rispettare *il principio dell'efficienza amministrativa*.

Se, nell'esercizio del suo incarico, il Presidente della Repubblica dovesse compiere qualsiasi illecito, dannoso per lo Stato o per i privati, non è immune dalla riparazione dei danni rispettivi; tuttavia, ciò deve avvenire attraverso il giusto processo legale e nel pieno rispetto dei precetti costituzionali, in particolare del diritto alla difesa e al contraddittorio.

Costituisce una flagrante violazione della Costituzione Federale creare ostacoli alle attività della Presidenza della Repubblica, così come cercare di ostacolare l'esercizio e l'efficacia delle sue competenze, il che non è concepibile in uno stato di diritto e potrebbe persino configurarsi come un attentato all'ordine pubblico e alla sicurezza nazionale, ai sensi della Legge n. 1.802 del 5 gennaio 1953. Il governo è della LEGGE e non degli uomini. Il potere al di fuori della legge è arbitrio, è tirannia.

6, RIFERIMENTI BIBLIOGRAFICI

COSTA, Antonio Francisco - *Ética nos Institutos Jurídicos*, Vol. III, Edt. Paginæ.

BRASIL. Constituição (1988). *Constituição da República Federativa do Brasil.*

DI PIETRO, Maria Sylvia Zanella. *Direito Administrativo.* 14ª ed. S. Paulo: Edi. Atlas, 2002.

GASPARINI, Diógenes. *Direito Administrativo.* 8ª ed., rev. e atual. São Paulo: Saraiva, 2003.

CAPITOLO V

Il caso di Deltan Dallagnol, vittima della presunta "dittatura del potere giudiziario" in un abominevole precedente giudiziario

The case of Deltan Dallagnol, victim of the alleged "dictatorship of the Judiciary" in abominable judicial precedent

Riassunto: Alla luce della Costituzione Federale del 1988 e della Legge della Ficha Limpa (Legge Complementare n. 64/1990), analizziamo, in questo breve saggio, una recente decisione del Tribunale Superiore Elettorale che ha annullato erroneamente il mandato del Deputato Federale Deltan Dallagnol. Stabilendo una norma da applicare al caso concreto, la Corte esercita una funzione del Potere Legislativo, opponendosi al principio della "separazione dei poteri". Con segni di attivismo giudiziario, questo grave precedente di violazione letterale della norma giuridica mette a rischio la democrazia.

Abstract: *In the light of the 1988 Federal Constitution and the Clean Record Law (Complementary Law n° 64/1990), we analyze, in this brief essay, a recent decision by the Superior Electoral Court that mistakenly annulled the mandate of Federal Deputy Deltan Dallagnol. By establishing a norm to apply to the specificcase, the Court makes use of the role of the Legislative Power, opposing the principle of "separation of powers". With signs of judicial activism, this serious precedent of literal violation of legal norms puts democracy at risk.*

1. INTRODUZIONE

Incontestabilmente, abbiamo sostenuto in diverse occasioni che il Diritto è l'unico strumento che accompagna l'evoluzione della civiltà umana. Meccanismo di modellazione della società, in modo coercitivo, pienamente accettato come mezzo per promuovere l'armonia e il benessere sociale - motivo per cui lo denominiamo diritto materiale normativo –, detta le regole del dover-essere, del fare e del non fare, nelle rispettive sfere di controllo politico-sociale, costituendo il pilastro fondamentale dell'ordine e del benessere sociale.

Ci si chiede: il nostro Paese, allora, sta "involvendo" nel processo civilizzatore? O stiamo, semplicemente, vivendo un ripugnante "periodo di eccezione", sotto le redini violente e irrazionali di una presunta dittatura del potere giudiziario, che "prende e distrugge", senza alcuna soddisfazione all'ordine giuridico e ai principi costituzionali, estranea alla Carta Magna e alla Dichiarazione Universale dei Diritti Umani del 1948, ratificata e rafforzata dal Patto Internazionale sui Diritti Economici, Sociali e Culturali del 1966, promulgato dal Brasile?

È possibile che l'articolo 2° della Costituzione Federale, il quale stabilisce che *"sono Potere della Unione, indipendenti e armonici tra loro, il Legislativo,* l'Esecutivo e il Giudiziario", sia stato formalmente abrogato e noi non ce ne siamo accorti, o il "potere moderatore" autodefinitosi della Corte Suprema ci sta spingendo, per strade oblique ed eccentriche, verso la decadenza?

2. DIFESA DELL'ARMONIA DEI TRE POTERI ISTITUZIONALI IN BRASILE

Attualmente, in Brasile, assistiamo, con sgomento, a un'aggressiva azione del Potere Giudiziario, che legifera, sanziona, processa e giudica simultaneamente, facendo *tabula rasa* del celebre principio della "separazione dei poteri". Questo principio, elaborato pedagogicamente da *Montesquieu, Platone, Aristotele e Polibio,* ha lo scopo di ordinare il potere dello Stato attraverso la divisione di competenze e funzioni specifiche tra la triade organizzativa dell'esecutivo, legislativo e giudiziario.

Dalla promulgazione del "Decreto n. 1" del 15 novembre 1889, della Repubblica Federativa del Brasile - vale a dire: dall'instaurazione della Repubblica - la difesa dell'armonia dei tre poteri istituzionali in Brasile è diventata un dovere di tutti, così come confermato in forma di clausola pétrea nella vigente Costituzione Federale del 1988, risultando nell'unità del Potere con la necessaria divisione di funzioni specifiche: legislativa, esecutiva e giudiziaria. Naturalmente, la violazione del principio di armonia tra i poteri riflette negativamente sul manto sacro della Democrazia, permettendo l'emergere delle perniciose ambizioni della tirannia.

La tirannia è l'effettività delle azioni della dittatura, un regime la cui singolarità è il male e la perversione che si pratica come strumento di sostenibilità del Potere.

Come ha segnalato Ruy Barbosa, autore della Costituzione del 1891 e responsabile della suddivisione del potere dello Stato brasiliano in tre, *"la peggiore dittatura è quella del Potere Giudiziario. Contro di essa, non c'è a chi ricorrere!"*.

Ora, oltre a ciò, le possibili miserie dei poteri Legislativo ed Esecutivo possono essere combattute e corrette, anche con l'esclusione dei rispettivi membri, che sono eletti con il voto diretto dei cittadini, i quali possono punirli non rieleggendoli ai rispettivi mandati. Tuttavia, le miserie del Potere Giudiziario rimangono, esclusivamente, sotto la lieve insoddisfazione di una società indifesa, in modo che tali aberranti anomalie rappresentate dagli scandali costanti di questo Potere (Giudiziario) siano ben lontane dalla portata dei fragili strumenti di controllo messi a disposizione della società, dei cittadini, restando loro, unicamente, le indignazioni riguardo all'inefficienza, in generale, del sistema giudiziario, smarrimento di processi, vendita di sentenze, abuso di potere e impunità di giudici senza scrupoli che, confermata la pratica di gravi reati, finiscono per essere premiati con una pensione anticipata, "obbrigatoria", con stipendio integrale, corretto annualmente, per preservare una vita lussuosa di privilegi, caratterizzando un evidente squilibrio tra i poteri, accentuato dall'interferenza costante negli altri.

Non sembrano esserci dubbi sul fatto che stiamo già immergendoci in questa forma terribile di dittatura: la dittatura del giudiziario.

3. REVOCA DEL MANDATO DEL DEPUTATO DELTAN DALLAGNOL E INDIZI DI ATTIVISMO GIUDIZIARIO

Recentemente, per il mondo giuridico, è stato molto infelice il giorno storico negativo del 18.05.2023, quando abbiamo assistito al Tribunale Superiore Elettorale - TSE, sotto la presidenza del *Ministro Alexandre de Moraes*, che in un'udienza di meno di due minuti ha giudicato e cassato, sulla base di un fondamento giuridico absurdamente errato, il mandato di un Deputato Federale, il *Deputato Deltan Dallagnol*, del Partito PODEMOS del Paraná. Nel "Processo" riportato dal *Ministro Benedito Gonçalves* (del STJ), che, come si vede sui suoi socia media, è solito posare orgogliosamente con un giubbotto che porta la fotografia dell'attuale Presidente Lula, il che può essere considerato da alcuni come una tendenza alla parzialità.

Evidentemente, il magistrato, nell'esercizio della sua attività giurisdizionale, ha la giusta e dovuta libertà di decidere secondo il proprio convincimento, ma, obbligatoriamente, deve fondare le sue decisioni sulla Legge; al giudice non è consentito il potere di legiferare, tanto meno di modificare la Legge. Quando la Legge non crea eccezioni, non spetta all'interprete eccezionarne, né per ampliare né per restringere. (*"ubi lex non distinguit nec nos distinguere debemus"*).

Deve essere compreso che non esiste libertà assoluta; la libertà assoluta è alienazione, è follia! Il limite del potere giurisdizionale del magistrato nell'esercizio efficiente della sua speciale e sacra attività, destinata a fare giustizia, è la Legge.

Contrariamente a quanto alcuni incauti possano pensare affrettatamente, la libertà che l'articolo 4° della Legge di Introduzione alle norme del Diritto Brasiliano attribuisce al Giudice è una libertà responsabile, fondata sui principi generali del diritto, libertà di decidere in modo fondato con coerenza e ragionevolezza, mai contraddicendo la Legge. Così dispone il suddetto dispositivo legale: *"Quando la legge è omissiva, il giudice deciderà il caso secondo l'analogia, i costumi e i principi generali del diritto"*.

Nel caso in oggetto, la Legge non è omissiva; al contrario, la Legge tipifica, disciplinando con precisione il fatto e la soluzione, molto distinti da quanto e come è stato deciso.

La decisione del Tribunal Superior Eleitoral, erroneamente assunta in meno di due minuti, con sette voti a zero, che ha annullato il mandato del *Deputato Federale Deltan Dallagnol*, rappresenta un grave precedente di violazione letterale della norma giuridica, con un forte odore di persecuzione o vendetta, ben lontano dal sentimento di giustizia, il che macchia, innanzitutto, l'onore del Potere Giudiziario e mette a rischio la democrazia.

Soprattutto per la sorprendente celerità del processo e del suo giudizio, che probabilmente contrasta con la tradizionale "lentezza della Giustizia", ha superato la perplessità del mondo giuridico, lasciando attonita la società brasiliana e provocando anche stupore nella comunità internazionale!

Il caso particolare, oggetto di un processo ingiustificabile, in cui non sembra esserci spazio per parlare di dubbi sull'interpretazione della legge, si avvicina di più all'attivismo giuridico, allontanando il giudice dal dovere, proprio del magistrato, di garantire il regolare andamento del processo, assicurando all'imputato il diritto al contraddittorio e alla difesa ampia, lavorando in buona fede processuale verso l'efficienza attesa. Tuttavia, ciò che, apparentemente a colpo d'occhio, si può vedere è stato attivismo giuridico, una teratologia processuale montata in flagrante incostituzionalità, come se la Corte stesse legiferando, istituendo norme da applicare al caso concreto e, in tal modo, usurpando tale funzione dal Potere Legislativo.

Diventa difficile vedere in altro modo questa stravagante decisione del Tribunal Superior Eleitoral nel giudizio di un'azione infondata proposta dal **"PT"** con l'obiettivo di dichiarare l'ineleggibilità del Deputato Federale Deltan Dallagnol. Perché così? Ciò che è disciplinato nella norma inscritta nella lettera "q" dell'art. 1º della Legge della Ficha Limpa (Legge Complementare n. 64, del 18 Maggio 1990) è che:

> *"Sono ineleggibili... i magistrati e i membri del Ministero Pubblico che sono stati pensionati d'ufficio per decisione sanzionatoria, che hanno perso il posto per sentenza o che hanno chiesto dimissioni o pensionamento volontario in pendenza di un processo amministrativo disciplinare... per un periodo di 8 (otto) anni".*

Ricordando che "quando la legge non crea eccezione, non spetta all'interprete eccezionarne, né per ampliare né per restringere".

È che il Tribunal Superior Eleitoral ha ritenuto opportuno interpretare e così ha giustificato la decisione, sostenendo che il Deputato rientrava nella suddetta lettera "q" dell'art. 1º della Legge della Ficha Limpa, ampliando l'interpretazione, come se quando, ancora, membro del Ministero Pubblico, il Deputato Federale Deltan Dallagnol avesse richiesto le dimissioni in pendenza di un processo amministrativo disciplinare. Non è vero, perché gli atti sono stati pubblicati, informando che, nel momento in cui il Deputato, allora Membro del Ministero Pubblico Federale, ha richiesto le dimissioni dall'incarico, non pendeva contro di lui alcun Processo Disciplinare, ma esistevano solo 15 denunce e rappresentazioni con oggetti simili che potrebbero o meno, dopo un regolare procedimento, essere trasformate in un Processo Amministrativo Disciplinare. Prima dell'instaurazione di qualsiasi Processo, anche perché potrebbe non esserne stato instaurato alcuno, l'allora membro del Ministero Pubblico Federale ha chiesto le dimissioni. Non era ancora candidato a nessun incarico, ma nulla gli impediva di esserlo.

Con il dovuto rispetto verso la Corte, l'attivismo giudiziario è diventato palese quando, all'unanimità - sette voti a zero - il Tribunale, mediante un'interpretazione soggettiva dei suoi giudici, ha forzato l'inquadramento del fatto ingegnerizzato dall'autore dell'Azione, nella norma dell'articolo 23 della Legge della Ficha Limpa, sopra citata, che lascia all'arbitrio soggettivo dei magistrati decidere secondo la propria convinzione, basandosi su sospetti e non sulle prove prodotte:

Articolo 23 - "Il Tribunale formerà la sua convinzione tramite la libera valutazione dei fatti pubblici e notori, degli indizi e delle presunzioni e delle prove prodotte, prestando attenzione alle circostanze o ai fatti, anche se non indicati o allegati dalle parti, ma che preservino l'interesse pubblico di pulizia elettorale".

Tuttavia, hanno omesso di osservare che ciò è applicabile solo quando il fatto non è tipificato nella Legge, tanto quanto hanno fatto *tabula rasa* della parte finale del suddetto articolo 23 che stabilisce: "*...ma che preservino l'interesse pubblico di pulizia elettorale*".

Sfortunatamente per la sicurezza giuridica e l'ordine costituzionale, in particolare riguardo alla garanzia dei diritti fondamentali del cittadino, il "TSE" ha ritenuto opportuno comprendere che il procuratore ha anticipato di molti mesi la sua richiesta di dimissioni per impedire l'instaurazione di processi amministrativi contro di lui, a causa delle 15 denunce e reclami presentati in seguito ai suoi rilevanti lavori di lotta alla corruzione svolti alla guida dell'indimenticabile "Operazione Lava Jato". Ora, nessuno può affermare che sarebbe stato instaurato alcun processo, così come nulla gli impediva di chiedere le dimissioni quando lo ritenesse opportuno. Questa libertà rientra nella sfera dei Diritti Umani Costituzionali. Basta osservare la Dichiarazione Universale dei Diritti Umani, del 1948, in combinato disposto con il Patto Internazionale sui Diritti Civili e Politici, del 1966, e il Patto Internazionale sui Diritti Umani Economici, Sociali e Culturali, del 1966, promulgati dal Brasile, equivalendo quindi a norme Costituzionali.

Questa interpretazione del "TSE" è stata eccessivamente soggettiva, fondata, soltanto, sulla comprensione personale, senza alcuna prova che, almeno, potesse garantire che ci sarebbe stata l'instaurazione di un Processo Amministrativo. Inoltre, anche se ci fosse stata una prospettiva effettiva di instaurazione futura di un Processo Amministrativo contro il *Deputato DELTAN DALLAGNOL*, egli non era impedito di chiedere le dimissioni, né si sarebbe inquadrato nella lettera *"q" dell'art. 1° della Legge della Ficha Limpa (Legge Complementare n. 64, del 18 Maggio 1990)* che definisce: *"Sono ineleggibili... i magistrati e i membri del Ministero Pubblico che sono stati pensionati d'ufficio per decisione sanzionatoria, che hanno perso il posto per sentenza o che hanno chiesto dimissioni o pensionamento volontario in pendenza di un processo amministrativo disciplinare... per un periodo di 8 (otto) anni"*.

4. A GUISA DI CONCLUSIONE

A norma dei principi dei diritti umani costituzionali, di protezione della libertà di circolazione e del rispetto della dignità umana, nell'ambito del Diritto Penale, anche in presenza della confessione spontanea dell'accusato, questa non è sufficiente per la sua condanna; è imprescindibile che il fatto sia soddisfacentemente e adeguatamente rivestito di quelle che la legge definisce prove valide, in modo che non resti il minimo dubbio, poiché il giudizio deve essere pubblico, trasparente e imparziale.

Questo giudizio, affrettato del Tribunale Superiore Elettorale - TSE, che ha condannato il ***Deputato Federale DELTAN DALLAGNOL*** alla perdita del mandato conferito, democraticamente, dal popolo paranaense, rappresenta un abominevole precedente giuridico, che macchia il Potere Giudiziario, ritrae una apparente postura autoritaria di sfida alla Costituzione Federale e minaccia i sistemi democratici e di separazione dei Poteri.

Dio salvi la nostra Patria da una Dittatura!

5. RIFERIMENTI BIBLIOGRAFICI

BRASIL. Lei da Ficha Limpa - Lei Complementar nº 64, de 18 de maio de 1990. Brasília, DF: Presidência da República, [2023]. Disponibile su https://www.planalto.gov.br/ccivil_03/leis/lcp/lcp64.htm. Visitato il 05 Maggio 2023.

BRASIL. [Constituição (1988)]. Constituição da República Federativa do Brasil de 1988. Brasília, DF: Presidência da República, [2023]. Disponibile su https://www.planalto.gov.br/ccivil_03/constituicao/constituicao. htm. Visitato il 02 Maggio 2023.

BRASIL. Lei de Introdução às normas do Direito Brasileiro - Decreto-Lei nº 4.657, de 4 de Setembro de 1942. Brasília, DF: Presidência da República [2023]. Disponibile su https://www.planalto.gov.br/ccivil_03/decreto-lei/del4657.htm. Visitato il 02 Maggio 2023.

CAPITOLO VI

Procedure incostituzionali
che minacciano i piani sanitari

Riassunto: Il presente articolo ha come obiettivo quello di provocare una riflessione sulla necessità di una maggiore attenzione da parte dello Stato nei confronti dei Piani Sanitari, in particolare i Piani Sanitari di autogestione, istituzioni di elevata importanza per la società brasiliana.

Parole chiave: Salute, Costituzione Federale, dignità umana, responsabilità dello stato, e azione diretta di incostituzionalità.

Sommario:
1. Introduzione.
2. Responsabilità Costituzionale dello Stato
3. Il sistema sanitario unificato brasiliano
4. L'Universalità dell'assistenza alla salute
5. Origine delle risorse per la sanità
6. A guisa di conclusione

1. INTRODUZIONE

Nella logica naturale dello sviluppo umano, l'espansione economica del mondo ci conduce, in modo obbligatorio, a una riflessione sull'importanza e l'utilità socio-politica di questa espansione.

Pertanto, in questo percorso universale di sviluppo economico, diventa sempre più importante e imprescindibile il dibattito sulla consapevolezza dei gestori pubblici e dei governanti riguardo al fatto che lo Stato, in quanto nazione organizzata, deve occuparsi della strutturazione dei pilastri che mirano allo sviluppo del benessere sociale, della qualità della vita e della felicità collettiva: la valorizzazione della dignità umana.

Tutti noi dobbiamo essere coinvolti in una costante riflessione su come costruire "un mondo giusto", per noi e per le generazioni che ci succederanno. I nostri discendenti!

Tre sono gli elementi soggettivi imprescindibili per il pensiero sulla formazione di un ambiente favorevole alla realizzazione del benessere sociale: il bene, il diritto e il giusto. Il bene come elemento di soddisfazione individuale; il diritto come una proprietà privativa derivante dalla consapevolezza dei rispettivi doveri a essa pertinenti, completamente soddisfatti, e il giusto come la virtù dell'etica che favorisce la pace e l'armonia sociale. Elementi, concettualmente, ben distinti, ma che, così come la pluralità della specie umana, devono essere uniti e pienamente congregati affinché si possa raggiungere, in modo soddisfacente, il benessere sociale e la felicità. L'obiettivo della vita umana!

Per raggiungere questo stadio sociale, è necessario che lo Stato sia, effettivamente, strutturato su una politica ben costruita e unita con la malta dell'etica e della buona fede. Intendendo per struttura, nel prisma concettuale della scienza politica, le uniformità che costituiscono il sistema politico, un insieme di ruoli interconnessi nell'ambito delle attività degli individui, inerenti ai processi politici.

In questo modo, l'istruzione, la salute e la sicurezza devono essere i pilastri fondamentali dello Stato moderno che, nel percorso dell'espansione economica, ha come obiettivi la giustizia sociale e lo sviluppo umano, strumenti imprescindibili per una sana qualità della vita per il cittadino.

Non molto diversa dagli altri due elementi fondamentali, la **sa-**

lute, negli Stati in via di sviluppo, in particolare nello Stato brasiliano, non è stata presa sul serio, nella misura adeguata, dai governanti, diretti e indiretti, e dai funzionari pubblici in generale.

Infatti, nello Stato brasiliano, se il cittadino dispone di risorse finanziarie, potrà accedere a un trattamento dignitoso e umano; se non dispone di tali risorse, rimarrà alla mercé della sorte o, al massimo, del vecchio proverbio che dice: *la medicina è l'arte di ingannare la malattia mentre madre natura fa la sua parte.*

Secondo i dati più recenti dell'Istituto Brasiliano di Geografia e Statistica, il settore pubblico risponde solo al 42% delle spese per la salute nel Brasile, il che significa che i governi federale, statali e municipali sono responsabili solo del 42% delle spese sanitarie nel paese, mentre il 58% è a carico dei cittadini stessi e di istituzioni senza scopo di lucro.

Così, il settore pubblico non copre nemmeno il 50% delle spese per **la salute**, mentre nei paesi che dispongono di un ragionevole sistema di salute universale, le spese pubbliche per la salute si aggirano attorno all'80% del totale.

Essendo quindi estremamente precaria la salute in Brasile, i *PIANI DI SALUTE e/o ASSICURAZIONI SANITARIE,* strumenti intelligenti del capitalismo, si sono strutturati come un'alternativa complementare per una possibile necessità di trattamento della salute del cittadino.

Alternativa complementare perché? È noto che l'assistenza medica e la protezione della salute del cittadino costituiscono un dovere dello Stato, per il quale lo stesso viene tassato. In verità, è dovere del potere pubblico garantire a tutti i cittadini il diritto fondamentale alla salute, come stabilito dalla Costituzione, in modo tale che, una volta provato che l'individuo è colpito da una determinata malattia, necessitando di farmaci o trattamenti, questi debbano essere forniti in modo adeguato e tempestivo, in conformità al principio fondamentale che è la garanzia di una vita dignitosa.

Il cittadino, tuttavia, percependo la probabile necessità di un'assistenza medica complementare, può contrattare un Piano di Salute o un'ASSICURAZIONE SANITARIA, con limitazioni contrattuali, per un valore specifico e con la definizione preventiva di quali possibili malattie e/o trattamenti saranno coperti da quella Assicurazione o *Piano di Salute.*

Ma perché i Piani di Salute hanno guidato la classifica dei reclami ricevuti dall'Istituto Brasiliano di Difesa del Consumatore - IDEC? Secondo il suo rapporto annuale, pubblicato a marzo 2019, il 20% degli interventi nel precedente anno erano relativi a reclami riguardanti i piani di salute, come la negazione di copertura, gli aumenti e la disdetta di fornitori di servizi, il che giustifica, ovviamente, l'elevato numero di domande relative ai Piani di Salute in corso presso la Corte Suprema di Giustizia (STJ).

È vero che chi paga un Piano di Salute si aspetta, almeno, di poter contare su un servizio efficiente quando necessario, tuttavia, nei limiti di quanto è stato contratto, in base a quanto è pattuito il rispettivo valore di contributo. È logico, è ragionevole.

Tuttavia, non sempre accade. L'assicurato o il beneficiario contratta un elenco specifico di servizi, inclusi quelli considerati comuni a tutti i piani di salute, secondo la definizione dell'Agenzia Nazionale della Salute - ANS, e successivamente, quando viene colpito da un grave disturbo della salute, inizia a esigere dal contratto, Assicurazione Sanitaria o Piano di Salute, servizi straordinari di elevati costi finanziari che non sono inclusi nell'elenco di quelli effettivamente contrattati. Chi risponderà per questi costi speciali, da dove verranno i fondi per soddisfare queste ingiustificate e inique domande particolari?

Ma è ancor più strano che ci siano persone che, anche senza una giustificazione medica ragionevole, desiderando un trattamento estetico, giustificato solo dalla vanità personale, anche sapendo che questo tipo di servizio medico non è stato contratto, vogliono che l'Assicurazione o il Piano di Salute coprano i loro costi totali. I costi della loro vanità.

Questo non è un comportamento cittadino ragionevole! Da dove verranno le risorse per soddisfare un interesse eccezionale e personale? Nemmeno lo Stato ha l'impegno di soddisfare questo interesse particolare basato su un atteggiamento non molto virtuoso, che è la vanità!

Sfortunatamente, questo si sta trasformando in un vizio, assolutamente spurio, della società, forse stimolato dall'assenza o dalla negligenza dello Stato riguardo al dovere di protezione della salute del cittadino. Sebbene ciò non sia giustificato!

Il Brasile, già culturalmente, attraverso i suoi tecnici fiscali, non esaurisce la creatività per drenare il reddito del cittadino brasiliano, senza alcun impegno, etico, o almeno responsabile, con le entrate drenate.

Non basta la classificazione come uno dei Paesi con la maggiore pressione fiscale al mondo, con tributi diretti e indiretti esagerati, ma si avvale anche di meccanismi ardimentosi, extravaganti e anti-etici per costringere il cittadino a coprire i costi di servizi che sono di esclusiva responsabilità dello Stato. Non sempre ben eseguiti.

2. RESPONSABILITÀ COSTITUZIONALE DELLO STATO

Nell'ambito dell'infrastruttura organizzativa, come esposto in precedenza, lo Stato assume tre doveri di responsabilità intrasferibili e, di norma, prioritari, ratificati nella rispettiva Costituzione, che devono essere supportati, finanziariamente, dal suo Tesoro: Salute, Istruzione e Sicurezza.

Il dovere di assistenza alla salute del cittadino brasiliano, in termini di visione internazionale, è stato ratificato e consacrato nella Costituzione Federale del 1988, quando i legislatori costituenti hanno inscritto nel titolo dedicato all'ordine sociale, che ha come obiettivo il benessere e la giustizia sociale, definendo nell'articolo 6° come diritti sociali fondamentali, l'istruzione, la salute, il lavoro, il tempo libero, la sicurezza, la previdenza sociale, la protezione alla maternità e all'infanzia.

Inoltre, nell'articolo 196, questa Costituzione Federale riconosce la salute come diritto di tutti e dovere dello Stato, garantito mediante politiche sociali ed economiche che mirano alla riduzione del rischio di malattia e di altri gravi problemi e all'accesso universale ed equo alle azioni e ai servizi per la sua promozione, protezione e recupero.

Nella sfera di questi cosiddetti diritti sociali, il diritto alla salute è stato evidenziato dal costituente come uno di quelli prioritari.

Infatti, come è stato, in termini costituzionali, disciplinato in un capitolo specifico, si osserva la preoccupazione che il costituente ha avuto per questo bene giuridico, lasciando evidente la consapevolezza che il diritto alla salute è intimamente legato al diritto alla vita, pertanto, sotto il paramento della protezione costituzionale alla dignità della persona umana.

Non ci sono dubbi che la salute sia stata consacrata nella Costituzione Federale Brasiliana del 1988 come uno dei diritti sociali fondamentali, creditore indiscutibile della protezione giuridica eccezionale nell'ordinamento giuridico-costituzionale patria.

Quando lo Stato brasiliano ha riconosciuto la salute come diritto sociale fondamentale, si è obbligato a prestazioni positive, mediante la formulazione di politiche pubbliche sociali ed economiche finalizzate a garantire la promozione, la protezione e il recupero della salute dei propri cittadini.

Questa protezione costituzionale della salute, definita nella Costituzione Federale, non si è discostata dai precetti osservati nell'ambito del Diritto Internazionale, raggiungendo una prospettiva promozionale, preventiva e curativa della salute, attribuendo allo Stato il dovere di garantire la soddisfazione e l'accessibilità del cittadino ai trattamenti capaci di assicurare la migliore qualità della vita possibile.

Attualmente, nell'ambito della visione universale, il concetto di salute non si esaurisce in termini di assenza di malattia, ma si concretizza nel benessere fisico, mentale e sociale del cittadino, nonostante il dibattito sul diritto alla salute persista ancora incentrandosi sul contrasto alle malattie e sull'accesso ai farmaci disponibili.

A livello nazionale, basta osservare l'articolo 196 della Costituzione Federale per concludere che il legislatore costituente ha stabilito un concetto ampio di salute, affidando allo Stato il compito di elaborare le necessarie politiche pubbliche sociali ed economiche che consentano l'accesso universale e paritario di ogni cittadino alle azioni e ai servizi per la promozione, la protezione e il ripristino della salute.

Inoltre, è stato evidenziato nella Costituzione Federale del 1988, per quanto riguarda il diritto alla salute, un dovere statale ampio per quanto riguarda la fornitura comprensiva di ogni tipo di assistenza legata alla salute umana. Nell'interpretazione letterale della Costituzione Federale non è irragionevole intendere che, nell'ambito di questa copertura assistenziale, lo Stato, nel dovere di fornire servizi sanitari, sia obbligato a garantire l'assistenza medico-ospedaliera e odontoiatrica, la fornitura di ogni tipo di farmaco necessario al trattamento della salute, l'esecuzione di esami medici di qualsiasi natura, la fornitura di apparecchi ortodontici, protesi, occhiali, specialmente quando il cittadino non è in grado di sostenere i costi di tali servizi.

Alla magistratura, cui spetta il dovere di interpretare e applicare efficacemente la legge, nel rigoroso rispetto delle norme e dei principi costituzionali, non si può concepire una deviazione riguardo a questa garanzia costituzionale che implica il rispetto per la vita e la dignità umana.

Come è di elementare conoscenza, l'applicazione della norma costituzionale dipende intrinsecamente da procedure da eseguire da parte dello Stato, così come dalla creazione di strutture organizzative per adempiere all'obiettivo costituzionale di promuovere, preservare e recuperare la salute e la stessa vita umana. Il legislatore infra-costituzionale è stato incaricato del dovere di elaborare norme in conformità con la Costituzione Federale. Se, nella sfera della discussione giudiziaria, il giudice si trova di fronte a una norma eccentrica che contrasta con il principio costituzionale, il nobile dovere del giudice, in rispetto allo stato di diritto, è quello di garantire l'efficacia della Costituzione nazionale!

Non è ragionevole e offende la dignità stessa della giustizia che la magistratura ceda agli argomenti e alle pressioni politiche dell'amministratore pubblico per violare norme costituzionali, soprattutto quelle che riguardano la protezione della vita, della salute e della dignità umana.

Uno Stato è tanto onorabile quanto onorabile è la sua Costituzione, la sua Carta Politica, atto costitutivo dello Stato, che si concretizza come strumento primordiale per garantire l'ordine pubblico e la sicurezza giuridica.

Lo Stato deve essere organizzato in modo da perseguire uno sviluppo economico equilibrato con giustizia sociale, ovvero con l'obiettivo di raggiungere il benessere della società. Pertanto, i diritti fondamentali della persona umana devono essere considerati come parametro per la strutturazione delle organizzazioni e di tutte le altre procedure promotrici della gestione pubblica.

3. IL SISTEMA SANITARIO UNIFICATO BRASILIANO

In base alla Costituzione Federale, è stato istituito il cosiddetto SISTEMA SANITARIO UNIFICATO, il "SUS", non casualmente, ma

perché, nel capitolo relativo alla salute, sono stati inseriti elementi significativi relativi alla dimensione organizzativa e procedurale. Negli
articoli 198-200, è stata attribuita al Sistema Sanitario Unificato la responsabilità della coordinazione e dell'esecuzione delle politiche per la
protezione e la promozione della salute in Brasile.

Come si può osservare, il legislatore costituente non si è limitato a delineare la creazione di una struttura organizzativa per garantire il
diritto alla salute, ma ha anche indicato come dovrebbe operare l'organo
responsabile della gestione amministrativa e quali obiettivi dovrebbe
perseguire, tracciando i contorni del Sistema Sanitario Unificato, pur
rendendo necessaria l'elaborazione di leggi specifiche per chiarirne
l'operatività.

Di conseguenza, e seguendo questa direzione, sono state emanate la Legge Federale n. 8.080 del 19 settembre 1990, che disciplina le
attribuzioni e il funzionamento del Sistema Sanitario Unificato, e la
Legge Federale n. 8.142 del 28 dicembre 1990, che regola la partecipazione della comunità nella gestione del Sistema Sanitario Unificato e i
trasferimenti intergovernativi di risorse finanziarie nell'area della salute.
A tal proposito, la citata Legge n. 8.080 del 19 settembre 1990
sottolinea:

Articolo 23. È consentita la partecipazione diretta o indiretta,
compreso il controllo, di aziende o capitali stranieri
nell'assistenza sanitaria nei seguenti casi:

I - donazioni da parte di organismi internazionali legati alle Nazioni Unite, enti di cooperazione tecnica e finanziamenti o
prestiti;

II - persone giuridiche destinate a installare, gestire o sfruttare:
    a) Ospedale generale, compreso quello filantropico,
    ospedale specializzato, policlinico, clinica generale e
    clinica specializzata; e
    b) attività e ricerche in materia di pianificazione
    familiare;

III - servizi sanitari mantenuti, senza fini di lucro, da

aziende per l'assistenza ai propri dipendenti e familiari, senza alcun onere per la sicurezza sociale; e

IV - altri casi previsti dalla legislazione specifica.

Tuttavia, prevedendo la possibilità di insufficienza nella capacità di fornire il servizio attraverso il Sistema Sanitario Unificato, il legislatore ha previsto una forma di partecipazione complementare, stabilendo all'articolo 24 della stessa Legge:

Articolo 24. Quando le risorse disponibili siano insufficienti per garantire la copertura assistenziale alla popolazione di una determinata area, il Sistema Sanitario Unificato (SUS) potrà ricorrere ai servizi offerti dal settore privato.

Paragrafo unico. La partecipazione complementare dei servizi privati sarà formalizzata mediante contratto o convenzione, nel rispetto delle norme di diritto pubblico.

Pertanto, lo Stato, attraverso l'organo competente, potrà stipulare contratti per la fornitura di servizi sanitari necessari per rispondere ai bisogni della popolazione.

È vero che, data la natura del servizio, esistono procedure mediche la cui esecuzione dipende da una necessaria definizione regolamentare tramite decreti e ordinanze, che tuttavia non possono distaccarsi dai precetti costituzionali che garantiscono l'effettività dei diritti fondamentali sanciti nella Costituzione Federale come clausole immodificabili. È quindi dovere dello Stato, costituzionalmente responsabile della tutela della salute della popolazione, promuovere la regolamentazione, nonché la *vigilanza* e il controllo delle azioni e dei servizi relativi alla sanità.

Proprio per garantire la massima efficacia nella fornitura di questo servizio ai cittadini, la Costituzione Federale, nell'articolo 198, ha stabilito come linee guida del Sistema Sanitario Unificato la sua **decentralizzazione**, con una gestione unitaria a ogni livello di governo, e l'**assistenza integrale**, con priorità per le attività preventive, senza pregiudicare i servizi assistenziali. Queste direttive non esauriscono il comportamento richiesto all'Amministrazione Pubblica per quanto riguarda il diritto alla salute.

L'articolo 198 della Costituzione Federale attualmente vigente stabilisce:

> **"Articolo. 198.** Le azioni e i servizi pubblici sanitari costituiscono una rete regionalizzata e gerarchizzata e rappresentano un sistema unico, organizzato secondo le seguenti linee guida:
>
> I - decentralizzazione, con gestione unitaria a ogni livello di governo;
>
> II - assistenza integrale, con priorità per le attività preventive, senza pregiudizio dei servizi assistenziali;III - partecipazione della comunità.
>
> § 1º. Il sistema sanitario unificato sarà finanziato, secondo quanto previsto dall'articolo 195, con risorse provenienti dal bilancio della sicurezza sociale, dell'Unione, degli Stati, del Distretto Federale e dei Comuni, oltre ad altre fonti.(Paragrafo unico rinumerato in § 1º dall'Emendamento Costituzionale n. 29, del 2000)
>
> § 2º. L'Unione, gli Stati, il Distretto Federale e i Comuni destineranno annualmente risorse minime alle azioni e ai servizi pubblici sanitari, calcolate sulla base di percentuali derivate da: (Introdotto dall'Emendamento Costituzionale n. 29, del 2000) (Revocato)
>
> I - Nel caso dell'Unione, il reddito corrente netto dell'esercizio finanziario in corso, che non può essere inferiore al 15% (quindici percento); (Redazione fornita dall'Emendamento Costituzionale n. 86, del 2015)(Revocato)
>
> II - Nel caso degli Stati e del Distretto Federale, il prodotto della riscossione delle imposte di cui agli articoli 155 e 156-A e delle risorse trattate negli articoli 157 e 159, I, "a", e II, dedotte le quote trasferite ai rispettivi Comuni; (Redazione fornita dall'Emendamento Costituzionale n. 132, del 2023) (Revocato)
>
> III. Nel caso dei Comuni e del Distretto Federale, il prodotto della riscossione delle imposte di cui agli articoli 156 e 156-A e

delle risorse indicate agli articoli 158 e 159, I, "b", e § 3°. (Redazione introdotta dall'Emendamento Costituzionale n. 132, del 2023)

§ 3°. Una legge complementare, che sarà rivalutata almeno ogni cinque anni, stabilirà: (Introdotto dall'Emendamento Costituzionale n. 29, del 2000)

(Revocato)

I - le percentuali di cui ai punti II e III del § 2°; (Redazione introdotta dall'Emendamento Costituzionale n. 86, del 2015)

II - i criteri di ripartizione delle risorse dell'Unione destinate alla salute e indirizzate agli Stati, al Distretto Federale e ai Comuni, nonché quelle degli Stati indirizzate ai rispettivi Comuni, con l'obiettivo di una progressiva riduzione delle disparità regionali; (Introdotto dall'Emendamento Costituzionale n. 29, del 2000)

III - le norme per la vigilanza, valutazione e controllo delle spese sanitarie a livello federale, statale, distrettuale e municipale; (Introdotto dall'Emendamento Costituzionale n. 29, del 2000) (Revocato)

§ 4°. I gestori locali del Sistema Sanitario Unificato potranno assumere agenti comunitari di salute e agenti per la lotta alle endemie attraverso un processo selettivo pubblico, in conformità con la natura e la complessità delle loro attribuzioni e con i requisiti specifici per il loro incarico. (Introdotto dall'Emendamento Costituzionale n. 51, del 2006) (Revocato)

§ 5°. Una legge federale disciplinerà il regime giuridico, il salario minimo professionale nazionale, le linee guida per i piani di carriera e la regolamentazione delle attività degli agenti comunitari di salute e degli agenti per la lotta alle endemie, delegando all'Unione, nei termini della legge, il compito di fornire assistenza finanziaria complementare agli Stati, al Distretto Federale e ai Comuni per garantire tale salario minimo. (Redazione introdotta dall'Emendamento Costituzionale n. 63, del 2010)

§ 6°. Oltre alle ipotesi previste dal § 1° dell'articolo 41 e dal § 4° dell'articolo 169 della Costituzione Federale, il dipendente che svolga funzioni equivalenti a quelle di agente comunitario di salute o di agente per la lotta alle endemie potrà perdere il proprio incarico in caso di mancato rispetto dei requisiti specifici, stabiliti per legge, necessari per l'esercizio delle sue funzioni. (Introdotto dall'Emendamento Costituzionale n. 51, del 2006)

§ 7º. La retribuzione degli agenti comunitari di salute e degli agenti per la lotta alle endemie è a carico dell'Unione, mentre agli Stati, al Distretto Federale e ai Comuni spetta definire, oltre ad altri benefici e vantaggi, incentivi, sussidi, gratifiche e indennità per valorizzare il lavoro di questi professionisti. (Introdotto dall'Emendamento Costituzionale n. 120, del 2022)

§ 8º. Le risorse destinate al pagamento della retribuzione degli agenti comunitari di salute e degli agenti per la lotta alle endemie saranno iscritte nel bilancio generale dell'Unione con dotazioni proprie ed esclusive. (Introdotto dall'Emendamento Costituzionale n. 120, del 2022)

§ 9º. La retribuzione degli agenti comunitari di salute e degli agenti per la lotta alle endemie non sarà inferiore a due (2) salari minimi, versati dall'Unione ai Comuni, agli Stati e al Distretto Federale. (Introdotto dall'Emendamento Costituzionale n. 120, del 2022)

§ 10. Gli agenti comunitari di salute e gli agenti per la lotta alle endemie avranno anche, in ragione dei rischi inerenti alle funzioni svolte, diritto a un pensionamento speciale e, aggiunto alle loro retribuzioni, un'indennità per insalubrità. (Introdotto dall'Emendamento Costituzionale n. 120, del 2022)

Vediamo quindi che l'articolo 198, comma II, della Costituzione Federale del 1988 sottolinea, tra l'altro, l'importanza delle azioni di prevenzione stabilendo che l'assistenza sanitaria integrale deve dare priorità alle attività preventive, senza pregiudizio per i servizi assistenziali.

4. L'UNIVERSALITÀ DELL'ASSISTENZA ALLA SALUTE

È di facile comprensione che il principio dell'universalità è inscritto nel contenuto della norma che si estrae dall'articolo 196 della

Costituzione Federale del 1988, dove si prevede l'accesso universale alle azioni e ai servizi di salute, consentendo l'ingresso di chiunque nel Sistema Unico di Salute (SUS). Universale e uguale, non deve esserci distinzione rispetto a gruppi di persone, né ai servizi offerti.

Pertanto, affinché ci sia un accesso di natura universale e uguale, si impone la gratuità dei servizi, poiché non si può considerare universale un servizio pubblico che richieda una controparte pecuniaria.

E per soddisfare l'assistenza alla popolazione, il SUS mantiene una rete propria e enti contrattati, osservando che la partecipazione dell'iniziativa privata avverrà solo in forma complementare, dando preferenza, nelle assunzioni, agli enti filantropici e non profit.

Esattamente, in obbedienza alla norma costituzionale, sono state promulgate le evidenti Leggi Federali n. 8.080/90, che trattano dell'organizzazione del SUS, e la Legge Federale n. 8.142/90, che dispone sulla partecipazione della comunità nella gestione del SUS e sulle trasferimenti intergovernativi di risorse finanziarie nel settore della salute, costituendo solidamente la cosiddetta Legge Organica della Salute.

Per quanto riguarda, dunque, il diritto alla salute, ogni persona ha diritto all'assistenza sanitaria tramite i servizi del SUS, indipendentemente dalle proprie condizioni economiche, che le consentano o meno di coprire le spese per l'assistenza medica nel sistema privato.
A coloro che sottoscrivono un piano sanitario privato, un servizio di assistenza sanitaria supplementare, pagando con sacrificio per ottenere un'assistenza prioritaria, così come al titolare di un contratto di assistenza medica ottenuto con incentivo finanziario dal datore di lavoro, nella stessa modalità di assistenza medica supplementare, non può essere negata l'assistenza sanitaria attraverso il Sistema Sanitario Nazionale (SUS). Altrimenti, sarebbe come punire queste persone per aver sottoscritto un'assistenza medica privata come forma supplementare di cura della propria salute, con l'aspettativa di un intervento più rapido ed efficace, qualora necessario, il che costituirebbe una discriminazione in violazione del principio costituzionale.

È la Costituzione Federale, nel suo Art. 196, che stabilisce che la salute è un diritto di tutti e un dovere dello Stato, e non spetta a nessuno, né alla legge né ai tribunali, che non hanno il potere di legiferare, restringere la

portata di tale diritto fondamentale. Pertanto, non è ammessa un'interpretazione che limiti il diritto alla salute e alla prestazione di servizi di assistenza
sanitaria solo a coloro che, non avendo altra alternativa, dipendano
esclusivamente dal servizio dei professionisti della "rete pubblica".

Se un cittadino dispone di risorse economiche che gli permettono di cercare un'assistenza medica più celere, efficiente, immediata e
qualificata, ciò non gli toglie il diritto all'assistenza sanitaria attraverso
il Sistema Sanitario Unico - SUS! Non è una scelta che dipende esclusivamente dalla volontà individuale, ma dalla convenienza e dall'urgenza
della situazione per la protezione della vita.

5. ORIGINE DELLE RISORSE PER LA SANITÀ

Qual è la fonte legale delle risorse per l'effettiva esecuzione di
questi servizi di competenza dello Stato? È evidente che la Costituzione
Federale del 1988 determina quali sono le fonti di entrata necessarie per
finanziare le spese legate alle azioni e ai servizi pubblici di salute.

L'ordinamento giuridico nazionale stabilisce che il finanziamento
del Sistema Sanitario Unico è responsabilità della Federazione, degli Stati
e dei Comuni. Non devono sussistere dubbi o incertezze a riguardo.

Di conseguenza, per regolare questa materia, la Legge Complementare n. 141 del 13 gennaio 2012 stabilisce le percentuali di investimento finanziario per ciascuno degli enti pubblici responsabili del SUS, definendo che i Comuni e il Distretto Federale devono destinare, ogni anno, almeno il 15% delle rispettive entrate fiscali ad azioni e servizi pubblici di
salute. Allo stesso modo, gli Stati devono destinare, ogni anno, almeno il
12% delle rispettive entrate fiscali ad azioni e servizi pubblici di salute.

Per quanto riguarda il Governo Federale, lo strumento legale in
questione ha stabilito che l'importo da applicare deve corrispondere al
valore impegnato nell'esercizio finanziario precedente, aumentato della
percentuale relativa alla variazione del Prodotto Interno Lordo (PIL)
dell'anno precedente a quello della legge di bilancio annuale.

È opportuno sottolineare che, in questo caso, il legislatore, con questa Legge complementare, ha mancato del dovuto rispetto per la norma costituzionale, distorcendola nello strumento complementare, poiché, sebbene si tratti di un diritto fondamentale del cittadino e di un obbligo costituzionale dello Stato, l'implementazione della Legge Complementare ha comportato una flagrante riduzione della partecipazione del governo federale nel finanziamento dei servizi di sua responsabilità, lasciando la popolazione meno protetta, meno assistita. Una delle principali ragioni della situazione caotica in cui si trova attualmente il Sistema Sanitario Unico.

Di fronte a questa situazione imbarazzante, creata dalla responsabilità congiunta dei poteri esecutivo e legislativo, si sono costituiti movimenti attivisti, da parte di istituzioni organizzate, che lottano affinché il Congresso definisca l'impegno finanziario della Federazione, destinando almeno il 10% delle entrate correnti lorde per la sanità pubblica. Un pensiero socio-umanitario molto importante! È, tuttavia, necessario sensibilizzare i membri del Congresso, i quali, godendo di un trattamento privilegiato nel contesto di questo servizio di assistenza sanitaria, si sentono più a loro agio nel soddisfare obiettivi politici e finanziari obliqui dell'Esecutivo, a scapito degli interessi del cittadino e della collettività, per quanto riguarda il benessere sociale e la qualità della vita.

Con questa condotta di freddezza e irresponsabilità da parte dello Stato nei confronti del servizio di assistenza sanitaria per il popolo brasiliano, si cerca, per via indiretta, di costringere il cittadino, già gravato dall'eccessivo carico fiscale a cui è sottoposto, a sostenere indirettamente i costi dei servizi utilizzati attraverso il SUS, richiedendo al relativo "Piano Sanitario a cui il beneficiario assistito possa essere associato, il rimborso delle spese corrispondenti ai servizi che gli sono stati prestati. È evidente che questa spesa aggiuntiva imposta ai Piani Sanitari dovrà essere inclusa nel calcolo dei costi mensili per il contraente. In altre parole, il contraente, che già paga per il servizio sanitario complementare, si troverà a pagare anche per quello utilizzato attraverso il SUS!

Nessun cittadino brasiliano stipula un'assicurazione o un piano sanitario semplicemente per vanità o per spendere il proprio reddito, che in molti casi è insufficiente a coprire le spese familiari. Si rivolge a questo servizio sanitario complementare a causa delle carenze dello Stato e della fragilità dell'incipiente Sistema Sanitario Unico - SUS, in termini di disponibilità e qualità dei servizi offerti, cercando una protezione migliore per la propria vita.

Come è noto, attualmente, nel nostro Brasile politicamente indebolito, a seconda della natura del servizio medico necessario, il cittadino può arrivare ad aspettare fino a un anno nella "fila" del "SUS" per ricevere l'assistenza dovuta o per effettuare un esame medico, aumentando così il rischio di morte precoce e, molte volte, arrivando a questo esito prima ancora di ottenere assistenza. Qual è l'alternativa per il cittadino brasiliano? Sottoscrivere un Piano Sanitario Supplementare, anche a costo di sacrificare le spese familiari regolari.

Dunque, perché il cittadino ha stipulato un Servizio Sanitario Supplementare per una maggiore protezione della propria vita, quando utilizza i servizi del SUS, il suo Piano Sanitario deve rimborsare i costi di un servizio che è ordinariamente di competenza dello Stato? Non ha senso, non ha logica, e il diritto è prima di tutto logica, una logica, va detto, giuridica!

Il cittadino stipula un'Assicurazione o un Piano Sanitario Supplementare affinché, qualora necessiti di un servizio di assistenza sanitaria e lo Stato, che ha il dovere di fornirla, non possa farlo in modo tempestivo e qualitativo nella misura necessaria, abbia a chi rivolgersi. Poiché, comunemente, il SUS non fornisce al cittadino brasiliano i servizi di sua competenza qualitativamente e tempestivamente quando necessario, chi ha un'Assicurazione o un Piano Sanitario si rivolge sempre a questi, dando efficacia ai propri contratti. Pertanto, non è perché il beneficiario di un Piano Sanitario ha fatto ricorso al SUS che tale Piano debba rimborsarlo. Non vi è alcun risarcimento da effettuare poiché non vi è stato alcun danno; il SUS ha semplicemente fornito un servizio che è di sua responsabilità e competenza originaria.

6. A GUISA DI CONCLUSIONE

I "Piani Sanitari Supplementari" in Brasile hanno cessato di essere supplementari e, superando la loro natura originaria e il loro obiettivo rispetto al contraente, sono diventati prioritari, poiché lo Stato non adempie al proprio dovere costituzionale di fornire assistenza medica immediata al cittadino che ne ha bisogno.

Non è giusto, non è costituzionale, non è legittimo né morale che lo Stato esiga che i Piani Sanitari - strumenti di assistenza supplementare - siano obbligati a rimborsare il "SUS" quando i loro associati, per mancanza di alternative, utilizzano i servizi di assistenza medica, che sono di competenza e scopo del suddetto Sistema, meccanismo istituzionale per l'esecuzione della funzione statale di assistenza sanitaria e protezione della vita dei cittadini. Soprattutto quando si tratta di PIANI SANITARI DI AUTOGESTIONE, *istituzioni senza scopo di lucro, costituite da associazioni di lavoratori o dipendenti, che sacrificano parte dei loro salari per ottenere un'assistenza sanitaria supplementare e compensare le carenze dello Stato, cercando una protezione minima della propria dignità. I PIANI SANITARI DI AUTOGESTIONE non generano profitto, non sono imprese commerciali a scopo economico, e dovrebbero raccogliere ancora più risorse dai lavoratori associati per soddisfare la voracità finanziaria dello Stato. La continuazione di questa ingiusta "sanguisuga" porterà all'estinzione dei Piani stessi.*

A peggiorare questa situazione, il Potere Giudiziario, violando norme e principi costituzionali e forse dando priorità al principio dell'unicità dei poteri per alleggerire lo Stato (Potere Esecutivo) dalla responsabilità dell'assistenza sanitaria, obbliga i Piani Sanitari a fornire ai loro associati servizi medici non previsti dal contratto e non inclusi nel costo pattuito. Questo, naturalmente, oltre ad aumentare i costi del servizio da distribuire tra tutti gli associati contraenti, indipendentemente dal loro utilizzo, data la mancanza di certezza giuridica, comporta il rischio di un fallimento generalizzato dei Piani Sanitari brasiliani.

Agendo in questo modo, il Potere Giudiziario viola di colpo i principi costituzionali secondo *cui nessuno è obbligato a fare o a non fare qualcosa se non in virtù della legge*, e quello che disciplina che lo Stato è responsabile dell'assistenza sanitaria dei propri cittadini.

È un'interpretazione chiaramente casuistica ed estremamente errata sostenere che la base legale per cui lo Stato possa esigere dai Piani Sanitari, in particolare quelli costituiti sotto forma di autogestione, il rimborso delle spese del SUS quando forniscono i servizi di loro competenza originaria al cittadino, anch'esso beneficiario di un Piano Sanitario Supplementare, si trovi nell'articolo 32° della Legge n. 9.656/98. Infatti, questa disposizione legale è palesemente incostituzionale, indipendentemente dalla sentenza pronunciata nella ADI n. 597064, nella quale non si osserva un vero dibattito e/o esposizione sulla costituzionalità di quella norma difettosa, poiché tutti i Ministri coinvolti, impegnati nella necessaria discussione sulla costituzionalità, si sono limitati a esporre, in modo esaustivo, i loro pensieri e concetti sulla materia semplicemente dal punto di vista politico-economico-finanziario, ignorando l'essenza dei principi costituzionali che orientano tutta la disciplina legale riguardo al dovere dello Stato di fornire assistenza sanitaria al cittadino brasiliano.

Quello che si vede, in questo caso, riguardo a questa materia, è che il diritto della forza del potere statale prevale sulla forza del diritto, a danno del popolo, a danno del cittadino brasiliano, a danno del dovuto rispetto alla Costituzione Federale e alla dignità umana.

CAPITOLO VII

Il potere politico
nello Stato brasiliano

1. INTRODUZIONE

Nel momento in cui osserviamo una pericolosa "pandemia" del socialismo anarchico, il Brasile vive una grave crisi "epidemica", minacciosa per la democrazia, che è la sfida sfacciata e ambiziosa, un pò anti-etica e amorale, tra le rispettive unità della tripartizione costituzionale del potere politico, per la concentrazione del "POTERE". Il controllo dello Stato.

Il potere politico istituzionale dello Stato è unico, sebbene suddiviso in tre unità che devono dare effettività alle rispettive competenze e funzioni in modo autonomo e indipendente, tuttavia, armoniosamente, confluendo tutte le azioni particolari per il benessere sociale, per il bene comune, per uno sviluppo economico equilibrato con giustizia sociale, contribuendo alla pace e alla sicurezza della società, garantendo così l'unità del potere.

Ogni unità tripartita del potere politico statale deve concentrare le sue azioni nell'ambito della propria competenza, con il cauteloso e sacro rispetto dovuto alla competenza delle altre unità. Vigilando sull'efficacia delle proprie competenze, senza oltrepassare i confini delle competenze degli altri poteri.

La triade unica del potere dello Stato è costituita dal **Potere Legislativo,** competente in virtù del potere costituzionalmente conferito dal popolo, per l'elaborazione delle leggi che regoleranno la Nazione: lo Stato costituzionale, ente di diritto, e il popolo stesso; il **Potere Esecutivo**, esercitato da persone scelte dal popolo, è il Potere incaricato della gestione amministrativa dello Stato, del controllo e della gestione delle finanze, della sicurezza, della sanità, dell'istruzione e dello sviluppo dello Stato; e il **Potere Giudiziario**, detentore della competenza giurisdizionale, una competenza sacra che è inerte, non potendo manifestarsi senza la dovuta e regolare provocazione, senza il dovuto processo legale, detiene la competenza di interpretare, applicare le leggi e far rispettare le sue decisioni, garantendo l'efficacia del diritto e dell'ordine giuridico.

Se ciascuna delle unità della triade del potere costituito dello Stato si concentrasse nei limiti delle sue competenze e funzioni, con la necessaria attenzione ed efficacia, e con il dovuto e necessario rispetto per le competenze funzionali delle altre due, lo Stato, senza dubbio, vivrebbe una pace sociale duratura e uno sviluppo continuo, con minori costi e maggiore comfort per la Nazione.

La ambiziosa disputa per la concentrazione del potere, tra le unità del potere costituito, è così perniciosa da arrivare a stimolare la disobbedienza civile e l'organizzazione di gruppi che si autoproclamano detentori di poteri di dominio e di guida della società.

Si vede così la stampa, che non si accontenta di diffondere le notizie, ma pretende di indirizzare la società verso i propri ideali particolari; membri del Pubblico Ministero che, spesso, si considerano detentori di poteri e competenze giurisdizionali; agenti della Difensoria Pubblica che si auto-investono delle competenze e delle funzioni proprie del Ministero Pubblico; e le Corti dei Conti che compiono atti di competenza giurisdizionale, esclusiva del Potere Giudiziario, ecc., ecc., ecc...

In verità, solo due pilastri sostengono l'uomo: il potere e il sesso. Tuttavia, è il potere che, purtroppo, sembra dare senso alla vita dell'uomo, un animale politico che non può sopravvivere isolato, poiché ha bisogno del potere di dominazione.

Nel contesto del naturale e continuo sviluppo umano nella società mondiale, assistiamo alla giusta lotta delle donne per l'uguaglianza di diritti rispetto agli uomini. Perfetto. Ma è questo il limite?   No. Come ogni essere umano, la lotta della donna è per la dominazione. Giusto o sbagliato? Naturale. È il potere, nel contesto politico e sociale, che sembra dare un senso alla vita!

In ogni caso, il potere è sempre la capacità di dominare, comandare e controllare, anche se si tratta del "semplice" potere di persuasione o conquista. Il potere è una parola che viene dal latino "potere" e significa la **capacità o facoltà di fare qualcosa, forza di comando e di imposizione della volontà.**

È, quindi, l'ambizione incontrollata del potere che porta gli Stati al totalitarismo, un perverso regime politico che centralizza gli strumenti del potere. Quanto sarebbe meraviglioso se le Istituzioni brasiliane comprendessero che, per una società civilizzata, ogni unità di potere deve concentrarsi sulle proprie competenze e sull'efficienza della sua esecuzione.

2. DEL POTERE LEGISLATIVO

Come stabilito dall'articolo 44° della Costituzione Federale, il Potere Legislativo, che detiene la competenza costituzionale di emanare le leggi del Paese, è esercitato dal Congresso Nazionale, composto dalla Camera dei Deputati e dal Senato Federale. Un potere bicamerale.

La Camera è composta da 513 deputati federali, considerati rappresentanti del popolo, eletti con il sistema proporzionale in ogni stato, in ogni territorio e nel Distretto Federale, con un mandato di quattro anni. Il numero di deputati stabilito è proporzionalmente diviso in relazione alla popolazione dello stato o del Distretto Federale, con un limite minimo di otto e un massimo di settanta deputati per ciascuno dei rispettivi enti federativi.

Il Senato Federale, da parte sua, è composto da 81 Senatori, essendo che ogni stato e il Distretto Federale eleggono tre senatori, con un mandato di otto anni, rinnovato ogni quattro anni, alternativamente, con un terzo e due terzi.

Esaminando le competenze del Congresso Nazionale, possiamo osservarle riunite in tre gruppi: primo, quello delle attribuzioni relative alle funzioni del Potere Legislativo federale; secondo, quello delle attribuzioni delle Camere del Congresso - Camera e Senato - quando esercitano le proprie funzioni in modo isolato; e terzo, quello delle attribuzioni pertinenti al funzionamento delle cosiddette commissioni miste e delle sessioni congiunte, quando i deputati federali e i senatori agiscono insieme, anche se devono votare separatamente.

A questa funzione di rappresentanza, come descritta, si aggiungono al Congresso le attribuzioni legislative e di vigilanza e controllo.

Per quanto riguarda la funzione legislativa, spetta al Congresso, attraverso le sue due Camere costitutive del Potere Legislativo, legiferare sulle materie di competenza dell'Unione, mediante l'elaborazione delle leggi comuni, "leggi ordinarie", delle modifiche costituzionali, delle leggi complementari e di altri atti normativi con forza di legge.

Nella sua funzione fondamentale di limitazione dei poteri, la Costituzione Federale, nel suo articolo 48°, elenca i vari argomenti che possono essere oggetto di leggi, che dipendono dall'approvazione del Congresso e dalla sanzione del Presidente della Repubblica. Nonostante ciò, essendo la competenza legislativa del Congresso Nazionale, questo può annullare il veto del Presidente della Repubblica imponendo allo Stato la legge approvata dal Congresso.

Per evitare il conflitto di competenze, il legislatore costituente ha definito, nell'articolo 49° del Documento Politico Supremo, l'elenco delle competenze esclusive del Congresso, le quali sono veicolate tramite decreto legislativo, per il quale non è necessaria la sanzione presidenziale.

Per quanto riguarda la funzione di vigilanza del Potere Legislativo, l'articolo 70° della Costituzione Federale ha stabilito la competenza per il controllo contabile, finanziario, di bilancio, operativo e patrimoniale dell'Unione e delle entità dell'amministrazione diretta e indiretta, con l'assistenza del Tribunale dei Conti della Unione.

Nell'esercizio di questa funzione costituzionale di vigilanza, di monitoraggio e controllo, il Potere Legislativo Federale può ancora convocare il Ministro di Stato o i titolari degli enti legati alla Presidenza della Repubblica per fornire informazioni su un argomento precedentemente determinato; inviare richieste di informazioni a queste autorità tramite le Presidenze della Camera e del Senato; costituire commissioni parlamentari di inchiesta, congiuntamente da entrambe le camere o separatamente, per l'accertamento di fatti rilevanti dannosi per l'amministrazione pubblica.

Nell'effettività dei procedimenti legislativi, in linea di principio, la Camera dei Deputati e il Senato, in modo articolato, funzionano separatamente, in particolare nell'elaborazione delle leggi ordinarie e complementari, quando la prima funge da iniziatrice del processo e il Senato come collegio di revisione. Tuttavia, la Costituzione Federale, nel suo articolo 51°, stabilisce le competenze che sono esclusive della Camera, *in verbis*:

“Art. 51°. Compete esclusivamente alla Camera dei Deputati:

I - autorizzare, con due terzi dei suoi membri, l'avvio di un processo contro il Presidente e il Vicepresidente della Repubblica e i Ministri di Stato;

II - procedere alla presa in carico dei conti del Presidente della Repubblica, quando non presentati al Congresso Nazionale entro sessanta giorni dall'inizio della sessione legislativa;

III - elaborare il proprio regolamento interno;

IV - disporre sulla sua organizzazione, funzionamento, disciplina, creazione, trasformazione o estinzione di cariche, impieghi e funzioni dei suoi servizi, e l'iniziativa legislativa per la determinazione della relativa retribuzione, in conformità ai parametri stabiliti nella legge di linee guida sul bilancio;

V - eleggere i membri del Consiglio della Repubblica, secondo l'art. 89°, VII.

E nel suo articolo 52°, la Costituzione stabilisce le competenze esclusive del Senato:

Art. 52°. Compete esclusivamente al Senato Federale:

I - processare e giudicare il Presidente e il Vicepresidente della Repubblica per i crimini di responsabilità, così come i Ministri di Stato e i Comandanti della Marina, dell'Esercito e dell'Aeronautica per i crimini della stessa natura collegati a quelli;

II - processare e giudicare i Ministri della Corte Suprema, i membri del Consiglio Nazionale della Giustizia e del Consiglio Nazionale del Pubblico Ministero, il Procuratore Generale della Repubblica e l'Avvocato Generale della Repubblica per i crimini di responsabilità;

III - approvare preventivamente, con voto segreto, dopo un'audizione pubblica, la scelta di:

a) giudici, nei casi previsti da questa Costituzione;

b) Ministri del Tribunale dei Conti della Unione indicati dal Presidente della Repubblica;

c) Governatori di Territorio;

d) presidente e direttori della Banca Centrale;

e) Procuratore Generale della Repubblica;

f) titolari di altri incarichi che la legge stabilisce.

IV - approvare preventivamente, con voto segreto, dopo l'interrogatorio in sessione segreta, la scelta dei capi delle missioni diplomatiche di carattere permanente;

V - autorizzare operazioni esterne di natura finanziaria, di interesse della Repubblica, degli Stati, del Distretto Federale, dei Territori e dei Comuni;

VI - fissare, su proposta del Presidente della Repubblica, limiti globali per l'importo del debito consolidato della Repubblica, degli Stati, del Distretto Federale e dei Comuni;

VII - disporre sui limiti globali e le condizioni per le operazioni di credito esterno e interno della Repubblica, degli Stati, del Distretto Federale e dei Comuni, delle loro autarchie e altre entità controllate dal governo federale;

VIII - disporre sui limiti e le condizioni per la concessione di garanzie della Repubblica in operazioni di credito esterno e interno;

IX - stabilire limiti globali e condizioni per l'importo del debito pubblico degli Stati, del Distretto Federale e dei Comuni;

X - sospendere l'esecuzione, in tutto o in parte, di una legge dichiarata incostituzionale per decisione definitiva della Corte Suprema Federale;

XI - approvare, a maggioranza assoluta e con voto segreto, la destituzione, d'ufficio, del Procuratore Generale della Repubblica prima della fine del suo mandato;

XII - elaborare il proprio regolamento interno;

XIII - disporre sulla sua organizzazione, funzionamento, disciplina, creazione, trasformazione o estinzione delle cariche, impieghi e funzioni dei suoi servizi, e l'iniziativa legislativa per la determinazione della relativa retribuzione, in conformità ai parametri stabiliti nella legge di linee guida sul bilancio;

XIV - eleggere i membri del Consiglio della Repubblica, secondo l'art. 89, VII.

XV - valutare periodicamente il funzionamento del Sistema Tributario Nazionale, nella sua struttura e nei suoi componenti, e le prestazioni delle amministrazioni fiscali della Repubblica, degli Stati, del Distretto Federale e dei Comuni.

Paragrafo unico. Nei casi previsti ai commi I e II, il Presidente sarà il presidente della Corte Suprema Federale, limitandosi alla condanna, che sarà pronunciata solo con due terzi dei voti del Senato Federale, alla perdita dell'incarico, con inabilitazione, per otto anni, all'esercizio di una funzione pubblica, senza pregiudizio delle altre sanzioni giuridiche applicabili.

In questo modo, la competenza e la funzione del Potere Legislativo sono ben delineate nella nostra Carta Magna, la Costituzione Federale. Perché, quindi, ambire a un potere maggiore di quello che la Costituzione Federale gli attribuisce? Virtuoso è il dovere di adempiere pienamente ai propri obblighi, unica verità fattuale che genera diritto. Altrimenti sarebbe usurpazione.

3. DEL POTERE ESECUTIVO

Il Potere Esecutivo, come detto all'inizio, è esercitato da persone scelte dal popolo, incaricate della gestione amministrativa dello Stato, del controllo e della gestione delle finanze, della sicurezza, della salute, dell'istruzione e dello sviluppo dello Stato, seguendo il regolare iter delle norme costituzionali, e ha le sue competenze e funzioni ben precise e delimitate dalla Costituzione Federale e dalle sue norme complementari.

Il termine "Potere Esecutivo" è piuttosto diffuso. Ciò che è importante, tuttavia, è comprendere quali siano le sue effettive attribuzioni in quanto potere incaricato della gestione dello Stato e degli interessi generali della Nazione.

Come concettualizzato in precedenza, il Potere Esecutivo è una delle unità del POTERE UNICO dello Stato, che esegue, mettendo in pratica le questioni precedentemente deliberate dal Potere Legislativo, agendo, privilegiatamente, come rappresentante del popolo, dei cittadini, trasformando i diritti e i doveri in realtà.

I dirigenti del Potere Esecutivo, il Presidente della Repubblica, i Governatori e i Sindaci, così come i loro vice, sono eletti attraverso il voto popolare nel sistema maggioritario, ricevendo i poteri corrispondenti alla carica di ciascuno. Ciò significa che il candidato che ottiene il maggior numero di voti, più del 50% degli elettori, in modo semplice, sarà eletto.

Non raggiungendo questa percentuale di voti, si avvia il secondo turno con i due candidati più votati, al fine di ottenere l'obiettivo della *metà più uno dei voti, con una* deroga nelle elezioni per sindaco che, nelle città con meno di 200.000 (duecentomila) abitanti, vincerà chi otterrà il maggior numero di voti validi, indipendentemente dalla percentuale raggiunta. Il mandato del carico è di quattro anni, con la possibilità di concorrere solo per un altro mandato consecutivo, potendo quindi rimanere in carica per un periodo massimo di otto anni consecutivi nel Potere Esecutivo.

Per l'effettivo esercizio di questo potere privilegiato, il Potere Esecutivo è dotato di poteri speciali, per quanto riguarda la sua natura, come il potere gerarchico, disciplinare, regolamentare e di polizia, sempre vincolati ai **principi** sacri che devono governare le sue attività, come legalità, imparzialità, moralità, pubblicità e efficienza. Questo è il Potere incaricato di tradurre la legge dall'astrazione alla sua applicazione pratica, funzionale ed effettiva a servizio della Nazione, a servizio dei cittadini.

Si vede quindi che le funzioni principali del Potere Esecutivo sono amministrare gli interessi del popolo, governare secondo la rilevanza pubblica, rendere effettive le leggi e suddividere tra i tre livelli di governo, *federale, statale e municipale,* la gestione amministrativa e finanziaria, secondo la disciplina giuridica legale; la gestione amministrativa dell'istruzione, della salute, della sicurezza e della mobilità urbana.

A livello federale di governo, il Presidente della Repubblica rappresenta il Paese sullo scenario internazionale e delibera sulle politiche interne disciplinate dalla Costituzione Federale. Non spetta al legislativo né al giudiziario intromettersi nel potere di deliberare sulle politiche interne disciplinate dalla Costituzione.

A livello di circoscrizione statale, sono i governatori ad essere incaricati dell'amministrazione del rispettivo stato, con politiche mirate solo alla loro porzione territoriale, sotto la protezione e l'orientamento della rispettiva Costituzione Statale.

Già a livello delle unità politiche fondamentali della nazione, i Comuni, la competenza di gestione del Potere Esecutivo è del Sindaco, sempre vincolato alla cosiddetta Legge Organica del Comune, necessariamente subordinato alle Costituzioni Statale e Federale.
Tutti e tre i livelli di governo, intransigentemente, sono sempre vincolati

ai principi sacri che devono governare le attività amministrative dello stato, come il principio della legalità, dell'imparzialità, della moralità, della pubblicità e dell'efficienza.

4. DEL POTERE GIUDIZIARIO

Come detto in precedenza, il Potere Giudiziario è l'unità di potere detentrice della competenza giurisdizionale, una competenza sacra che è inerte, non potendo manifestarsi senza la dovuta e regolare provocazione, senza il giusto processo legale, titolare unica della competenza per interpretare, applicare le leggi e far rispettare le sue decisioni, garantendo l'efficacia del diritto e dell'ordine giuridico.

In questo modo, ogni volta che ci sono conflitti sull'interpretazione o sull'efficacia del diritto, secondo quanto stabilito nell'ordine giuridico, il Potere Giudiziario deve essere provocato e, obbligatoriamente, esercitare la sua funzione giurisdizionale di "dire il diritto", interpretandolo, decidendo e facendo rispettare le sue decisioni. Né più né meno di questo.

Lo studio etimologico della parola giurisdizione mostra, alla base originaria del termine, la fusione delle parole latine: *"jus"* o *"juris"* (diritto) e *"dictio"* o *"dictionis"* (azione di dire). Pertanto, l'azione di dire il diritto che inizia quando lo Stato, provocato, assume obbligatoriamente la responsabilità di risolvere i conflitti.

Senza un minimo di elogio, è possibile ricordare che nel periodo moderno, la giurisdizione era completamente privata, integrava il feudo dei signori feudali, periodo in cui i "Donatari delle Capitanerie Ereditari" nel Brasile coloniale disponevano della giurisdizione civile e penale nei rispettivi territori del loro dominio, che consideravano come uno stato autonomo, particolare, solo un'unità territoriale appartenente alla Nazione Brasiliana, divisa tra "signori speciali" chiamati Donatari.

Anche durante l'epoca della monarchia brasiliana, esisteva la cosiddetta *giurisdizione ecclesiastica*, con una competenza speciale in materia di diritto di famiglia, che, fortunatamente, si è estinta con la separazione tra la Chiesa e lo Stato.

Senza pregiudizio dell'alternativa nobile di giustizia privata, incarnata nell'istituto dell' *"ARBITRATO"*, per il quale l'ordinamento giuridico brasiliano autorizza i privati a portare liberamente i loro conflitti, che riguardino esclusivamente diritti disponibili, alla soluzione tramite arbitri o tribunali arbitrali privati, garantendo l'efficacia esecutiva e tali decisioni inappellabili, quando ha preservato per lo Stato il monopolio della giurisdizione, affidato a determinati funzionari pubblici dotati delle necessarie garanzie, che sono i *giudici*.

Vale a dire, quindi, che la giurisdizione è un monopolio del Potere Giudiziario, come disciplinato dalla Costituzione Federale nel suo articolo 5°, XXXV. Pertanto, si giustifica che, nell'ipotesi di inadempimento di una decisione o sentenza arbitrale, la competenza esecutiva coercitiva spetti al Potere Giudiziario, che, pur non potendo entrare nel merito della questione decisa dall'arbitro o dal tribunale arbitrale, detiene il monopolio della funzione giurisdizionale, di costringere, coercitivamente, l'individuo o la persona all'adempimento delle decisioni giudiziarie.

Come ben disciplinato dalla Costituzione Federale, negli articoli da 92° a 126°, compete al Potere Giudiziario distribuire giustizia, mediante l'applicazione della legge in caso di conflitto di interessi, attraverso il giusto processo legale dove, e solo dove, il magistrato esercita la funzione giurisdizionale, applicando la legge in caso di controversie sorte tra i privati o tra il privato e lo Stato. Tali conflitti sono risolti dagli organi competenti del Potere Giudiziario, con adeguata motivazione in ordini generali, astratti, che sono ordini legali, integranti le leggi, i costumi o semplici standard generali, che devono essere applicati da questi, al caso concreto.

Pertanto, i giudici e i tribunali devono agire decidendo secondo il diritto oggettivo, senza poter stabilire criteri particolari o personali, privati o propri. Secondo l'ordinamento giuridico brasiliano, il giudice deve obbligatoriamente adottare i criteri stabiliti dal legislatore.

In conformità con il criterio organico, la giurisdizione è ciò che il legislatore costituente ha incluso nella competenza degli organi del Potere Giudiziario, in modo che l'atto giurisdizionale è quello che proviene dagli organi giurisdizionali nell'esercizio della loro competenza costituzionale, riguardante la soluzione di conflitti di interesse.

Pertanto, la funzione giurisdizionale esercitata dall'ordine *giudiziario* del paese comprende:

a) un organo di vertice ai sensi dell'articolo 92°, I, della Costituzione Federale, come guardiano della Costituzione, che è la Corte Suprema Federale (Supremo Tribunal Federal);

b) un organo di articolazione e difesa del diritto oggettivo federale, volto all'unificazione del diritto, articolo 92°, II, che è il Tribunale Superiore di Giustizia (Superior Tribunal de Justiça), chiamati anche Corti di Superposizione)

c)le strutture e i sistemi giudiziari, composti dai Tribunali Regionali Federali e dai Giudici Federali, dai Tribunali e Giudici del Lavoro, dai Tribunali e Giudici Elettorali e dai Tribunali e Giudici Militari, articoli 92, III-VI;

d) i sistemi giudiziari degli Stati e del Distretto Federale, articolo 92, VII.

Secondo quanto disposto nell'articolo 92, la Costituzione Federale ha adottato la dottrina che sostiene pacificamente l'unità della giurisdizione nazionale, ora sottoposta al Tribunale Plenario Internazionale, come disposto nell'articolo 5°, § 4°.

La giurisdizione costituzionale del Supremo Tribunale Federale, organo di vertice del Potere Giudiziario brasiliano, è stata definita come strumento di difesa della Carta Magna, statuto consolidato dell'espressione dei valori sociali e politici, con la rilevante funzione di giudicare i conflitti di natura costituzionale, assicurando la supremazia della Carta Costituzionale in tutto il territorio. Tuttavia, non si tratta di una semplice Corte Costituzionale. Nonostante la sua competenza sia limitata alla materia costituzionale, il legislatore costituente le ha conferito molte altre prerogative, come si evince dagli articoli 102° e 103°, poiché la difesa della Costituzione Federale non è una sua esclusiva attribuzione.

Oltre alla funzione di guardiano della *Costituzione Federale*, definita nell'articolo 102°, e dei valori costituzionali, è anche sua funzione giudicare, tramite ricorso straordinario, le cause decise in prima o ultima istanza, come stabilito nell'articolo 102°, III, come tribunale di giudizio del caso concreto, che sempre porta alla preferenza della decisione del litigio, nonostante i valori costituzionali in gioco.

Il Supremo Tribunale Federale è composto da undici Ministri, nominati dal Presidente della Repubblica, previa approvazione della scelta da parte del Senato Federale, tra cittadini brasiliani nativi, riconosciuti per il loro notevole sapere giuridico e reputazione irreprensibile, come stabilito nell'articolo 12°, § 3°, IV, con un'età tra i trentacinque e i sessantacinque anni, come definito nell'articolo 101°, entrambi della Costituzione Federale.

È del Supremo Tribunale Federale la funzione *giurisdizionale costituzionale della libertà*, provocata da rimedi costituzionali, destinati alla difesa dei diritti fondamentali, come nel caso *dell'habeas corpus*, quando il paziente è un'autorità federale, secondo quanto definito nell'articolo 102°, I, d, della Costituzione Federale, o quando il coattore o il paziente è un tribunale, un'autorità o un funzionario i cui atti siano direttamente soggetti alla sua giurisdizione esclusiva, o quando si tratti di un crimine soggetto a tale giurisdizione in una sola istanza, come definito nell'articolo 102, I, i.

Inoltre, la *giurisdizione costituzionale* senza controllo di costituzionalità, che compone i conflitti di natura costituzionale, è diversa dal controllo di costituzionalità delle leggi. Questo è il caso dei crimini commessi da membri di altri poteri, come disposto nell'articolo 102°, I, b e c; delle controversie con Stati esteri o organismi internazionali e le entità federative brasiliane, o tra le stesse entità federative, incluse le agenzie dell'Amministrazione indiretta, articolo 102, I, "e" e "f"; e dell'estradizione richiesta da Stati esteri, ai sensi dell'articolo 102°, I, g, della Costituzione Federale.

Anche se non in modo soddisfacente per le esigenze della società, il controllo esterno del Potere Giudiziario è esercitato dal Consiglio Nazionale della Giustizia, che non è un Potere, tanto meno un organo di funzione giurisdizionale. La ragione della sua esistenza è la necessità di un organismo non giuridico per l'esercizio di alcune funzioni di controllo amministrativo, disciplinare e sugli abusi di condotta della magistratura.

Compete al Consiglio Nazionale della Giustizia il controllo dell'attività amministrativa e finanziaria del Potere Giudiziario e il monitoraggio del rispetto degli obblighi funzionali dei giudici.

5. L'UNIFORMITÀ DEL DIRITTO INFRACOSTITUZIONALE

La supremazia della legislazione federale si manifesta nel Tribunale Superiore di Giustizia, che possiamo chiamare Suprema Corte Infraconstituzionale, incaricata di uniformare il diritto nel Paese.

Il Supremo Tribunale di Giustizia, come organo del Potere Giudiziario, è stato istituito con la promulgazione della Costituzione Federale del 1988, con l'obiettivo di giudicare le questioni federali della giustizia comune in Brasile, garantendo la primazia della legislazione federale su tutto il territorio e promuovendo l'uniformità nell'interpretazione del diritto tra i tribunali inferiori.

Si tratta di una Corte composta da almeno 33 ministri, nominati dal Presidente della Repubblica tra brasiliani considerati di notevole conoscenza giuridica e reputazione impeccabile, con più di 35 anni e meno di 65 anni, dopo l'approvazione della scelta presidenziale dalla maggioranza assoluta dei membri del Senato Federale, come indicato nell'articolo 104°, paragrafo unico della Costituzione Federale.

Un terzo della composizione della Corte proviene dai Tribunali Regionali Federali; un terzo è scelto tra i giudici dei Tribunali di Giustizia, indicati in una lista tripla elaborata dallo stesso Tribunale; e un altro terzo, in parti uguali, è scelto tra avvocati e membri del Ministero Pubblico Federale, Statale e del Distretto Federale, alternativamente, indicati in una lista sestupla dagli organi di rappresentanza delle rispettive classi, dalla quale il Tribunale formerà una lista tripla da inviare al Potere Esecutivo, che, nei 20 giorni successivi, sceglierà uno dei membri per la nomina, come stabilito negli articoli 94° e 104° della Costituzione Federale.

La competenza funzionale giurisdizionale del Supremo Tribunale di Giustizia è suddivisa in tre aree specifiche:

1. *Competenza originaria* per trattare e giudicare le questioni indicate nell'inciso I dell'articolo 105° della Costituzione Federale;

2. *Competenza* per giudicare, in ricorso ordinario, le cause definite nell'inciso II dello stesso articolo 105°;

3. *Competenza* per giudicare, in ricorso speciale, le cause indicate nell'inciso III dello stesso articolo.

Tra le attribuzioni giurisdizionali del Supremo Tribunale di Giustizia, alcune rientrano nella *giurisdizione costituzionale della libertà*, come ad esempio, a competenza per trattare e giudicare *l'habeas* data contro atti di Ministri di Stato, dei Comandanti della Marina, dell'Esercito e dell'Aeronautica, o dello stesso tribunale; *L'habeas corpus*, quando l'autorità coattiva o il paziente sia una delle persone menzionate nell'articolo 105°, I, a, della Costituzione Federale; - *Il mandato di ingiunzione.* Inoltre, è competenza del Supremo Tribunale di Giustizia giudicare, in ricorso ordinario, gli *habeas corpus* e i mandati di sicurezza decisi in unica o ultima istanza dai Tribunali Regionali Federali o dai Tribunali degli Stati e del Distretto Federale, quando la decisione sia negativa. È altresì di sua competenza giudicare le cause in cui una parte sia uno Stato straniero o un organismo internazionale, e l'altra parte un Municipio o una persona residente o domiciliata nel Paese, come stabilito dalla norma dell'articolo 105°, I, b, c e h, e II, a, b e c.

Nel contesto dei reati comuni, è competenza del Supremo Tribunale di Giustizia giudicare i governatori degli Stati e del Distretto Federale; nei reati comuni e di responsabilità, giudicare i presidenti dei Tribunali di Giustizia degli Stati e del Distretto Federale; i conflitti di giurisdizione; l'omologazione delle sentenze straniere e la concessione dell'exequatur delle lettere rogatorie.

In sede di ricorso speciale, entro i limiti di quanto può essere rivisitato, il Supremo Tribunale di Giustizia giudica le cause decise, in unica o ultima istanza, dai Tribunali Regionali Federali o dai Tribunali degli Stati e del Distretto Federale, quando la decisione impugnata:

a) contradire trattato o legge federale, o negar loro vigore;

b) giudicare valido un atto di governo locale contestato in base a una legge federale;

c) dare alla legge federale un'interpretazione divergente da quella attribuita da un altro tribunale.

L'articolo 96° della Costituzione Federale, per quanto riguarda le questioni amministrative organizzative, ha definito la competenza particolare dei tribunali stabilendo che: compete esclusivamente ai tribunali:

I - ai tribunali:

a) eleggere i propri organi direttivi e redigere i propri regolamenti interni, nel rispetto delle norme di processo e delle garanzie procedurali delle parti, disponendo sulla competenza e sul funzionamento degli organi giurisdizionali e amministrativi competenti;

b) organizzare le proprie segreterie e i servizi ausiliari, così come quelli dei giudici loro associati, vigilando sull'esercizio dell'attività correttiva;

c) provvedere, nel rispetto di quanto previsto dalla Costituzione, alla nomina dei giudici di carriera per la rispettiva giurisdizione;

d) proporre la creazione di nuove sezioni giuridiche;

e) provvedere, attraverso concorsi pubblici, di prove o di prove e titoli, rispettando quanto disposto nell'articolo 169, paragrafo unico, alla nomina dei posti necessari per l'amministrazione della giustizia, ad eccezione di quelli di fiducia definiti dalla legge;

f) concedere permessi, ferie e altri congedi ai propri membri e ai giudici e ai dipendenti a loro direttamente associati.

II - Al Supremo Tribunal Federale, ai Tribunali Superiori e ai Tribunali di Giustizia spetta propor al rispettivo potere legislativo, osservando quanto disposto dall'art. 169°:

a) la modifica del numero dei membri dei tribunali inferiori;

b) la creazione e l'estinzione di posti di lavoro e la remunerazione dei loro servizi ausiliari e dei tribunali ad essi associati, così come la fissazione della retribuzione dei loro membri e dei giudici, compresi quelli dei tribunali inferiori, laddove applicabile;

c) la creazione o l'estinzione dei tribunali inferiori;

d) la modifica dell'organizzazione e della divisione giudiziaria;

III - Ai Tribunali di Giustizia spetta giudicare i giudici statali e del Distretto Federale e Territori, nonché i membri del Ministero Pubblico, per i reati comuni e di responsabilità, fatto salvo quanto disposto dalla giustizia elettorale.

Sensatamente, allontanandosi dalle insidie della vanità, ogni magistrato deve concentrarsi sul dovere di esercitare le funzioni giurisdizionali, al fine di contribuire solidamente allo sviluppo di una giustizia indipendente e sovrana che rifletta la sicurezza e l'orgoglio di un popolo socialmente organizzato.

L'uomo giudice, in quanto essere politico, può e deve avere amici, anche per migliorare la vita in società. Tuttavia, come magistrato, agente amministrativo detentore della competenza giurisdizionale, deve solo essere fedele alla legge e alla giustizia, attraverso l'intangibilità della sua coscienza sana, legata alle sacre proposizioni divine del carattere morale ed etico.

Dio si aspetta che gli uomini vedano e pratichino ciò che è buono e giusto, e che agiscano affinché ciascuno abbia ciò che gli spetta.

I magistrati devono allontanarsi da ogni vanità e ispirarsi nei principi umanitari della scienza del diritto, stimolando la convivenza armoniosa e contribuendo allo sviluppo di una società giusta, sicura e progressista, dove la dignità umana sia la massima espressione del valore della vita.

Così come piace a Dio la preghiera, portando a Lui (Dio) una supplica, la fede in una guarigione o nel perdono dei peccati, sottoponendosi alle penitenze sopportabili, così i magistrati devono comprendere che in loro (magistrati) il popolo ripone le sue speranze, in particolare per la protezione contro i violatori dei propri diritti, come istituzione che farà giustizia, sempre, dicendo la dimensione esatta del suo diritto o della sua penitenza.

Non è razionale che il magistrato si celi con il pernicioso manto della vanità, isolandosi in uffici come il tiranno dell'ultima parola. Deve, al contrario, approfondire la conoscenza dei limiti della sua giurisdizione e della sua responsabilità nei confronti della società, per la pace duratura e l'armonia sociale.

Il magistrato, prima di tutto, è una persona, un essere che avverte tutte le necessità comuni come quelle degli esseri umani normali, che ha gli stessi diritti e desideri di convivenza sociale sicura e di una vita felice, proprio come deve vedere i giurisdizionati.

Pertanto, non è difficile concludere che è consolidato nella nostra Carta Politica che la funzione legislativa del Potere Legislativo è quella di elaborare leggi, che si impongono coercitivamente a tutti; che la funzione esecutiva del Potere Esecutivo è quella di formulare politiche governative e implementarle, in conformità con le leggi elaborate dal Potere Legislativo; e che la funzione giurisdizionale del *Potere Giudiziario* è, quando provocato, di interpretare e applicare le norme, in caso di mancanza di comprensione o conflitto sorto all'interno della società, tra i privati o anche tra il privato e lo Stato.

Violare questi limiti costituzionali è aggredire la stessa Costituzione Federale, mettendo a rischio la democrazia e la pace sociale, inducendo all'anarchia o, addirittura, alla disobbedienza civile.

6. L'ANARCHISMO

Baruch Spinoza,(*Benedictus*) nella sua opera incompiuta **Trattato Politico**, pubblicata postuma nel 1677 (incompiuta perché l'autore morì in quell'anno), analizza varie forme di governo e celebra la vera libertà, puramente razionale, per mostrare i vantaggi della democrazia. Quest'opera ci impone quasi il dovere di leggerla, per una riflessione sana e profonda.

Dopo la pacificazione delle nazioni al termine della Seconda Guerra Mondiale, le Nazioni Unite giunsero alla conclusione che la democrazia fosse il regime di governo più giusto e più adeguato per promuovere lo sviluppo socioeconomico degli Stati e incentivare il progresso umano.

Purtroppo, dopo tanti drammi vissuti dall'umanità, per una mera e irrazionale brama di potere - come l'Olocausto, le bombe su Hiroshima e Nagasaki, la Guerra del Vietnam, l'invasione dell'Iraq e i bombardamenti in Siria - si assiste ancora oggi a una parte significativa della società mondiale che sembra non condividere l'ideale di pace sociale, di convivenza armoniosa, di rispetto per le istituzioni e per la solida struttura di uno Stato impegnato a garantire uno sviluppo economico bilanciato, sicurezza e giustizia sociale. Queste persone coltivano l'illusione di una convivenza sostenibile in un sistema anarchico.

Diceva Spinoza, nella sua opera *Etica* del 1677, che

[...] l'uomo, nella misura in cui è determinato a fare qualcosa per il fatto di avere idee inadeguate, non si può dire assolutamente che agisca per virtù; ma, invece, solo nella misura in cui è determinato per il fatto di avere una conoscenza. Agire assolutamente per virtù non è, in noi, altro che agire, vivere, conservare il proprio essere, sotto la direzione della Ragione, secondo il principio della ricerca dell'utilità.

Come è noto accademicamente, l'ANARCHIA, una parola che ha origine in **Grecia**, derivata dal termine *anarkhia*, che, in una traduzione libera, significa "assenza di governo", costituisce una teoria politica di coloro che, semplicemente, rifiutano l'esistenza di un governo. Si tratta di un'ideologia che non ammette alcun meccanismo o tipo di gerarchia o dominazione imposta. Non accettano l'imposizione di norme di condotta. In realtà, *stricto sensu*, non significa, in principio, disordine!

È un **sistema politico** che proclama l'importanza **dell'autonomia della società,** lottando **contro i regimi statali e l'autorità** imposta dai governi.

Un **sistema che sostiene le bandiere dell'autonomia** collettiva e dell'orizzontalità, sia nelle relazioni politiche che in quelle sociali, immaginando che sia possibile, in questo modo, costruire una società egualitaria, libera da relazioni di potere, basata sull'autogestione per il **mantenimento** della collettività, operando con un'economia di sussistenza.

L'Anarchico difende il concetto secondo cui la società deve avere un'organizzazione sociale, purché questa non sia imposta, ma piuttosto il frutto di un accordo tra i cittadini. Non concependo l'esistenza di una divisione in classi sociali né il dominio di un gruppo su un altro, parte dall'idea centrale che, senza "l'oppressione dell'autoritarismo", la società sarebbe più fraterna e ugualitaria, come risultato dello sforzo di ogni cittadino. Disprezza la concezione razionale secondo cui la libertà assoluta è alienazione e quella secondo cui solo l'ordine pubblico e la sicurezza possono garantire la pace sociale.

Come si può osservare, la differenza tra anarchismo e anarchia è molto sottile. Mentre l'anarchia è la teoria, l'idea o il concetto, l'anarchismo sarebbe il sistema politico.

Con questa concezione, gli idealisti hanno creato il simbolo dell'anarchia come una bandiera nera, che rappresenta la negazione di qualsiasi forma di oppressione, con una "O" al centro per rappresentare la parola "ordine", sovrapposta alla lettera "A", che rappresenta la parola "anarchia". Tuttavia, non si può nascondere che si tratti di un movimento assolutamente autoritario.

Gli anarchici innalzano la bandiera della *rivoluzione* come mezzo per rompere con i *paradigmi capitalistici*, come gli ideali di consumo di massa, l'industria culturale e la *disuguaglianza sociale*. Sono dunque persone che non nascondono atteggiamenti aggressivi, invasivi e di rivolta.

Oggi, in un momento delicato per la politica e l'economia che il mondo sta attraversando, si sente spesso parlare di anarchia e dei suoi sistemi alternativi di società. Qualcuno può ancora credere che, seguendo questa strada, lo Stato possa indirizzarsi verso uno sviluppo economico sostenibile con giustizia sociale? L'anarchismo potrebbe in qualche modo contribuire allo sviluppo umano?

7. MODELLI DI ANARCHISMO

L'anarchia è un concetto politico che si è diffuso in tutto il mondo, adattandosi a diverse culture regionali ma mantenendo il suo asse centrale immutabile: la dissoluzione dello Stato e la creazione di nuove regole sociali.

Tra le principali correnti anarchiche, si distinguono *l'anarchismo individualista e l'anarchismo collettivista*.

Il modello dell'"Anarchismo Individualista" si fonda sull'idea che la *collettività possa portare a una forma di autoritarismo*, anteponendo così le volontà individuali ai desideri collettivi. I sostenitori di questo modello ritengono che, quando un gruppo di persone con idee simili si unisce, possa esercitare autorità sugli altri, riproducendo in questo modo la stessa logica statale che condannano.

D'altra parte, l' "Anarchismo Collettivista" si basa sull'idea opposta: sostiene che l'unico modo per *combattere il controllo statale* e le regole del capitalismo sia attraverso una comunità unita con interessi comuni. Secondo i collettivisti, l'anarchismo individualista può replicare la logica capitalista, che privilegia gli interessi individuali a scapito dei bisogni della collettività. Entrambi i modelli, comunque, ruotano attorno all'asse centrale dell'abolizione dello Stato e alla costruzione di nuove regole sociali.

In Brasile, l'anarchismo ha iniziato a diffondersi durante la Rivoluzione Russa, periodo in cui organizzazioni operaie pianificarono e organizzarono grandi scioperi negli Stati di San Paolo e Rio de Janeiro. Da questi movimenti nacque il *Partito Comunista Anarchico*, che in seguito si trasformò nel *Partito Comunista*. Questo movimento politico ispirò la creazione del *sindacalismo rivoluzionario*, modello di sindacalismo brasiliano fondato sui principi anarchici, con l'obiettivo dichiarato di lottare per i diritti dei lavoratori e per il miglioramento delle loro condizioni di lavoro.

8. LA DEMOCRAZIA

Tra i modelli di governo più universalmente popolari, la democrazia, nata nell'antica Grecia e radicata nella storia della filosofia, rappresenta l'idea di un *governo del popolo*, un governo dei cittadini.

La democrazia è una forma politica in cui ogni cittadino ha il diritto di esprimere la propria opinione nel dibattito pubblico e, quando necessario, di votare per decidere questioni di interesse generale. Questo processo, quando attuato direttamente dai cittadini senza intermediari, prende il nome di democrazia diretta.

Nella sua opera universale *"Politica"*, Aristotele distingue tra regimi politici e forme o modelli di governo. Nel definire il regime politico, il filosofo introduce il criterio di chi governa e il numero di coloro che governano. Così, identifica tre regimi politici principali: la monarchia, in cui il potere è concentrato in una sola persona; *l'oligarchia*, dove il potere è detenuto da pochi; e la democrazia, in cui il potere appartiene a tutti.

Per quanto riguarda le forme di governo, Aristotele si concentra su cosa si governa e con quale scopo. Tuttavia, l'obiettivo fondamentale di ogni governo dovrebbe essere quello di agire per il bene comune, puntando alla giustizia, alla prosperità e all'armonia sociale.

Aristotele classifica quindi le forme di governo in sei categorie: il governo di uno solo per il bene di tutti, chiamato regalità; il governo di pochi per il bene di tutti, definito aristocrazia; e il governo di tutti per il bene di tutti, noto come regime costituzionale. Queste tre sono considerate forme originarie di governo.

"E altre tre forme, *tirannia, oligarchia e democrazia*", considerate mutazioni delle tre originarie, poiché non si presentano, nella loro essenza filosofica, come modelli di governo finalizzati al bene comune.

Quando Aristotele fece la sua analisi critica sulla distribuzione del potere nelle città, concluse che a ciascun cittadino viene attribuito un potere proporzionato alla sua funzione. Per lui, la coesistenza politica è il bene supremo. Al contrario, per oligarchi e democratici radicali, il miglior scenario sarebbe vivere isolati; tuttavia, questo non sembra razionale né salutare. Dipendiamo tutti dal potere collettivo per proteggere ogni singolo individuo e, così, garantire la protezione generale.

Aristotele, in linea di principio, suggeriva che il potere dovesse appartenere a tutti i cittadini, ma con alcune restrizioni necessarie, specialmente riguardo al concetto di libertà, poiché vivere assolutamente liberi come si desidera porta all'alienazione, alla follia. Le leggi sono ciò che fonda la vera libertà. Se il popolo fosse libero di agire senza alcuna limitazione, la democrazia degenererebbe in tirannia, diventando la tirannia dell'individualismo.

La democrazia deve essere sovrana, ma con limiti in favore dell'unità collettiva, dell'armonia sociale e del benessere comune; non devono, quindi, prevalere gli interessi individuali sopra quelli degli organi di deliberazione e giudizio collettivi sanciti dalla costituzione, né si deve ignorare il dovere di agire conformemente alle leggi. In questo senso, Aristotele affermava che il popolo prende decisioni e giudica meglio del singolo, ma solo quando vi è un numero sufficiente di uomini virtuosi per garantire la qualità delle decisioni; in mancanza di ciò, la monarchia diventa essenziale.

Le lezioni di Aristotele ci portano a convincerci che l'uomo è un animale politico, incapace di sopravvivere da solo, giustificando così la creazione delle città e l'organizzazione degli Stati.

Uno dei maggiori teorici del pensiero greco, Jean-Pierre Vernant, ha

definito il rapporto tra ragione e politica affermando quanto segue:
"Di fatto, è sul piano politico che la Ragione, in Grecia, si è espressa per la prima volta, si è costituita e formata. L'esperienza sociale tra i greci poté diventare oggetto di una riflessione positiva, perché si prestava, nella città, a un dibattito pubblico di argomentazioni. Il declino del mito [e l'emergere della filosofia] risale al momento in cui i primi Sapienti misero in discussione l'ordine umano, cercando di definirlo in sé, di tradurlo in formule accessibili alla loro intelligenza [...] Così si è distinto e definito un pensiero propriamente politico, esterno alla religione [carattere laico della politica], con il proprio vocabolario, i propri concetti e principi. Questo pensiero segnò profondamente la mentalità dell'uomo antico; caratterizza una civiltà che, finché rimase viva, non smise di considerare la vita pubblica come il coronamento dell'attività umana. Per il greco, l'uomo non si separa dal cittadino." In - VERNANT, Jean-Pierre. Le origini del pensiero greco. Difel, 1984: 94-95 –.

Con lo sviluppo delle città, l'organizzazione degli Stati, la crescita della popolazione e l'evoluzione politica, la Democrazia si divise in due forme: *Democrazia Diretta e Democrazia Indiretta*.

La Democrazia Diretta, anche chiamata Democrazia Partecipativa, è una forma di governo democratico in cui i cittadini discutono e votano direttamente sulle principali questioni di loro interesse, senza la necessità di intermediazione. *Il popolo ha il diritto di partecipare direttamente alle decisioni riguardanti l'organizzazione e l'amministrazione dello Stato.* Tuttavia, questo è un modello puramente Aristotelico, originario della città di Atene, nell'Antica Grecia, durante il periodo in cui il sistema di governo consisteva nella partecipazione popolare per prendere le decisioni principali. Quando il popolo si riuniva in piazza pubblica, discuteva e votava le questioni politiche e decideva le soluzioni ai problemi della città. Sebbene non tutti i cittadini godessero di questo diritto di partecipazione nelle decisioni sulla gestione pubblica. Solo gli uomini figli o nipoti di ateniesi erano considerati cittadini; le donne, gli schiavi e i meticci non avevano il diritto di partecipare ai dibattiti e alle decisioni sulle questioni della città.

Con la grande crescita della popolazione nelle nazioni, questo modello di democrazia divenne impraticabile, motivo principale per cui emerse il modello alternativo chiamato *Democrazia Rappresentativa*.

Nella *Democrazia Rappresentativa,* o indiretta, il popolo elegge i propri rappresentanti politici tramite elezioni e i cittadini eletti diventano responsabili di rappresentare, in teoria, gli interessi del popolo nella presa delle decisioni di ambito pubblico, nell'ambito dello Stato. Per ragioni giustificate e in coerenza con il momento politico, durante il Governo militare in Brasile, la Costituzione Federale del 1969, confermando la forma di governo democratico del Paese, stabilì nel suo articolo 1°, § 1° che: *"Tutto il potere emana dal popolo e in suo nome è esercitato"*. Democrazia Rappresentativa.

Nei sistemi democratici moderni, conviviamo con diverse modalità di Democrazia, inclusa la cosiddetta **democrazia diretta**, o democrazia partecipativa, in cui il cittadino discute e vota le principali questioni di interesse generale, o di suo interesse, e esprime la sua opinione senza intermediari. Tuttavia, si tratta di un modello applicabile solo a popolazioni e territori piccoli, motivo per cui ebbe successo nei primi esperimenti politici ad ATENE, nell'antica Grecia, dove il sistema di governo consisteva nella partecipazione diretta del popolo per prendere le decisioni principali. Un'epoca in cui i cittadini si riunivano in piazza pubblica per discutere e votare questioni politiche e problemi amministrativi della città. Un modello impraticabile ai giorni nostri.

Anche coerente con il momento politico e il pensiero ideologico dei costituzionalisti eletti, la Costituzione Federale del 1988, ratificando la forma democratica per il governo brasiliano, stabilì nel suo articolo 1°, Paragrafo Unico che: *"Tutto il potere emana dal popolo, che lo esercita attraverso i rappresentanti eletti o direttamente, secondo quanto previsto da questa Costituzione"*. Democrazia Partecipativa? È una forma di Democrazia Mista!

Nel caso della Costituzione brasiliana vigente, non si verifica una delega completa del potere ai rappresentanti eletti per i processi legislativi e di governance, come previsto dalla parte finale dell'articolo 1°, Paragrafo Unico, sopra citato, dove è scritto "o direttamente, secondo quanto previsto da questa Costituzione"; tuttavia, il costituente ha già definito nella Carta Magna, come era giusto che fosse, le modalità di partecipazione diretta del popolo al potere statale: attraverso il plebiscito, il referendum popolare, il potere d'iniziativa delle leggi e mediante la partecipazione nell'amministrazione pubblica attraverso commissioni formate da rappresentanti della società civile.

Pertanto, né il potere è totalmente delegato ai rappresentanti del popolo, i parlamentari eletti tramite elezioni pubbliche, né il popolo esercita il potere di governo direttamente.

Esaminando la disciplina definita nelle Costituzioni brasiliane, sia quella attuale che quella precedente, la differenza è molto sottile, ma comunque molto marcata. Nell'ordine costituzionale precedente, il potere era delegato integralmente ai rappresentanti. Nella Costituzione vigente, nonostante la delega di potere, il popolo esercita anch'esso il potere, secondo quanto previsto dalla prescrizione costituzionale. Ovviamente, non si tratta del modello di democrazia diretta dei tempi di Atene, ma grazie a questo potere costituzionalmente conferito al popolo brasiliano, sono state approvate diverse leggi importanti originarie dell'iniziativa popolare, come la Legge della Ficha Limpa, che stabilisce che le persone indegne non possono candidarsi alle elezioni pubbliche. Non possono candidarsi a cariche elettive.

9. COERENZA IDEOLOGICA

Oggi, in tempi di una popolazione mondiale in crescita incontrollata, di sviluppo tecnologico indomabile, specialmente nel campo digitale, e allo stesso tempo di carenza di generi alimentari per la sussistenza della popolazione, l'ideologia **anarchica** risulta inconcepibile.

Il mondo civilizzato sta andando verso politiche di integrazione, con la costituzione di Blocchi Economici, indispensabili per il raggiungimento, da parte degli Stati, di uno sviluppo economico equilibrato con giustizia sociale, dove le differenze tra le Nazioni vengano ridotte al minimo, attraverso meccanismi di scambio che garantiscano ai membri del Blocco la stessa capacità di produzione e la stessa capacità di consumo. Questo non si ottiene senza un ordine giuridico ben strutturato e rispettato, riguardo all'organizzazione dello Stato, ai diritti privati, al disciplinamento delle relazioni politiche e sociali, alle norme di comportamento e organizzazione, e a una solida regolamentazione unificata delle relazioni fondamentali per la convivenza e la sopravvivenza della società.

L'uomo è un essere politico che non sopravvive da solo, pertanto è necessario che si sviluppi e si diffonda la consapevolezza di cittadinanza, il concetto e il sentimento di solidarietà e il rispetto della dignità umana. È fondamentale che si lavori sull'individuo affinché sappia vivere in società. È importante che nei processi di formazione dei bambini e dei giovani si comprendano i cosiddetti diritti e garanzie individuali del cittadino: il diritto alla libertà di movimento e di espressione, alla libertà religiosa, alla protezione della vita e della salute, al diritto all'istruzione, alla casa, al lavoro dignitoso, con la consapevolezza che questi sono diritti universali di ogni cittadino; che ogni individuo deve riconoscere questi diritti come diritti di tutti, che vanno rispettati mirando al benessere del prossimo, e non concepire egoisticamente come diritti puramente individuali, esclusivamente propri, che non possono essere violati da nessuno! È razionale comprendere che dipendiamo da tutti e tutti dipendono da noi.

Se l'individuo inizia a immaginare di godere della libertà assoluta, di possedere tutti i diritti e le garanzie individuali, senza rendersi conto che questi diritti sono universali e inerenti a ogni cittadino, ben presto si renderà conto che in realtà non ha alcun diritto. È come il re, o il governante che, autoritariamente, rimane solo e pensa di godere del rispetto del popolo.

Una società ben educata e ben formata, che considera sacra l'ordinamento giuridico fondamentale, la sua Carta Politica, vivrà in armonia, in pace e prosperità, orientata verso la costruzione del bene comune, del benessere collettivo e senza conflitti ideologici o di potere. Come disse il filosofo greco Pitagora, 450 anni prima di Cristo: ***"Educate i bambini e non sarà necessario punire gli uomini."***

È imprescindibile la comprensione generale che il benessere umano dipende dalla vita armoniosa in società, e che la pace e la prosperità dipendono dall'efficace organizzazione sociale che si costituisce mediante la definizione di un ordinamento giuridico trasparente, finalizzato al bene comune e allo sviluppo sostenibile con giustizia sociale.

Tuttavia, è un dovere fondamentale di ogni cittadino sotto un ordinamento giuridico, compresi gli agenti pubblici, obbedire alle leggi, ciò che si qualifica come obbligo politico del cittadino.

Di conseguenza, lo Stato, attraverso i suoi agenti pubblici, ha il dovere di costruire l'effettività della legittimazione del potere, dando l'esempio di rispetto delle leggi, assicurando la loro efficacia e incoraggiando i cittadini all'obbedienza, poiché l'obbedienza alle leggi è un obbligo e la loro disobbedienza costituisce un atto illecito suscettibile di punizione. Una legge che non prevede una sanzione non è una legge, ma una mera disposizione. La consolidazione dello Stato di Diritto dipende da questa postura socio-politica efficiente, sia dello Stato che del cittadino.

Nella nostra concezione del diritto puro, il diritto è l'insieme dei benefici derivanti dall'effettività dei rispettivi doveri compiuti, poiché non esiste diritto senza corrispondente obbligo. Questo concetto non si dissocia dal concetto di diritto legato alla Teoria dello Stato o alla Teoria Politica, visto consolidato come ordinamento giuridico, che comprende l'insieme delle norme di condotta e organizzazione che costituiscono un'unità, il cui contenuto traduce la regolamentazione delle relazioni fondamentali necessarie alla convivenza e alla sopravvivenza dei gruppi sociali.

In questo modo, il diritto è visto come lo strumento necessario a impedire azioni che possano compromettere la stabilità sociale, favorendo la soluzione dei conflitti che minacciano l'integrità del cittadino e della società, con l'obiettivo di raggiungere e mantenere l'ordine e la pace sociale.

Ai giorni nostri, in un contesto di comunicazione immediata tra le persone, di nazioni con popolazioni in crescita incontrollata, di pluralità ideologica e religiosa, di giusta libertà di espressione e di movimento, il regime democratico rappresentativo si presenta come la migliore opzione per costruire una società stabile, prospera e armoniosa, in ordine e in pace, fondato sul concetto filosofico che *"tutto il potere emana dal popolo e in suo nome è esercitato"*. Democrazia rappresentativa. In questo universo concettuale, non c'è spazio per l'"anarchismo".

Un grande problema è il fatto che, come disse Spinoza, *gli uomini sono, per natura, nemici*, e, nonostante le leggi che li uniscono, conservano la loro natura. Non esauriscono i mezzi di lotta per il potere, per la dominazione e la prevalenza delle proprie volontà, ragioni per cui, se lo Stato non è disciplinatamente rafforzato nelle sue strutture fondamentali, la Democrazia tende *all'anarchismo*.

Ogni essere vivente nasce con un sistema di orientamento o dispositivo volto al raggiungimento di obiettivi, che in termini generali significa vivere. Vivere, nel senso di sopravvivenza fisica, tanto individualmente quanto per la specie. Questo meccanismo incorporato negli animali inferiori si limita a trovare cibo e rifugio, evitare e sconfiggere nemici e imprevisti, e procreare per garantire la perpetuazione delle specie.

Negli esseri superiori, gli esseri umani, si aggiungono l'ambizione del potere e l'ansia della dominazione.

È dunque a causa di questo elemento istintivo naturale, inerente agli uomini, che il Potere dello Stato è il risultato dell'insieme dei poteri individuali dominanti. Di conseguenza, è inevitabile la rotazione dei poteri, poiché tutto ciò che nasce, un giorno morirà, nulla è infinito, se non DIO.

Il potere nasce, raggiunge il culmine della sua forza, entra in declino e perisce. Il suo apogeo è l'inizio della rovina.

Retrocedendo nel tempo, per una riflessione opportuna, possiamo vedere chiaramente questo ciclo del potere in relazione ad alcune grandi nazioni (o città) che, fin dall'antichità, si sono distinte e hanno guadagnato il titolo di centri commerciali e culturali, ma che illustrano bene il ciclo del potere, secondo gli interessi mondani che oggi, in nulla sono cambiati, tranne per il progresso e lo sviluppo sfrenato della tecnologia, che è stata la forza trainante dell'economia sin dai primi giorni della civiltà, e che oggi caratterizza la nostra era *digitale*.

Verso il 1600 a.C., la città di Tebe, nell'antica Grecia, fu un esempio di come il potere possa essere raggiunto attraverso il commercio e lo scambio di conoscenze. I re di Tebe riuscirono a unificare l'Egitto due volte, il che conferì loro un notevole potere politico, diplomatico ed economico. Il prodotto principale di Tebe divenne la prestazione di servizi, pioniera nella storia della civiltà. I tebani esportavano saggi, filosofi, consulenti, ecc. Fu la prima città al mondo a commercializzare la conoscenza e l'informazione. Il suo declino iniziò quando gli egiziani smisero di importare la tecnologia greca e di abbandonare i contratti di consulenza, con un punto di riferimento nel suo declino nel 1550 a.C., quando la capitale dell'Egitto fu trasferita nella città di Pi-*Ramses II*.

Nel 500 a.C., la città di Persepoli, in Persia, fu costituita dal re Dario come capitale dell'Impero Persiano. Egli investì l'enorme ricchezza acquisita attraverso le conquiste (saccheggi) del regno nella costruzione civile, trasformando la città in una vera e propria metropoli di pietra, pianificata. Non costruì solo templi, edifici statali e palazzi, ma anche strade, piazze, aree ricreative e case per la popolazione. Questo investimento attirò una grande quantità di manodopera e la ricchezza generata cominciò a girare all'interno della stessa città. Persepoli fu la prima città nella storia a creare un sistema economico interno. In altre parole, fu il primo stato a controllare il potere economico in modo dispotico. Il suo declino iniziò con l'invasione di Alessandro Magno dalla Macedonia.

Nel I secolo, Roma, durante l'apice dell'Impero Romano, si trasformò in una città culturale, seguendo i principi greci che le conferirono il ruolo di centro culturale, economico, militare e, per la prima volta nella storia dell'uomo, un centro giuridico dove il Diritto stava al di sopra di chi esercitava il potere. Il suo declino avvenne solo con la fine dell'Impero, 400 anni dopo, con le invasioni barbariche e la fuga dell'imperatore Costantino verso Bisanzio, che cambiò nome in Costantinopoli. Questa divenne la capitale dell'Impero Romano d'Oriente - l'Impero Bizantino, ma non raggiunse mai la grandezza della Roma dei tempi antichi.

Nel 1500, Firenze, in Italia, una città-stato che aveva creato la propria moneta, il fiorino, e che sotto l'astuzia della famiglia dei Medici divenne uno dei maggiori centri urbani ed economici del Vecchio Mondo. Furono i primi a sviluppare il concetto di banca, prestiti e interessi predeterminati, ossia furono i primi a vendere denaro per denaro.

Firenze, quindi, grazie all'accumulo di ricchezza in denaro contante, divenne la culla del Rinascimento. Il suo declino avvenne perché i suoi vicini, Spagna, Francia, Portogallo, Inghilterra e Paesi Bassi, avevano scoperto nuove terre, portando argento, oro e pietre preziose, mettendo in crisi le banche veneziane e, di conseguenza, la supremazia di Firenze che, a quel tempo, era considerata il centro politico dei popoli d'Italia.

Nel 1960, New York, negli Stati Uniti, crebbe in modo sfrenato dopo la Seconda Guerra Mondiale, con un nuovo ordine basato sul libero commercio e sull'idea di globalizzazione. Fu sotto i suoi abitanti, gli imprenditori, che emerse l'ideologia pratica degli ideali del liberalismo provenienti dai pensatori e dai politici dei paesi europei dopo l'era dei re. Nonostante il crollo della borsa nel 1929, la città mantiene ancora il suo status di centro culturale, politico ed economico del mondo.

Abbiamo ancora molto da maturare nel campo socio-politico

per raggiungere uno sviluppo equilibrato e sostenibile, un mondo stabile
e armonioso, in cui possiamo sentire e vivere la pace e il benessere sociale. Gli Stati devono lavorare effettivamente per uno sviluppo equilibrato con giustizia sociale. Questo dipende dagli uomini, dall'evoluzione umana, dalla umanizzazione della naturale ambizione di potere.

Il cammino verso questa trasformazione necessaria, l'evoluzione attesa
dell'uomo, passa dalla consapevolezza del concetto di dignità umana,
dal rispetto per la vita, dall'amore per il prossimo, dalla pratica delle virtù, dell'uguaglianza e della solidarietà; dal rifiuto dei vizi, della menzo-
gna e dell'ipocrisia; dalla tolleranza per le opinioni, dalla sottomissione
alle leggi, dal rispetto dei diritti altrui, dalla benevolenza universale e
dall'incorporazione dello spirito di fraternità.

Prima di creare diritti e immaginare il potere per noi stessi, dobbiamo cercare di identificare e riconoscere i nostri difetti per superarli.
È studiando, e non semplicemente criticando ciò che non ci piace negli
altri, che potremo eliminare i nostri difetti, che spesso sono simili. Questo ci spronerà alla benevolenza. Dobbiamo essere tolleranti verso le
opinioni e le azioni dei nostri simili. È necessario avere pazienza e tolleranza per evolverci socialmente e moralmente, poiché una cosa è con-
nessa all'altra, e in questo modo l'egoismo che governa la maggior parte
degli atti umani deve scomparire per fare spazio all'amore altruista.
DEMOCRAZIA sì, ANARCHIA no!

La triade che costituisce l'unità del potere politico in Brasile ha
il dovere di, nell'esercizio indipendente e autonomo delle sue funzioni,
operare armoniosamente, rispettando le dimensioni dei poteri di ciascuno, concorrendo alla preservazione della pace, dell'armonia, del benessere sociale e del progresso economico della Nazione, salvaguardando
la democrazia, senza dare spazio all'anarchia. Ogni potere specifico ha
le proprie competenze e funzioni particolari, non vi è motivo di interferire nei poteri che non gli appartengono, creando conflitti inutili
nell'ordine politico e insicurezza giuridica, ostacolando così l'espansione dello sviluppo economico. Senza sviluppo economico non c'è sviluppo sociale.Tutti noi dobbiamo essere consapevoli che nella vita ci saranno, sempre, infinite possibilità di danni e rovine derivanti da cause superiori alla previsione umana che nessuno può presagire o evitare, ma il
carattere dell'uomo può rimanere intatto e essere impiegato utilmente.

10. RIFERIMENTI BIBLIOGRAFICI

CONSTITUZIONE FEDERALE DEL BRASILE.
ESPINOSA– Os Pensadores - Editora Victor Cevita - Ed. 1979.
BOBBIO, Norberto. Dicionário Político. Nicola Matteucci, Gianfranco Pasquino - Editora UnB, 11ª Edizione.
MEIRELLES, Domingos. *Os Órfãos da Revolução*, 1930.

CAPITOLO VIII

L'attivismo politico
della Corte Suprema

Sommario: Il presente articolo ha come obiettivo provocare una riflessione sull'apparente attivismo politico esercitato dai membri della Corte Suprema.

Parole chiave: Attivismo Politico. Corte Suprema. Forma di Governo. Competenze.

Indice:
1. Introduzione
2. Competenze della Corte Suprema Federale
3. Sistema di governo in Brasile.
4. Conclusione

1. INTRODUZIONE

Una volta, un ex Ministro della Corte Suprema Federale, durante un'audizione in Senato per confermare o meno la sua nomina proposta dal Presidente della Repubblica per l'ingresso nella suddetta Corte, stremato da un interrogatorio che si protraeva per ore e ore, caratterizzato da una molteplicità di domande impertinenti e a volte persino mirate, rispose a una di esse dicendo semplicemente: "Eccellenza, per essere un buon Ministro della Corte Suprema Federale basta, semplicemente, essere onesti, etici e conoscere la Costituzione Federale".

In qualità di professionista del diritto, inizio così questo testo per esprimere il mio stupore di fronte all'apparente mancanza di impegno della nostra Suprema Corte Costituzionale nel garantire l'efficacia della Costituzione Federale.

Non è un'esagerazione affermare che l'evidente attivismo politico della Corte Suprema Federale macchia l'onore della Nazione.
La stampa e i socia media nazionali occupano, in generale, un'ampia percentuale dello spazio comunicativo, attraverso titoli accattivanti e articoli elaborati, pieni di opinioni, critiche e suggerimenti inopportuni sulla politica governativa del Brasile e su altre questioni di natura meramente politica, espressi spontaneamente dai membri della Corte Suprema Federale. Non vi è dubbio che tale condotta mette in discussione l'imparzialità del magistrato nello svolgimento delle sue funzioni.

È risaputo che l'attività giurisdizionale deve rimanere passiva, agendo solo su istanza di parte; tuttavia, non può sottrarsi al giudizio imparziale delle questioni o dei conflitti regolarmente sottoposti alla sua competenza.

L'articolo 101° della Costituzione Federale stabilisce che *"la Corte Suprema Federale è l'organo di vertice del Potere Giudiziario, e ad essa spetta, principalmente, la salvaguardia della Costituzione, come definito dall'articolo 102° della Costituzione della Repubblica"*. È il guardiano della Costituzione Federale!

Pertanto, nel dovere di vigilare e garantire l'efficacia dell'ordine costituzionale, deve trattenersi dall'andare oltre le competenze attribuitegli dalla stessa Carta Magna, che ha l'obbligo di proteggere e garantire, come promesso - con sincerità o meno - al momento dell'insediamento di ciascun Ministro nella Corte. I desideri personali o le convinzioni ideologiche non possono compromettere i doveri professionali.

2. COMPETENZE DELLA CORTE SUPREMA FEDERALE

Il Ministro della Corte Suprema Federale, al momento dell'investitura, assume l'impegno di fornire un servizio rilevante alla Patria. Si impegna spontaneamente con lo Stato brasiliano e con il popolo, non avendo il diritto di sottrarsi a questo dovere. Non si tratta di un impegno politico o negoziale, ma di un dovere patriottico che onora il cittadino e contribuisce all'armonia e alla pace sociale, fattori che favoriscono lo sviluppo della Nazione.

Come stabilito chiaramente dalla Costituzione Federale, le competenze della Corte Suprema sono definite all'articolo 102°, che prevede: *"Spetta alla Corte Suprema Federale, principalmente, la salvaguardia della Costituzione, e le competono:*

I - Processare e giudicare, originariamente:
a) le azioni dirette di incostituzionalità di leggi o atti normativi federali o statali e le azioni dichiarative di costituzionalità di leggi o atti normativi federali;
b) nei reati comuni, il Presidente della Repubblica, il Vicepresidente, i membri del Congresso Nazionale, i propri Ministri e il Procuratore Generale della Repubblica.
c) nei reati comuni e nei crimini di responsabilità, i Ministri di Stato e i Comandanti della Marina, dell'Esercito e dell'Aeronautica, salvo quanto previsto dall'art. 52, I; i membri delle Corti Superiori, della Corte dei Conti dell'Unione e i capi delle missioni diplomatiche a carattere permanente;
d) il *habeas corpus*, qualora il soggetto interessato sia una delle persone menzionate nelle lettere precedenti; il mandato di sicurezza e l'*habeas data* contro atti del Presidente della Repubblica, delle Assemblee della Camera dei Deputati e del Senato Fe-

derale, della Corte dei Conti dell'Unione, del Procuratore Generale della Repubblica e della stessa Corte Suprema Federale;

e) le controversie tra Stati esteri o organismi internazionali e l'Unione, uno Stato, il Distretto Federale o un Territorio;

f) le cause e i conflitti tra l'Unione e gli Stati, tra l'Unione e il Distretto Federale o tra questi e altri, comprese le rispettive entità di amministrazione indiretta;

g) le richieste di estradizione da parte di Stati esteri;

h) (Abrogato).

i) il *habeas corpus*, quando il presunto violatore dei diritti sia una Corte Superiore, o quando il presunto violatore o il soggetto interessato sia un'autorità o un funzionario i cui atti siano sottoposti direttamente alla giurisdizione della Corte Suprema Federale, oppure nei casi di reati soggetti a tale giurisdizione in un unico grado;

j) la revisione penale e l'azione rescissoria delle proprie decisioni;

l) i ricorsi per preservare la propria competenza e garantire l'autorità delle proprie decisioni.

m) l'esecuzione delle sentenze nelle cause di propria competenza originaria, con facoltà di delegare compiti per la realizzazione di atti processuali;

n) le azioni in cui tutti i membri della magistratura siano direttamente o indirettamente coinvolti, e quelle in cui più della metà dei membri del tribunale di origine siano incompatibili o direttamente o indirettamente interessati;

o) i conflitti di competenza tra il Tribunale Superiore di Giustizia e qualsiasi altro tribunale, tra Tribunali Superiori, o tra questi e altri tribunali;

p) la richiesta di provvedimenti cautelari nelle azioni dirette di incostituzionalità;

q) il mandato di ingiunzione, quando la redazione della norma regolamentare sia attribuita al Presidente della Repubblica, al Congresso Nazionale, alla Camera dei Deputati, al Senato Federale, a una delle Assemblee legislative, alla Corte dei Conti dell'Unione, a uno dei Tribunali Superiori o alla stessa Corte

Suprema Federale;

r) le azioni contro il Consiglio Nazionale della Giustizia e contro il Consiglio Nazionale del Ministero Pubblico.

II - Giudicare, in sede di ricorso ordinario:
a) l'*habeas corpus*, il mandato di sicurezza, l'*habeas data* e il mandato di ingiunzione decisi in prima istanza dai Tribunali Superiori, se la decisione è negativa;
b) i reati politici.

III - Giudicare, mediante ricorso straordinario, le cause decise in prima o ultima istanza, quando la decisione impugnata:
a) contrasti con una disposizione di questa Costituzione;
b) dichiari l'incostituzionalità di un trattato o di una legge federale;
c) giudichi valida una legge o un atto di governo locale contestato in relazione a questa Costituzione.
d) giudicare valida una legge locale contestata in rapporto a una legge federale.

Queste, dunque, sono le competenze della Corte Suprema Federale. Pertanto, la Corte Suprema, attraverso i suoi Ministri, non può criticare, esprimere opinioni né ostacolare indirettamente gli atti amministrativi di gestione dello Stato. Le sue competenze si esauriscono nei limiti rigorosi dell'attività giurisdizionale specifica, da esercitare attraverso il giusto processo legale. Superando tali limiti, anziché contribuire a garantire l'ordine e la pace sociale, rischia di promuovere discordia e conflitti inutili.

3. SISTEMA DI GOVERNO IN BRASILE

Non si può ignorare che la forma di governo definita dalla Costituzione Federale del 1988 sia il Presidenzialismo.
Il presidenzialismo è una forma di governo caratterizzata dalla concentrazione, nella figura unica del Presidente, dei poteri di *Capo dello Stato*

e *Capo del Governo*. Il Presidente è eletto a suffragio universale dall'elettorato e occupa, pertanto, una posizione assolutamente centrale rispetto a tutte le forze e istituzioni politiche.

In qualità di *Capo del Governo*, il Presidente sceglie personalmente i vari Ministri, Segretari e Direttori dei Dipartimenti, che a loro volta devono rassegnare le dimissioni quando richiesto dal Presidente. Tali incarichi sono *revocabili ad nutum,* ovvero a discrezione del Presidente.

Il Presidente rappresenta la Nazione nelle relazioni internazionali. Ha la competenza di iniziativa legislativa per le leggi più importanti ed è la fonte delle principali decisioni. Questa centralità deriva dal fatto che è stato eletto dalla maggioranza del popolo, in suffragio universale, esprimendo così la volontà della totalità dell'elettorato.

4. CONCLUSIONE

La Nazione brasiliana ha bisogno di pace e armonia politica per incamminarsi sulla via dello sviluppo sostenibile. L'armonia, la pace e la sicurezza giuridica dovute al popolo dipendono dalla collaborazione e dall'efficacia dei Poteri Costituiti. Questi elementi imprescindibili devono essere garantiti dal Potere Giudiziario, sotto la vigilanza e il controllo formale, esercitati attraverso il giusto processo legale, dalla sua massima autorità, la Corte Suprema Federale. L'attività giurisdizionale non può essere confusa con l'attività politica di parte o ideologica.

CAPITOLO IX

Etica nel giornalismo investigativo: Precetto costituzionale e di civiltà

Riassunto: La divulgazione di fatti o eventi ha un impatto sulla vita della società e, naturalmente, costituisce un interesse sociale, favorendo l'esercizio dinamico della democrazia. L'accesso a informazioni gratuite, diffuse in modo responsabile e trasparente, consente ai cittadini di partecipare, direttamente o indirettamente, al processo politico. Basandosi sui principi sanciti dalla Costituzione Federale del 1988, questo articolo si propone di discutere l'attività del giornalismo investigativo, il modo in cui la libertà di stampa viene esercitata in Brasile e il ruolo della Corte Suprema nelle decisioni relative a tale ambito.

Abstract: The disclosure of facts or events influences the life of society, naturally, it is of social interest, promoting the dynamic exercise of democracy. Access to free information disseminated in a responsible and transparent manner provides citizens with possible direct or indirect participation in the political process. Based on the principles en shrined in the Federal Constitution of 1988, this articleaims to discuss the activity of investigative journalism, how freedom of the press is exercised in Brazil and how the Supreme Court has acted in decisions regarding the theme.

Parole chiave: Giornalismo investigativo; Libertà di stampa; Principi costituzionali; Diritto costituzionale; Democrazia; Etica.

Keywords: Investigative journalismo; Freedom of the press; Constitutional principles; Constitutional right; Democracy; Ethics.

1. NOZIONI INTRODUTTIVE

Nel cercare di riflettere sull'etica nel *giornalismo investigativo*, è imprescindibile iniziare concentrandosi sulla concettualizzazione di questi due sostantivi di grande rilevanza nella vita quotidiana della società moderna, che modella il processo di civilizzazione in cui siamo immersi. La società, naturalmente, avanza continuamente modellando il processo di civilizzazione.

Guardando alla Grecia Antica, dove il concetto di Etica è stato maggiormente trattato filosoficamente, vediamo che per Socrate, l'Etica si caratterizzava dal buon carattere e dai valori morali dell'individuo. Socrate sosteneva che l'uomo non è cattivo, non nasce cattivo. Quindi, nasce naturalmente buono, puramente virtuoso? Se così fosse, perché non rimane tale?

Questo pensiero *socratico* è conosciuto come "intellettualismo morale", che giustifica l'idea che la virtù possa essere conosciuta e insegnata, trasmessa attraverso il principio della formazione del "sé".

Nel pensiero di *Platone,* invece, il "bene" non si traduce nelle cose materiali, ma in tutto ciò che può permettere l'innalzamento dell'anima. Egli insegnava che l'uomo deve disprezzare i piaceri, le ricchezze e gli onori, e rivolgersi alla pratica delle *virtù.*

Aristotele, dal canto suo, sosteneva che, tra tutte le virtù, la prudenza è la più importante, e di conseguenza, il fondamento di tutte le altre, poiché si trova nella capacità umana di deliberare.

Così, *l'etica* coinvolge una condotta originaria del buon carattere, dei valori morali, delle virtù e della prudenza. Per questa ragione, il termine *"etica"*, dal greco *"ethos"*, significa "costume", "abitudine"o *"carattere"*, il che, per Aristotele, era direttamente legato all'idea di virtù, dal greco "*areté*", e di felicità, *"eudaimonia"*. Quest'ultima, nel suo senso, indica che il "bene" e la "felicità" costituiscono la finalità della vita umana, suggerendo che la felicità non deve essere intesa come piacere, possesso di beni o riconoscimenti, ma come la pratica di una vita virtuosa.

2. PRECETTI ETICI COSTITUZIONALI

Come tutti sappiamo, la nostra Costituzione Federale del 1988, in vigore, è stata sviluppata dopo la fine del rigido Regime Democratico Militare, con l'obiettivo di consolidare la democrazia, rafforzare un regime democratico più liberale, fondato su idee garantiste e basato su una pluralità di principi fondamentali, diritti e doveri che orientano la vita della Nazione.

La Costituzione Federale, la nostra chiamata Carta Magna, seguendo i principi della *Dichiarazione Universale dei Diritti dell'Uomo* del 1948 e del *Patto Internazionale sui Diritti Economici, Sociali e Culturali* del 1966, ha assorbito i suggerimenti salutari per il neoconstituzionalismo, imprimendo una narrazione caratterizzata dai diritti fondamentali, orientati al *"bene comune"*, sottolineato nei principi **etici**, portando principi e regole per la sicurezza dello Stato e la sicurezza e il benessere dei cittadini.

I suddetti principi etici costituzionali sono delineati in vari dispositivi, come il *principio della moralità*, sancito nell'articolo 37; il principio della dignità della persona umana, nell'articolo 1°, e altri principi etici, come quello dell'uguaglianza e giustizia come valori supremi di una società fraterna, pluralista e senza pregiudizi", inscritto nel preambolo del testo costituzionale, così come l'Articolo 5° - *"Tutti sono uguali davanti alla legge, senza distinzione di alcun genere, garantendo ai brasiliani e agli stranieri residenti nel Paese l'inviolabilità del diritto alla vita, alla libertà, all'uguaglianza, alla sicurezza e alla proprietà, nei termini seguenti..."*.

Il riflesso di questa nuova consapevolezza del comportamento sociale che ha costituito lo Stato brasiliano, nel 1994, è stato l'editto del Codice Etico Professionale del Dipendente Pubblico Civile del Potere Esecutivo Federale, con enfasi sul *principio* di moralità e su altri principi pertinenti alla buona amministrazione pubblica, stabilendo in modo tassativo e pedagogico come deve essere il comportamento del dipendente nel contesto dell'Amministrazione Pubblica.

3. ACCESSO ALL'INFORMAZIONE LIBERA

L'etica, di per sé, non ha il semplice e completo potere di distinguere il bene dal male, il buono dal cattivo, ma, soprattutto, quello di spingere l'ideale che il fine di tutto debba essere sempre il bene comune, in tutte le sue dimensioni. Così è **l'etica.**

Il Giornalismo, a sua volta, può essere definito come la diffusione o divulgazione di fatti, idee, personalità o cose, identificate, raccolte, investigate, analizzate o meno, con l'obiettivo di fornire conoscenza al pubblico, offrendo informazioni necessarie, notizie che, direttamente o indirettamente, devono influenzare la vita della società in qualche modo, o anche in un contesto più ampio. La divulgazione di fatti o eventi che possono influenzare la vita della società costituisce, naturalmente, un interesse sociale.

Ciononostante, nel contesto di questa concezione concettuale, il giornalismo professionale lavora su un prodotto commerciale, di interesse e per le rispettive aziende di giornalismo o comunicazione.

Tuttavia, quando si dedica al lavoro di preparazione della divulgazione del fatto/notizia, il giornalista deve prestare attenzione alla perfetta identificazione e conferma della sua autenticità o veridicità, soprattutto per costruire e preservare la propria reputazione di credibilità.

Nel contesto professionale, spetterà al giornalista reporter, ad esempio, l'analisi delle informazioni necessarie per la produzione e la consegna dei rispettivi rapporti alla sua superiorità o coordinamento, riguardo ai fatti che si distinguono nel momento e che influenzano la società, per l'elaborazione della notizia, in modo da permettere la creazione di un titolo accattivante. Cioè, oltre ad attirare i destinatari della notizia, la notizia deve suscitare la loro fiducia.

La cosiddetta media giornalistica di oggi include la stampa (riviste e giornali), la televisione, la radio e Internet. Ovviamente, il concetto del ruolo del giornalismo varia tra le nazioni. Infatti, a seconda dei regimi di governo locali, in alcune nazioni i mezzi di comunicazione sono controllati dallo Stato, e non si può parlare di indipendenza giornalistica. In altre, i mezzi di comunicazione sono indipendenti dal governo, ma l'obiettivo di lucro finisce per generare tensioni con le protezioni costituzionali della libertà di stampa.

Avere accesso a informazioni libere diffuse da aziende giornalistiche indipendenti, con regole editoriali trasparenti e in libera concorrenza, consente ai cittadini di partecipare direttamente o indirettamente al processo politico. Questo è vantaggioso per tutti.

Non sarebbe puritanesimo, né eccesso di scrupolo o zelo, se il giornalismo stesso si sviluppasse sulla base di una rigorosa verifica dei fatti da diffondere, senza discostarsi dai principi generali di diritto che orientano i diritti umani, e senza essere influenzato da alcun tipo di attivismo. Quanto sarebbe positivo per le società!

4. GIORNALISMO E DIRITTI UMANI

Inizialmente, bisogna comprendere e avere la consapevolezza che i diritti umani non sono diritti di classi o categorie di persone, di bianchi o di neri, di ricchi o di poveri, né di uomini o di donne, tanto meno strumenti di protezione per delinquenti o criminali. Sono diritti di tutti gli esseri umani, diritti volti alla protezione della vita e della dignità umana. Sono diritti interdipendenti e interrelati, dai quali non è possibile fare divisioni, separare l'uno dall'altro, o scegliere quali debbano o non debbano essere rispettati, poiché la violazione di uno solo di essi costituisce già una violazione degli altri.

Solo dopo che milioni di esseri umani furono trucidati, a causa delle due irridenti guerre mondiali, le nazioni, attraverso i loro leader sopravvissuti, temendo di essere raggiunti dalla continuazione delle guerre e dai loro famigerati effetti, decisero di riunirsi sotto gli auspici delle Nazioni Unite, per redigere una regola comune, destinata alla protezione della vita e al rispetto della dignità di tutti gli esseri umani. A questa regola tutte le nazioni si impegnarono a conformarsi: la Dichiarazione Universale dei Diritti Umani, del 1948.

Questa "Legge Internazionale" ha come obiettivo la regolamentazione dei diritti fondamentali di tutti gli esseri umani, senza alcuna distinzione, trattando delle garanzie e delle libertà fondamentali, assicurando diritti individuali, sociali, politici, economici, giuridici e, in particolare, il diritto alla libertà, alla manifestazione del pensiero e, soprattutto, a una vita dignitosa. Il diritto al benessere, all'armonia sociale e alla pace permanente, che è un po' utopico a causa della natura umana di vivere in conflitto, ma necessario e per cui dobbiamo aspirare e sforzarci.

Così come ogni cittadino, anche il giornalista deve essere impegnato in questi principi di natura universale, perché solo in questo modo contribuirà alla promozione del benessere sociale e alla costruzione di una società libera e felice.

Non essendo in contrasto con questi principi etico-giuridici fondamentali, nulla impedisce al giornalista investigativo di monitorare e investigare tutta l'amministrazione pubblica, coprendo tutti i livelli di governo, comprese le camere legislative, e le problematiche sociali e ambientali causate dalle aziende, le possibili pratiche di corruzione, le attività amministrative del Potere Giudiziario e la qualità della sua produzione nell'esercizio funzionale della prestazione giuridica, l'efficienza, la trasparenza e la sicurezza giuridica per quanto riguarda le garanzie legali e costituzionali del cittadino, persona fisica o giuridica, per informare correttamente la società in modo che, ben informata, possa contribuire al miglioramento delle istituzioni, specialmente nell'esercizio del diritto di voto.

"Conosci la verità e la verità vi libererà"! Più competente e qualificato è il professionista del giornalismo, più indipendente sarà. Le preoccupazioni personali del giornalista dovranno sempre essere il più possibile allineate con le preoccupazioni sociali, per produrre un giornalismo investigativo efficiente, imparziale, dotato di credibilità, un giornalismo continuamente innovativo, senza trascurare la verifica imparziale e accurata dei fatti, basata su fonti primarie, autentiche.

Nel mondo attuale, nonostante l'aumento dei disaccordi, dei conflitti, dell'ambizione e dell'egoismo, del disprezzo per i principi di solidarietà e per il rispetto della dignità umana nel suo senso più autentico, il giornalista ha tutte le condizioni per fornire un servizio di utilità pura alla società, diffondendo le informazioni necessarie per ampliare la conoscenza e la comprensione, incrementando le competenze e la capacità di discernimento della collettività. La conoscenza genera potere e indipendenza, caratteristiche della libertà, uno dei diritti fondamentali dell'uomo e del cittadino, sancito nella Dichiarazione Universale dei Diritti Umani, enfatizzato nel Patto Internazionale dei Diritti Umani,

Economici, Sociali e Culturali, precedentemente citato.

I mass media, naturalmente, hanno costruito cambiamenti nel tempo, specialmente negli ultimi decenni con l'emergere della cosiddetta tecnologia digitale, ciò che oggi definiamo "era digitale", con internet che funge da veicolo di diffusione in tempo reale o mezzo di trasporto delle notizie da divulgare, anche come alternativa ai media stampati, spingendo le persone a cercare sempre più informazioni/notizie tramite il giornalismo elettronico, attraverso smartphone, computer, tablet e persino *cellulari*, minacciando la sopravvivenza delle organizzazioni aziendali giornalistiche. Tutto ciò dovrebbe aumentare la responsabilità del giornalista nel dovere di essere allineato con le preoccupazioni sociali, per produrre un giornalismo investigativo e indipendente, dotato di credibilità.

5. LA PROVA QUADRUPLA ROTARIANA E IL GIORNALISMO

Sarebbe possibile per il giornalista applicare la *Prova Quádrupla del Rotary* nella sua attività giornalistica? La Prova Quádrupla del Rotary è una delle dichiarazioni legate all'etica professionale più conosciute al mondo, creata dal rotariano *Herbert J. Taylor nel 1932*, quando assunse la direzione di una compagnia con sede a Chicago, la famosa *Club Aluminium Company*, con l'obiettivo di salvare l'azienda da una minacciata bancarotta.

Con questo scopo, Taylor cercò un modo per recuperare l'azienda che si trovava in una grave difficoltà finanziaria, creando inizialmente un codice etico da seguire per tutti i suoi dipendenti, indipendentemente dal grado gerarchico o dalla funzione ricoperta nell'azienda.

Così, la Prova Quádrupla divenne un riferimento etico nelle vendite, nella produzione, nella pubblicità e in tutte le relazioni dell'azienda con i suoi venditori e clienti, portando così al recupero finanziario, che fu attribuito alla filosofia sviluppata in una semplice forma di postura etica.

Perché la *Prova Quádrupla del Rotary*? Nel 1927, l'ingegnere Herbert Taylor divenne membro del Rotary Club di Chicago nella categoria di Distributore di Utensili da Cucina in Alluminio, dove ricoprì la presidenza nel periodo 1939/1940, divenendo Direttore del Rotary Internazionale dal 1944 al 1946, Vice-Presidente nel periodo 1945/1946 e Presidente durante il Giubileo d'Oro del Rotary Internazionale nel biennio 1954/1955.

La *Prova Quadrupla* fu quindi adottata dal Rotary Club Internazionale nel 1943, tradotta in più di cento lingue e riprodotta in migliaia di luoghi diversi. Attualmente, le domande che compongono la Prova Quadrupla sono conosciute da tutti i rotariani, che devono rispettarle.

Di ciò che pensiamo, diciamo e facciamo:
1. *È veritiera?*
2. *È giusta per tutte le parti interessate*?
3. *Crea buona volontà e migliori relazioni*?
4. *Sarà vantaggiosa per tutte le parti interessate*?

Ci chiediamo: un giornalista potrebbe essere accusato di peccare per eccesso di scrupolo nell'applicare la Prova Quadrupla nell'esercizio del giornalismo?

Oppure, nel giornalismo, non ci sarebbe spazio per scrupoli? Credo che tutto ciò che facciamo dovrebbe sempre essere finalizzato al raggiungimento del bene comune, contribuire al benessere sociale, all'armonia e alla pace duratura.

6. COME È NATO IL GIORNALISMO?

Il giornalismo è nato nel mondo intorno al XVII secolo, grazie alla magnifica invenzione di *Gutenberg*, con la stampa a caratteri mobili, che diede inizio alla produzione di documenti in grande quantità. Questo si espanse notevolmente con l'organizzazione delle Nazioni, come stati politicamente strutturati, che scoprirono l'importanza delle pubblicazioni periodiche, conosciute come giornali, strumenti formali per la diffusione di fatti, notizie e affari.

Ovviamente, da allora nacque la professione del giornalista, un esperto nell'individuare fatti e notizie, capace di suscitare la curiosità sociale e l'interesse del pubblico per le informazioni, i fatti e le notizie abilmente diffuse, precedute da titoli accattivanti o provocatori. Il titolo significa il principale, il più prominente, in alto nella prima pagina di un giornale o rivista, facendo riferimento alla notizia più importante contenuta nell'edizione - anche se il titolo di qualsiasi notizia dovrebbe essere sviluppato in modo da suscitare un senso di attrattiva per la lettura, come nel caso della testa d'articolo.

7. LA PROFESSIONE DI GIORNALISTA E L'IMPRESA GIORNALISTICA

È di semplice comprensione che il professionista del giornalismo svolga un lavoro rilevante per la società, informando il pubblico su ciò che è accaduto o su ciò che, di grande importanza, sta per accadere, tramite giornali, riviste, periodici, stazioni radio, stazioni televisive o attraverso applicazioni internet, o anche tramite libri e documentari audiovisivi, ecc. Non si può negare che il giornalismo costituisca un'area professionale di grande interesse pubblico, motivo per cui esercita anche una grande influenza sulle decisioni dei cittadini che sono connessi con i fatti quotidiani del mondo.

Tuttavia, come abbiamo sottolineato in precedenza, il giornalista non può distorcere il suo impegno verso la verità e l'etica, dovendo prestare attenzione nell'investigare e conoscere i fatti per conquistare la credibilità imprescindibile e la qualificazione professionale desiderata. Pertanto, prima che un giornalista scriva un articolo su un argomento, dovrà, prima di tutto, raccogliere le informazioni necessarie, realizzando principalmente le interviste con le persone coinvolte o che abbiano conoscenza dell'argomento.

Il giornalista deve studiare a fondo e prepararsi per svolgere al meglio le sue funzioni nell'area prescelta, che sia come reporter, presentatore radiofonico o televisivo, cronista sportivo, intervistatore, redattore, addetto stampa, e in tutte le altre professioni correlate.

Lavorando per un'azienda giornalistica, nel quotidiano delle attività editoriali dei giornali, integrandosi o interagendo con le squadre di reporter, il giornalista investigativo dovrà recarsi sul luogo di un evento per intervistare protagonisti e/o testimoni, oltre a documentare il momento dei fatti. Infatti, il giornalista investigativo deve fare ricerche, inclusi i registri pubblici o qualsiasi altro database disponibile che gli permetta di trovare le informazioni e le statistiche necessarie per supportare le sue narrazioni.

In questo caso, ai reporter spetta il compito di coprire gli eventi e i fatti che hanno un impatto sulle persone e sulle comunità. Cercano di raccogliere informazioni sui casi attraverso una pluralità di fonti e di trasformare queste informazioni in notizie per radio, televisione, giornali, riviste e media elettronici, i cosiddetti siti *web*.

Il lavoro si svolge principalmente sul campo, mediante la raccolta di informazioni attraverso interviste e investigando le storie per confermare la veridicità dei fatti. Per fare ciò, i giornalisti devono essere perseveranti e abili nella comunicazione, nell'obiettività e nell'empatia.

Il giornalista sportivo, invece, deve unire la vocazione professionale all'amore per gli sport. Quando diventa un giornalista sportivo, dovrà coprire eventi sportivi, partecipare alle riprese di eventi del settore e sviluppare testi esplicativi sui temi relativi. Pertanto, questo professionista deve sviluppare una conoscenza solida dello sport che sta coprendo. Ad esempio, non basta conoscere semplicemente i nomi dei giocatori e in quale posizione giocano. Il giornalista sportivo deve anche essere competente nell'esprimere opinioni e fare commenti sulle partite e sugli argomenti di rilevo nel mondo dello sport.

8. IL GIORNALISMO NELLE IMPRESE

Le grandi aziende stanno continuamente espandendo le loro relazioni con la società sotto l'esigenza di impegni sociali concreti e trasparenti, che comprendono anche l'ambiente, e oggi non possono fare a meno di una consulenza stampa. Per questo motivo, questa funzione sta acquisendo sempre più rilevanza, assumendo la responsabilità di rappresentare l'azienda nei confronti dei media. Il giornalista di comunicazione aziendale è incaricato di rispondere alle domande dei giornalisti a nome dell'azienda, redigere comunicati da diffondere attraverso i mezzi di comunicazione, monitorare e seguire la copertura mediatica sui temi direttamente o indirettamente legati all'impresa assistita. È una funzione giornalistica moderna.

In questo modo, le mansioni funzionali del giornalista addetto stampa nelle aziende comprendono la partecipazione a conferenze stampa, la concessione di interviste a nome dell'azienda ai portavoce dei mezzi di comunicazione, la risposta alle e-mail dei giornalisti, la gestione delle telefonate dei giornalisti e l'allineamento delle strategie di comunicazione con i valori e la missione dell'azienda per la quale lavora.

9. FEDELTÀ E TRASPARENZA

Essendo la fedeltà sinonimo di rispetto per i principi e le regole che orientano l'onore e la probità, la fedeltà agli impegni presi, il professionista del giornalismo non può venire meno alla lealtà verso la collettività dei destinatari dei suoi servizi, di estrema importanza per la società, i quali devono sempre e continuamente ispirarsi alla massima credibilità.

In questo stesso senso, non può ignorare che la moneta più preziosa in qualsiasi relazione, negoziale o meno, è la fiducia. Pertanto, nel cuore della strategia del giornalismo aziendale deve risiedere la trasparenza, uno strumento indispensabile per costruire credibilità e una fiducia duratura con il pubblico e i media in generale.

Il giornalista aziendale non può essere solo un abile narratore di storie con trama, ma prima di tutto un cercatore della verità sui fatti aziendali, scavando per scoprire le narrazioni autentiche che rivelano le motivazioni e i successi dell'azienda. Solo così potrà sviluppare una base solida di relazione e interazione con un pubblico che crede nell'autenticità dei fatti, considerando che il giornalismo aziendale si sviluppa in modo condiviso tra i media e le aziende.

10. IL GIORNALISMO NELLA COSTITUZIONE FEDERALE

Nel capitolo "V" della nostra Costituzione Federale, che tratta della "Comunicazione Sociale", è stabilito il principio fondamentale della protezione del giornalismo indipendente, impegnato con la verità, la lealtà e la trasparenza, con il dovere di fornire le informazioni necessarie al pubblico in generale, alla società, per sviluppare meglio le proprie capacità, su fatti o eventi diversi. L'articolo 220° stabilisce che:

(...) **la manifestazione del pensiero, la creazione, l'espressione e** l'informazione, **sotto qualsiasi forma, processo o veicolo,** non subiscono *alcuna restrizione,* in conformità con quanto previsto dalla presente Costituzione.

§ 1° Nessuna legge conterrà disposizioni che possano costituire un ostacolo alla piena libertà dell'informazione giornalistica in qualsiasi mezzo di comunicazione sociale, in conformità con quanto previsto dagli articoli 5°, IV, V, X, XIII e XIV.

§ 2° È vietata ogni censura di natura politica, ideologica e artistica.

§ 5° I mezzi di comunicazione sociale non possono essere, direttamente o indirettamente, oggetto di monopolio o oligopolio.

§ 6° La pubblicazione di un mezzo di comunicazione stampato è indipendente dalla licenza delle autorità.

Art. 221. La produzione e la programmazione delle emittenti radiofoniche e televisive devono rispondere ai seguenti principi:

I - preferenza per finalità educative, artistiche, culturali e informative;

II - promozione della cultura nazionale e regionale e incentivo alla produzione indipendente che miri alla sua divulgazione;

III - regionalizzazione della produzione cultura le, artistica e giornalistica, secondo le percentualistabilite dalla legge;

IV - rispetto dei valori etici e sociali della persona e della famiglia.

Pertanto, la sacra Carta *Magna brasiliana garantisce al professionista del giornalismo la libera diffusione dell'informazione, sotto qualsiasi forma, processo o veicolo, senza alcuna restrizione, assicurando che nessuna legge contenga disposizioni che possano costituire ostacoli alla piena libertà di informazione giornalistica in qualsiasi mezzo di comunicazione sociale, in conformità con quanto disposto negli articoli 5°, IV, V, X, XIII e XIV, vietando ogni censura di natura politica, ideologica e artistica.*

Garantisce, inoltre, che la pubblicazione di un mezzo di comunicazione stampato non dipenda da licenza di autorità, e che, tra le preferenze da concedere per le emittenti radiofoniche e televisive, vi sia quella informativa.

Cosa dicono gli incisi *IV, V, X, XIII e XIV dell'articolo 5° della Costituzione Federale? L'inciso IV afferma che è libera la manifestazione del pensiero, vietando l'anonimato; l'inciso V assicura il diritto di risposta, proporzionato al danno subito, oltre alla compensazione per danni materiali, morali o all'immagine; l'inciso X stabilisce che sono inviolabili l'intimità, la vita privata, l'onore e l'immagine delle persone, con diritto a un risarcimento per danni materiali o morali derivanti dalla loro violazione; l'inciso XIII sancisce la libertà di esercitare qualsiasi lavoro, mestiere o professione, a condizione che siano rispettate le qualifiche professionali stabilite dalla legge; e l'inciso XIV assicura a tutti l'accesso all'informazione e tutela il segreto della fonte, quando necessario per l'esercizio della professione.*

D'altro canto, il Codice Etico del Giornalista, nel suo articolo 9°, stabilisce che è dovere del professionista: divulgare tutti i fatti di interesse pubblico; lottare per la libertà di pensiero e di espressione; difendere il libero esercizio della professione; valorizzare, onorare e dignificare la professione; opporsi all'arbitrio, all'autoritarismo e all'oppressione, nonché difendere i principi espressi nella Dichiarazione Universale dei Diritti dell'Uomo; combattere e denunciare tutte le forme di corruzione, in particolare quando esercitata con l'obiettivo di controllare l'informazione; rispettare il diritto alla privacy del cittadino; prestare prestigio alle entità rappresentative e democratiche della categoria.

Inoltre, il suddetto Codice chiarisce anche che l'impegno fondamentale del giornalista è con la verità dei fatti e che non deve essere guidato dai suoi interessi individuali, in modo che il ruolo del giornalista sia quello di raccogliere le informazioni verificate, di interesse pubblico per la società.

11. IL GIORNALISMO RAFFORZA O INDEBOLISCE UNA DEMOCRAZIA?

È una verità indiscutibile ciò che una volta affermava il politologo e professore dell'UNICAMP, Oswaldo Martins Estanislau do

Amaral[12], che: *"Non c'è democrazia senza libertà di stampa"* . *D'altra parte, così come a nessuno, alla stampa* non è dato il coraggio di minacciare i regimi democratici, minacciando la democrazia.

Per un giornalismo completo, autentico e utile alla società, è necessario che i professionisti possano agire in modo libero e democratico, compiendo critiche e sollevando domande riguardo al governo e alle politiche pubbliche dello Stato, basandosi su ragioni fattuali evidenti, senza distaccarsi dai principi costituzionali ed etici, compreso quello della ricerca della verità, senza colorare i fatti con la propria ideologia e senza l'inquinamento di apologie di atti contrari alle libertà sociali e alla democrazia.

Tra i principi costituzionali fondamentali c'è quello secondo cui *"tutti sono uguali davanti alla legge"*, pertanto chiunque causi danno a qualcun altro è obbligato a risarcire il danno; di conseguenza, chiunque compia un atto regolarmente qualificato dalla legge come reato, sarà soggetto alle relative pene previste. Facile da capire, la libertà non è licenza e deve essere esercitata con il dovuto senso di responsabilità, anche prestando attenzione alla propria sicurezza e integrità personale.

A causa della natura peculiare della professione, poiché la diffusione della verità può dare fastidio, il giornalista vivrà sotto il rischio di attacchi e aggressioni da parte di coloro che si sentono danneggiati. Pertanto, non si può avere l'illusione che la verità possa fungere da scudo protettivo per il giornalista.

In linea di principio, ogni giornalismo dovrebbe essere investigativo. Il giornalista può ridurre i rischi della professione, indagando sulla veridicità dei fatti prima della loro diffusione, e facendolo senza prendere parte. Non deve associare le proprie ideologie e/o passioni al fatto giornalistico in corso di diffusione. A ogni diritto corrisponde un dovere, e non esistono diritti senza la concreta verifica dei rispettivi doveri adempiuti. Se il giornalista si schiera con il "lato a" o con il "lato b", diventa un avversario, un "nemico" dell'altro lato, e di conseguenza, diventa automaticamente uno dei protagonisti del "conflitto", creando giustificazioni per le ritorsioni, minacce e aggressioni, poiché il conflitto è parte della natura umana.

---

[12]   *Apud* WATANABE, Bárbara. *Jornalismo e democracia*. Portal Gama. Disponibile su: https://portalgama.com.br/jornalismo-e-democracia; Visitato il 20 Gennaio 2024.

12. PERVERSA INFLUENZA DEL GIORNALISMO NELLA MAGISTRATURA: SENSAZIONALISMO IMPRUDENTE

La perversa influenza del giornalismo sul sistema giudiziario, che abbiamo assistito e che è ormai diventata un vizio (ogni vizio è dannoso), può essere definita come una *"avvocatura giornalistica"* ingiustificata, quando il giornalista diffonde fatti enfatizzando i suoi punti di vista e le sue ideologie personali per influenzare l'opinione pubblica, creando ingiuste emozioni sociali, spesso per indurre il giudizio del giudice o della corte, eliminando la possibilità di attuare il principio costituzionale dei diritti umani e del dovere giurisdizionale di un processo pubblico, trasparente e imparziale, annientando il giusto processo legale e consacrando l'indesiderata ingiustizia.

Il giornalismo dovrebbe partecipare all'organizzazione e alla costruzione del benessere sociale, svolgendo il ruolo di informare correttamente la società, ma mai come strumento di mediazione, pena la deformazione delle virtù del vero giornalismo, etico e necessario.

Questa postura di molti giornalisti (una moda crudele) ha fortemente influenzato il sistema giuridico, principalmente a causa dell'allarmante aumento di false accuse di crimini che danneggiano non solo coloro che sono accusati ingiustamente, ma anche, nella stessa misura, l'intero sistema giudiziario, minando la credibilità del potere giudiziario, compresa quella del pubblico ministero, che viene anche incautamente influenzato dalle emozioni sociali fabbricate, distorcendo il dovere dell'indagine accurata e imprescindibile dei fatti.

Purtroppo, molte persone sono diventate vittime di notizie false e/o denunce, e si trovano a dover sopportare le devastanti conseguenze ingiuste nelle loro vite, quando chi descrive o scrive i fatti non veri lo fa con tanta perfezione, come se fossero veri, da eliminare ogni possibilità di dubbio, tanto che oggi non si parla più del principio universale del diritto in dubio pro reo! Il buon giornalista non deve temere la preservazione del segreto delle fonti, basta che divulghi i fatti senza prendere una posizione. Non si può parlare di pluralità di opinioni sull'autenticità dei fatti giornalistici quando la loro veridicità è stata accuratamente e rigorosamente verificata in anticipo.

Naturalmente, è ben accetta la pratica giornalistica specializzata nello svelare misteri, scoprire e rivelare inganni ed esporre una verità di interesse per la società che è sconosciuta al pubblico, nel caso di crimini e di casi di corruzione. Tuttavia, in questi casi, in particolare, non è compito del giornalista dipingere il "quadro", i fatti/notizie, con i colori delle proprie ideologie o passioni con l'intento di costringere i destinatari a formarsi un'opinione, stimolando il disprezzo e/o l'odio.

L'obiettivo del giornalismo investigativo deve essere limitato alla diffusione o indagine di informazioni su cattivi comportamenti che danneggiano l'interesse pubblico, contribuendo alla ricostruzione di eventi significativi e alla rivelazione di ingiustizie, favorendo il miglioramento del benessere e dell'armonia sociale.

13. GIORNALISMO VS MARKETING

Alcuni giornalisti, al fine di ottenere un ritorno finanziario più consistente, trasformano l'attività giornalistica in un semplice lavoro di **marketing**. Come abbiamo detto in precedenza, il giornalismo "è la diffusione o divulgazione di fatti, idee, personalità o cose, identificate, raccolte, investigate, analizzate o meno, con l'obiettivo di fornire al pubblico le informazioni necessarie". Il *Marketing,* invece, è uno strumento di gestione che consiste nel creare e aggiungere valore a cose o persone, orientato a un determinato pubblico target, creando o ampliando concetti che suscitano interesse o passione, con l'obiettivo di soddisfare desideri o necessità non ancora soddisfatte, generando la capacità di guadagni patrimoniali, una sorta di mercatologia finalizzata ai risultati, ai guadagni economici, tanto che nella traduzione semplice *Market* significa "mercato". L'obiettivo del giornalismo è informare! Propagare è una cosa, mentre il giornalismo è qualcosa di ben diverso.

Non si può negare che l'informazione possa portare alla scoperta di qualcosa di interesse collettivo o espandere la conoscenza su qualcosa di rilevante nel campo del consumismo, ma ciò avviene semplicemente a causa della diffusione di un fatto che, naturalmente, produrrà tale effetto.

In realtà, il **marketing** consiste in un meccanismo tecnico di creazione o ampliamento delle vendite, di cose, immagini o marchi, affinché possano essere assorbiti in modo sostenibile dalla società, da un pubblico target pre-determinato.

In questo modo, il giornalismo diventa dannoso e pericoloso per la società quando viene confuso dal giornalista con il marketing. Fare giornalismo con l'intento di beneficiare o danneggiare qualcuno, ampliando o riducendo il valore o la qualità dei fatti, inducendo idee distorte dalla realtà, non è vantaggioso per la società e non è in linea con l'etica giornalistica.

Nel *marketing aziendale*, il professionista specializzato lavora con l'obiettivo di migliorare l'immagine dell'azienda e i risultati economici desiderati. Il marketing personale, invece, si basa su strategie di rafforzamento dell'immagine dell'individuo nel suo campo di attività, con l'obiettivo di dimostrare o costruire rilevanza e spingere il suo riconoscimento come riferimento tra gli altri. Non deve essere confuso con il giornalismo. L'unica cosa in comune è che entrambi si trovano nel campo della comunicazione, ma con oggetti e obiettivi distinti.

14. ESISTE IL GIORNALISMO INDIPENDENTE?

Il giornalismo indipendente è una sorta di giornalismo piuttosto utopico, svincolato dalle grandi linee editoriali, dalle aziende di giornalismo e estraneo agli interessi economici, in contrasto con le fonti dei media tradizionali, strumenti guidati dal potere dominante. Nel mondo attuale, non sembra esserci spazio per il cosiddetto **giornalismo indipendente**. Il giornalista o si adegua alle linee editoriali dipendenti dagli sponsor, in particolare dal potere pubblico, che naviga nel tempo secondo i venti ideologici, oppure non riesce a sopravvivere nella professione e non può sfuggire alle persecuzioni se insiste nell'esercitarla con la libertà che sogna!

Anche con la pluralità di nuove alternative, grazie all'accesso facile a internet che consente la rapida diffusione e condivisione delle informazioni con un pubblico molto più ampio, il controllo e la pressione del potere dominante sono insuperabili per il professionista del giornalismo che cerca di esercitare la sua attività su una linea parallela ai media tradizionali.

È che questi idealisti professionisti si occupano di indagare temi di interesse popolare o riguardanti gruppi sociali considerati minoranze, che possono facilmente essere ignorati dai potenti media legati agli interessi politici ed economici. Pertanto, l'esistenza di questa "indipendenza giornalistica" tende più all'utopia che alla realtà.

Ciò che rimane nel mercato del lavoro per questo professionista, il giornalista indipendente, è molto poco. L'unica alternativa è lavorare come ***freelance, producendo per diverse aziende che***, di volta in volta, possano essere interessate al prodotto o a un determinato articolo, in un contesto di concorrenza e/o di conflitti politico-ideologici.

Ma è davvero possibile per un giornalista indipendente sopravvivere in modo totalmente autonomo, creando il proprio canale di diffusione delle informazioni? Come mantenerlo e mantenersi? Inevitabilmente, dovrà cercare sponsorizzazioni, il che si scontra con l'indipendenza, perché nessuno investirà o finanzierà qualcosa che non gli interessa o che non gli porta un ritorno.

15. LA LIBERTÀ DI STAMPA
DAL PUNTO DI VISTA DEI TRIBUNALI

La ***Corte Suprema di Giustizia (STJ)***, nel giudizio del Ricorso Speciale n. REsp 1729550 SP 2017/0262943, pubblicato il 04/06/2021, la cui sintesi è stata redatta come segue: RICORSO SPECIALE. AZIONE DI RISARCIMENTO DANNI MORALE. LIBERTÀ DI STAMPA. CONTROVERSIA TRA GIORNALISTI. ARTICOLI CRITICI SULL'ATTIVITÀ PROFESSIONALE. IMPEGNO ETICO PER L'INFORMAZIONE VERITIERA ("VERITÀ SOGGETTIVA"). RILEVANZA SOCIALE (INTERESSE PUBBLICO). NON CARATTERIZZAZIONE DI ANIMUS INJURIANDI E DIFFAMANDI NEL CASO CONCRETO.

Così si è pronunciato:

1. La libertà di informazione e la libertà di espressione (in senso stretto), fornendo mezzi per comprendere la realtà e, di conseguenza, favorendo lo sviluppo della personalità -, si collegano sia al concetto di dignità umana che a quello di democrazia, poiché il libero flusso di informazioni e la molteplicità di mani-

festazioni di pensiero sono vitali per il miglioramento delle società fondate sul pluralismo politico, come ad esempio quella brasiliana (FAVERO, Sabrina; STEINMETZ, Wilson Antônio. Diritto all'informazione: dimensione collettiva della libertà di espressione e della democrazia. Revista Jurídica Cesumar - Mestrado, v. 16, n. 3, set./dez. 2016, pp. 639-655). 2. La libertà di stampa, in questo contesto, costituisce una modalità qualificata delle libertà di informazione ed espressione; attraverso essa, si garantisce la trasmissione delle informazioni e dei giudizi di valore da parte dei giornalisti o dei professionisti che fanno parte dei mezzi di comunicazione di massa, in particolare le emittenti radiofoniche e televisive, le case editrici di giornali e i fornitori di notizie su Internet. 3. Sebbene la divulgazione di informazioni, conoscenze o idee sia libera - soprattutto quando si tratta di stampa - tale diritto non è assoluto né illimitato, ed è giustificata la responsabilità per abuso quando, sotto pretesto di esprimere un pensiero, vengano violati i diritti della personalità, con danno alla dignità altrui. Così, quando si configura la dissonanza, l'ordinamento giuridico prevede la responsabilità civile e penale per il contenuto diffuso, oltre al diritto di risposta. 4. In questa linea di ragionamento, non si può dimenticare che, oltre al requisito della "verità soggettiva" - che si concretizza nel dovere di diligenza nell'accertamento dei fatti narrati (ossia, l'impegno etico per un'informazione verosimile) - l'esi-stenza di un interesse pubblico costituisce anche un limite generale all'esercizio della libertà di stampa (corollario dei diritti all'informazione e all'espressione). 5. Inoltre, ogniqualvolta si identifichi, nel caso concreto, un'aggressione ingiusta alla dignità della persona - vale a dire, una condotta che causa angoscia, dolore, umiliazione o soffre-lenza che eccedono la normalità della vita quotidiana, interfe-rendo intensamente sull'equilibrio psicologico dell'individuo -, l'esercizio del diritto all'informazione o all'espressione dovrà essere considerato abusivo, permettendo l'intervento dello Stato-Giudice al fine di stabilire una misura riparatoria per la lesione di un diritto personalissimo. 6. Nel caso in esame, non si riscontra *l'animus injuriandi vel diffamandi* degli imputati, ma piuttosto *l'animus narrandi* e l'animus criticandi, considerando il carattere informativo e opinativo degli articoli che, sebbene estremamente acidi e ironici, non hanno oltrepassato i limiti dell'esercizio regolare della libertà di espressione - in senso lato - intesa come informazione, opinione e critica giornalistica. **7.** La valutazione degli articoli pubblicati su "Brasil 247" - alla luce dei fatti descritti nella petizione iniziale e delineati nella sentenza - non rivela una rottura da parte dei giornalisti con l'impegno etico per un'informazione verosimile, che non richiede precisione. Inoltre, nonostante il tono scherzoso e pungente degli articoli, non si osserva un grado di aggressività tale da causare danni all'onore, all'immagine o alla privacy dell'autore; in altre parole, non si percepisce un contenuto che vada oltre il semplice fastidio causato dal giornalista che, all'epoca, ricopriva una funzione di grande influenza nell'opinione pubblica del Paese (capo redattore della rivista Veja), da cui si trae la rilevanza sociale delle informazioni o delle critiche al suo operato professionale e/o politico, così come a eventuali pregiudizi che lo orientavano, dati essenziali al dibattito democratico e alla realizzazione di una certa responsabilità del cosiddetto "quarto potere". **8.** Inoltre, è noto che le persone pubbliche sono sottoposte all'esposizione della loro vita e della loro personalità e, di conseguenza, sono obbligate a tollerare critiche che, per un cittadino comune, potrebbero significare una seria lesione all'onore. Tuttavia, tale idoneità non si configura certamente in situazioni in cui viene imputata, ingiustamente e senza la dovuta diligenza, la pratica di atti concreti che sfociano nella criminalità, cosa che non è avvenuta nel caso in esame. **9.** La controversia si manifesta come un appello, un grido,un'immagine nello specchio a doppia faccia, affinché l'attività giornalistica venga presa sul serio, elaborata con etica e con attenzione, in modo da non perdere credibilità a causa dell'ecce-so, pur non riscontrando, nel caso, la pratica di attiche giustificherebbero un danno morale. **10.** Ricorso speciale accolto al fine di respingere la richiesta ri-sarcitoria avanzata nella petizione iniziale.

Già nel giudizio del RECURSO ESPECIAL n° Resp 1897338 DF 2019/0191423-8, pubblicato il 05/02/2021, lo stesso Superior Tribunal de Justiça - STJ, con il sommario così sintetizzato: RECURSO ESPECIAL. DIRITTO DI INFORMAZIONE, ESPRESSIONE E LIBERTÀ DI STAMPA. DIRITTI NON ASSOLUTI. IMPEGNO CON L'ETICA, LA VERITÀ E L'INTERESSE PUBBLICO. VIEDELA ALLA CRITICA DIFFAMATORIA E CHE COMPROMETTE I DIRITTI DELLA PERSONALITÀ. ABUSO DEL DIRITTO E CORRISPONDENTE RESPONSABILITÀ. CONFIGURAZIONE DEL DANNO MORALE. INDENNIZZO. STIMA. METODO BIFASICO, ha emesso la seguente interpretazione del diritto:

1. Non vi è violazione degli articoli 141, 489 e 1.022 del CPC quando la sentenza impugnata si pronuncia, in modo chiaro e sufficiente, entro i limiti della controversia, riguardo alle questioni sollevate nel processo, esprimendosi su tutti gli argomenti che, in linea teorica, potrebbero invalidare la conclusione adottata dal giudice.

2. Le libertà di informazione ed espressione si distinguono nei seguenti termini: la prima riguarda il diritto individuale di comunicare liberamente fatti e il diritto diffuso di esserne informati; la seconda è destinata a tutelare il diritto di esprimere idee, opinioni, giudizi di valore, in sintesi, qualsiasi manifestazione del pensiero umano.

3. La libertà di informazione riguarda il riferire fatti, e l'esercizio di questo diritto sarà degno di protezione solo quando è presente il requisito interno della verità, intesa come conoscenza della realtà, che non è richiesta in modo assoluto, ma come quella che si ricava dalla diligenza dell'informatore, a cui spetta indagare seriamente i fatti che intende rendere pubblici.

4. Il diritto di espressione consiste nella libertà fondamentale di esprimere pensieri, idee, opinioni, credenze: si tratta di poter manifestare il proprio favore o contrarietà verso un'idea, di esprimere giudizi di valore e critiche, garantendo una partecipazione reale dei cittadini nella vita collettiva.

5. La libertà di espressione nel dibattito democratico si distin-

gue, indubbiamente, dalla diffusione dolosa di contenuti destinati semplicemente a modificare la verità fattuale e, così facendo, a raggiungere uno scopo criminale di natura diffamatoria, calunniosa o ingiuriosa.

6. Quando, sotto il pretesto di esprimere il pensiero, si violano i diritti della personalità, con danno alla dignità di altri, si rivela l'esercizio di un diritto in contrasto con l'ordinamento giuridico, il che legittima la responsabilità civile e penale per il contenuto diffuso, oltre al diritto di replica.

7. La libertà di informazione, di espressione e di stampa, non essendo assoluta, trova limitazioni al suo esercizio compatibili con il regime democratico, come l'impegno etico per un'informazione verosimile; la preservazione dei diritti della personalità; e il divieto di diffondere critiche con l'unico scopo di diffamare, ingiuriare o calunniare una persona *(animus injuriandi vel diffamandi)*.

8. Il punto di riferimento per conferire legittimità alla critica giornalistica è l'interesse pubblico, osservando la ragionevolezza dei mezzi e dei modi di diffusione della notizia, e deve essere considerato abusivo l'esercizio di quelle libertà ogniqualvolta venga identificata, in un determinato caso concreto, un'aggressione ai diritti della personalità, legittimando l'intervento dello Stato-giudice per porre fine alla violenza non necessaria che possa compromettere la dignità.

9. La repressione dell'eccesso non è incompatibile con la democrazia. La garanzia di non censura preventiva non significa impossibilità di controllo e responsabilizzazione a posteriori contro condotte non protette giuridicamente e costituzionalmente, che in realtà si contrappongono alla libertà di manifestazione e all'invulnerabilità dell'onore.

10. Il regolare esercizio di un diritto non tollera eccessi e, perciò, l'abuso del diritto è un atto giuridico, in principio di oggetto lecito, il cui esercizio, portato a termine senza la dovuta regolarità, comporta un risultato che si considera illecito.

11. Il riconoscimento dell'atto illecito e la sua conseguente condanna non richiedono la prova inequivocabile della malafede

della pubblicazione che supera i limiti dell'informazione, simile a quanto accaduto nella giurisprudenza statunitense, diffusa dalla dottrina dell'actualmalice, che non si concilia con l'ordinamento giuridico brasiliano.

12. Nel caso di specie, le qualifiche rivolte alla ricorrente, nel video pubblicato dalla convenuta, non si adattano minimamente al contenuto legittimo della libertà di stampa invocata, né corrispondono al diritto di libera manifestazione, di espressione e di pensiero del giornalista riguardo un determinato fatto. Gli insulti rivolti alla persona che discuteva non hanno rivelato l'interesse pubblico invocato, senza contare l'uso di parole oggettivamente indecorose e degradanti.

La narrativa presentata non si è correlata ai fatti osservati o al contenuto del discorso della ricorrente, discostandosi dal limite tollerabile della critica, trasformando la pubblicazione in una vera e propria derisione e disprezzo verso la persona.

13. L'esercizio del diritto alla libertà di pensiero e di espressione, sebbene non sia soggetto a censura preventiva, è condizionato a responsabilità successive. Non è in alcun modo possibile vietare (censurare) la manifestazione della libertà di pensiero o di espressione; tuttavia, una volta che tali diritti vengono esercitati, il loro utilizzo non può superare i limiti del ragionevole e violare il rispetto dei diritti e della reputazione delle altre persone.

14. Considerate le circostanze del caso - la gravità del fatto in sé (offesa all'onore e alla reputazione), imputazioni degradanti e umilianti alla vittima (comparazione a un animale), la condizione dell'agente di professionista esperto, in grado di identificare termini offensivi, nonché la condizione economica dell'offensore, così come la particolarità della diffusione delle offese tramite internet, di portata incalcolabile - si fissa l'indennizzo in R$40.000,00 (quaranta mila reais), senza discostarsi dalla proporzionalità e dalla ragionevolezza, né dai criteri adottati dalla giurisprudenza di questa Corte.

15. Ricorso speciale parzialmente accolto per dichiarare procedente la richiesta di risarcimento.

16. APPARENTI VIOLAZIONI COSTITUZIONALI DELLA CORTE SUPREMA FEDERALE. CENSURE AL GIORNALISMO

È vero che nessun male giustifica un altro! Qualsiasi condotta umana che consista in un atto illecito, così tipificato dalla legge, comporta la sua sanzione corrispondente, niente di più, niente di meno, ovviamente nella stessa legge che l'ha tipificato.

Purtroppo, nonostante l'interpretazione della Corte Suprema Infracostituzionale, il *STJ* (Superior Tribunal de Justiça), cui spetta l'ultima parola sull'interpretazione della norma infracostituzionale, con l'obiettivo di uniformare il diritto, la questione delle possibili violazioni costituzionali da parte della Corte Suprema Federale ha ormai superato le preoccupazioni dei giornalisti, arrivando a diventare una preoccupazione del Consiglio di *Comunicazione Sociale del Congresso Nazionale.*

Il 4 dicembre 2023, durante una riunione, il Consiglio di Comunicazione Sociale del Congresso Nazionale ha messo in discussione la decisione della Corte Suprema Federale (STF) che responsabilizza i mezzi di comunicazione per le dichiarazioni degli intervistati. I consiglieri hanno affermato che tale misura restringerebbe la libertà di stampa e provocherebbe la persecuzione dei giornalisti. Il Presidente del Consiglio ha sottolineato che la decisione rappresenta una minaccia per la democrazia, come riportato in un articolo del giornalista *Floriano Filho*[13]

Naturalmente, questo fatto, un'eccezionale critica in una Commissione speciale del Congresso Nazionale alla decisione della Corte Suprema, ha dato luogo a una pluralità di articoli e commenti giornalistici, con risonanza sui social media, mettendo in evidenza la posizione dell'Associazione Brasiliana della Stampa[14], che, lo stesso giorno, ha

---

[13] FILHO, Floriano. I consiglieri affermano che la decisione della Corte Suprema provocherà la persecuzione dei giornalisti. Radio Senado, Senato Federale. 5 dicembre 2023. Disponibile su https://www12.senado.leg.br/radio/1/noticia/2023/12/05/conselheiros-afirmam-que-decisao-do-stf-vai-provocar-perseguicao-de-jornalistas. Visitato il 18 gennaio 2024.

[14] ASSOCIAÇÃO BRASILEIRA DE IMPRENSA. La Corte Suprema decide che la stampa può essere ritenuta responsabile per le dichiarazioni dell'intervistato. 1 dicembre 2023. Disponibile su https://www.abi.org.br/stf-decide-que-imprensa-pode-ser-responsabilizada-por-fala-de-entrevistado. Visitato il 20 gennaio 2024.

pubblicato sul suo sito un testo con la seguente conclusione: *"Il presidente dell'ABI, Octávio Costa, ritiene che l'interferenza della Corte Suprema nella libertà di stampa sia preoccupante, ma il 'dovere di diligenza' rappresenta un'attenuante. L'ABI attende la pubblicazione del testo integrale della decisione per esprimersi, insieme ad altre entità, poiché alcune questioni, come il caso delle interviste in diretta, ad esempio, necessitano ancora di chiarimenti."*

Una verità è che chi non si prende cura dei propri diritti, non ha diritto ad avere diritti! Non è razionale voler valorizzare un diritto solo dopo averlo perso, soprattutto quando si tratta della libertà, della salute e del rispetto della dignità.

Con lo sguardo rivolto alla sicurezza e al benessere sociale, la libertà di stampa è uno di quei valori sui quali non si può transigere. Come disciplina l'ordinamento giuridico nazionale e internazionale, solo in uno stato di eccezione - antidemocratico per natura - si può immaginare una flessibilizzazione di questo diritto fondamentale.

È diventato innegabile che oggi gran parte delle decisioni emanate dalla Corte Suprema rappresentano vere minacce alla democrazia, alle libertà fondamentali di stampa e di espressione nel nostro Paese, dopo che, con audacia, ha istituito per sé e incorporato l'inimmaginabile e incostituzionale "potere imperiale", il "potere moderatore del Brasile", come hanno pubblicamente proclamato alcuni Ministri. Probabilmente, una questione discussa e approvata internamente.

Sembra assolutamente privo di ragionevolezza e buon senso, e palesemente carente di giuridicità, l'idea della Corte Suprema Federale di responsabilizzare i mezzi di comunicazione per il contenuto delle dichiarazioni di un intervistato, anche quando si verificasse che queste costituiscano bugie, ingiurie o diffamazione. Si tratterebbe, in questo caso, di una responsabilità esclusivamente personale.

A nessuno è concesso ignorare la legge, e alla Corte Suprema Federale compete il dovere di vigilare sul rispetto delle garanzie costituzionali e sull'efficacia delle norme costituzionali, senza che sia ammissibile la violazione di quanto disposto dall'articolo 220° della Sacra Carta Costituzionale, che stabilisce:

"La manifestazione del pensiero, la creazione, l'espressione e l'informazione, sotto qualsiasi forma, processo o mezzo, non subiranno alcuna restrizione, osservando quanto disposto nella presente Costituzione.

§ 1° - Nessuna legge conterrà disposizioni che possano costituire ostacolo alla piena libertà dell'informazione giornalistica su qualsiasi mezzo di comunicazione sociale, osservando quanto disposto nell'art. 5°, IV, V, X, XIII e XIV.

§ 2° - È vietata ogni e qualsiasi censura di natura politica, ideologica e artistica.

§ 3° - Compete alla legge federale: I - regolare le attività di intrattenimento e spettacolo pubblico, con l'obbligo da parte dell'Autorità Pubblica di informare sulla natura degli stessi, le fasce di età per cui non sono consigliati, nonché i luoghi e gli orari in cui la loro presentazione risulti inadeguata; II - stabilire i mezzi legali che garantiscano alla persona e alla famiglia la possibilità di difendersi da programmi radiofonici e televisivi che contravvengano a quanto disposto nell'articolo 221°, nonché dalla pubblicità di prodotti, pratiche e servizi che possano essere dannosi per la salute e per l'ambiente."

17. A GUISA DI CONCLUSIONE

È ormai chiaro che, quando la magistratura, occupandosi del tema della *libertà di stampa*, interviene sull'attività giornalistica, attraverso il giudizio di conflitti riguardanti la *libertà di stampa contro la lesione dell'onore e della dignità della persona*, l'orientamento consolidato nella giurisprudenza nazionale è che, sebbene la *diffusione di informazioni, conoscenza o idee sia libera - soprattutto quando si tratta di stampa - tale diritto non è né assoluto né illimitato, e può giustificare la responsabilità per l'abuso riscontrato quando, sotto pretesto di esprimere un pensiero, vengono violati i diritti della personalità, con danno alla dignità altrui.*

Pertanto, configurandosi la non conformità, l'ordinamento giuridico prevede la responsabilità civile e penale per il contenuto diffuso, oltre al diritto di replica.

In questo modo, la magistratura ha ribadito che la libertà di informazione, di espressione e di stampa, non essendo assoluta, incontra limitazioni al suo esercizio compatibili con il regime democratico, come l'impegno etico per un'informazione verosimile, la preservazione dei diritti della personalità e il divieto di veicolare critiche con l'unico scopo di diffamare, ingiuriare o calunniare la persona (*animus injuriandi et diffamandi*).

La pietra di paragone per conferire legittimità alla critica giornalistica è l'interesse pubblico, osservando la ragionevolezza dei mezzi e delle modalità di divulgazione della notizia, e dovrà essere considerato abusivo l'esercizio di quelle libertà ogni volta che, in un caso concreto, venga identificata un'aggressione ai diritti della personalità, legittimando così l'intervento dello Stato-giudice per porre fine alla violenza inutile in grado di compromettere la dignità.

Pertanto, la postura etica di cui si è parlato in precedenza, alla quale il giornalista deve vincolarsi, deve essere quella di promuovere l'ideale secondo cui lo scopo di tutto deve essere sempre il bene comune, in tutte le sue dimensioni.

Così, il giornalismo che, come detto, consiste nella diffusione di fatti, idee, personalità o cose, identificate, raccolte, investigate, analizzate o meno, con l'obiettivo di informare il pubblico, come notizia necessaria, che deve influenzare, direttamente o indirettamente, la vita della società in qualche aspetto, si configura come oggetto di interesse sociale e collettivo. Pertanto, oltre a sottostare ai principi morali ed etici, non potrà mai trascurare il principio giuridico secondo cui chi causa danno a qualcun altro è obbligato a risarcirlo, indipendentemente dalla sua natura, sia essa materiale o morale.

Ogni professione, per il suo legittimo esercizio e la sua efficiente utilità, deve avere come focus il bene comune, e quindi essere fondata sui principi etici e morali. Un giornalismo privo di etica è un'aggressione alla società, uno strumento che fomenta il conflitto e la destabilizzazione sociale. Come diceva il nostro grande Ruy Barbosa[15] , *"stampa e libertà, giornalismo e coscienza sono termini di una sola equazione"*.

---

[15]   Barbosa, Ruy. La stampa e il dovere della verità. São Paulo: Hunter Books, 2016

Alla luce di ciò, il giornalista, proteggendo la nobiltà del suo lavoro legato ai principi etici e morali, all'impegno per la verità e la lealtà verso la comunità destinataria, non deve cedere alle ingiuste minacce di alcuno, né piegarsi alle gravi violazioni dei diritti perpetrate dalla Corte Suprema Federale (*STF*). Al contrario, ha il dovere di denunciarle con la dovuta fermezza e costanza, per il bene di tutta la società. Solo in questo modo contribuirà al perfezionamento della democrazia e alla necessaria sicurezza giuridica, che costituisce la base fondamentale dello Stato di diritto.

È compito del giornalista e di tutta la stampa vigilare e denunciare le condotte irregolari degli *agenti pubblici,* e in-particolare della *Corte Suprema Federale,* quando i suoi atti rappresentano minacce alla democrazia, alle libertà fondamentali di stampa e di espressione, o qualsiasi aggressione ai diritti e alle garanzie costituzionali fondamentali del cittadino.

18. RIFERIMENTI BIBLIOGRAFICI

ASSOCIAÇÃO BRASILEIRA DE IMPRENSA (ABI). *STF decide que imprensa pode ser responsabilizada por fala de entrevistado*. 01 dez. 2023. Disponibile su https://www.abi.org.br/stf-decide-que-imprensa-pode-ser-responsabilizada-por-fala-de-entrevistado. Visitato il 20 Gennaio 2024.

BARBOSA, Ruy. *A imprensa e o dever da verdade*. São Paulo: Hunter Books, 2016.

BRASIL. [Constituição (1988)]. Constituição da República Federativa do Brasil de 1988. Brasília, DF: Presidência da República, [2020]. Disponibile su https://www.planalto.gov.br/ccivil_03/constituicao/constituicao.htm. Visitato il 19 Gennaio 2024.

FILHO, Floriano. Conselheiros afirmam que decisão do STF vai provocar perseguição de jornalistas. Rádio Senado, Senado Federal. 05 dez 2023. Disponibile su https://www12.senado.leg.br/radio/1/noticia/2023/12/05/conselheiros-afirmam-que-decisao-do-stf-vai-provocar-perseguicao-de-jornalistas. Visitato il 18 Gennaio 2024.

WATANABE, Bárbara. *Jornalismo e democracia:* A importância do papel do jornalista no contexto político atual. Portal Gama. Disponibile su: https://portalgama.com.br/jornalismo-e-democracia; Visitato il 20 Gennaio 2024.

CAPITOLO X

Il Sindaco, il custode del comune

Riassunto: Il presente articolo ha l'obiettivo di suscitare una riflessione sulle responsabilità e i doveri istituzionali del Sindaco Comunale, nonché sui diritti e la legittimità dei cittadini rispetto alla vigilanza e al controllo degli atti di gestione dell'agente pubblico.

Parole chiave: Custode, Sindaco, responsabilità, impegno e doveri istituzionali, trasparenza amministrativa.

Sommario:
1. Introduzione
2. Il Sindaco Comunale
3. Controlli esterni della gestione pubblica
4. Crimini di responsabilità
5. Riduzioni obbligatoria delle spese pubbliche
6. Conclusioni

1. INTRODUZIONE

È opportuno osservare che, nelle strutture condominiali organizzate, qualsiasi Condomino, in regola con i propri obblighi condominiali, può essere eletto come Amministratore del Condominio, sia per la semplice soddisfazione personale di ricoprire tale ruolo, sia per la vocazione imprenditoriale di apportare trasformazioni benefiche di interesse collettivo. In entrambi i casi, il Condomino eletto è soggetto alle norme stabilite dalla Convenzione Condominiale e dal relativo Statuto o Regolamento Interno.

L'Amministratore diventa, dunque, il rappresentante legale del Condominio, eletto dall'Assemblea dei condomini, dotato di poteri esecutivi di gestione e autorizzato a prendere decisioni in conformità ai precetti normativi della Convenzione Condominiale e/o del Regolamento Interno.

Inoltre, l'Amministratore sarà responsabile, civilmente e penalmente, per i propri atti amministrativi e persino per i danni causati dal condominio a terzi o agli stessi condomini, qualora venga comprovata omissione o negligenza nell'adempimento dei propri obblighi.

Pertanto, le decisioni adottate dall'Amministratore devono essere conformi alle norme della Convenzione Condominiale, del Regolamento Interno e alle delibere delle Assemblee Generali, senza oltrepassare i limiti imposti dalla Legge.

2. IL SINDACO

Così è il SINDACO COMUNALE. Qualsiasi cittadino in regola con i propri obblighi civili e in possesso dei diritti politici può essere eletto Sindaco del proprio Comune.

Tuttavia, la Costituzione Federale ha stabilito, a partire dal suo articolo 37°, che i Gestori Pubblici, quindi **il Sindaco**, devono, durante la loro gestione, rispettare rigorosamente i principi della legalità, dell'imparzialità, della moralità, della pubblicità degli atti e dell'efficienza, che sono considerati principi costituzionali fondamentali dell'amministrazione pubblica, sotto pena di rispondere per atti di mala amministrazione.

Pertanto, il Sindaco non può pretendere di amministrare il Comune come se fosse una "proprietà privata", modificando il *layout* e facendo pubblicità *(marketing)* liberamente, assumendo chi ritiene opportuno e come lo ritiene. La funzione amministrativa del Sindaco, come pubblico ufficiale, è soggetta a un regime giuridico speciale noto come regime di diritto pubblico o regime giuridico-amministrativo, che si fonda sui *principi della priorità dell'interesse pubblico e dell'indisponibilità degli interessi pubblici.*

Per la sicurezza giuridica degli atti di gestione, è quindi necessario implementare una consistente Politica Pubblica di Trasparenza Amministrativa, poiché ogni cittadino ha il diritto di chiedere e ricevere dalle autorità pubbliche informazioni, sia di interesse personale che di interesse collettivo o generale, che devono essere fornite nei tempi previsti dalla legge, pena responsabilità, salvo quelle per le quali il segreto è imprescindibile per la sicurezza della società e dello Stato, come disposto dall'articolo 5°, XXXIII, della Costituzione Federale.

Ora, ad esempio: è un assurdo sentire dire che un Sindaco, per l'organizzazione di una festa di Carnevale, con un'evidente apparenza di affare commerciale che favorisce l'arricchimento di pochi privilegiati, devia risorse destinate alla salute e all'istruzione. Questo danneggia gli interessi pubblici prioritari, come la salute e l'istruzione dei cittadini! Ecco perché il regime giuridico-amministrativo, in forza dell'ordine costituzionale, impone la motivazione degli atti amministrativi, affinché si fornisca al popolo, ai cittadini, che sono i finanziatori dell'amministrazione pubblica e destinatari diretti degli effetti dell'atto, la più ampia conoscenza delle ragioni di tale procedimento. Giustificazione e soddisfazione dell'opinione pubblica.

3. CONTROLLI ESTERNI DELLA GESTIONE PUBBLICA

Come strumento di controllo esterno, l'articolo 5°, XXXIV, "a" e "b" della Costituzione Federale ha garantito a ogni cittadino, indipendentemente dal pagamento di tasse: a) il diritto di petizione ai poteri pubblici in difesa dei diritti o contro illegalità o abuso di potere; b) l'ottenimento di certificati presso gli uffici pubblici, per la difesa dei diritti e il chiarimento della situazione personale.

Di conseguenza, l'articolo 74°, inciso IV, § 2°, ha istituito un dovere morale quando ha garantito il diritto di ogni cittadino, secondo la legge, di denunciare irregolarità o illegalità dinanzi alla Corte dei Conti della Nazione, e inoltre, secondo quanto stabilito nel § 3° dell'articolo 31°, il diritto di mettere in discussione la legittimità dei bilanci annuali. Per garantire l'efficacia di questo controllo esterno pubblico e ampio sugli atti amministrativi, il § 2°, dell'inciso V, dell'articolo 216° ha definito come responsabilità dell'amministrazione pubblica, secondo la legge, gestire la documentazione governativa e consentirne la consultazione a chiunque ne abbia necessità.

Pertanto, una gestione casuale del Sindaco, priva di impegno verso le linee guida costituzionali di necessaria osservanza dei principi di amministrazione, anche se non caratterizzata da dolo o corruzione, può configurare *cattiva amministrazione*. Questa deriva sempre dall'inefficienza amministrativa o, effettivamente, dalla cattiva gestione della cosa pubblica, risultante da condotta dolosa o colposa. Il Sindaco deve essere impegnato con gli interessi pubblici, con una gestione *pubblica efficiente*, con atti trasparenti e motivati, proteggendo le finanze pubbliche e non imponendo ai cittadini sacrifici ingiustificati.

4. CRIMINI DI RESPONSABILITÀ

La Legge Complementare 101°, del 04.05.2000, conosciuta come "Legge di Responsabilità Fiscale", istituita con l'obiettivo di regolamentare gli articoli 163° e 169° della Costituzione Federale, ha precisamente lo scopo di orientare il Gestore Pubblico sulla necessità di una gestione pianificata ed efficiente delle finanze pubbliche, in modo da garantire l'equilibrio (delle finanze pubbliche) e la compatibilità tra entrate e uscite, evitando atti irresponsabili di spese disordinate e *ingiustificate superiori* alle entrate, che potrebbero provocare gravi conseguenze negative per l'economia e per la stessa struttura amministrativa, suggerendo quindi punizioni per tali condotte.

Pertanto, alla luce della normativa complessiva del Decreto-Legge 201°, del 27.02.67, il Sindaco commette un *crimine di responsabilità* quando tradisce i voti che ha ottenuto alle urne, quando tradisce la fiducia del popolo, trascurando la gestione pubblica, allontanandosi dalle sue attribuzioni costituzionali di Gestore Pubblico, accettate con l'accettazione del mandato per cui è stato eletto, o si coinvolge nella pratica di atti criminosi.

Inoltre, la Legge di Responsabilità Fiscale sopra citata si estende ulteriormente quando, nel suo articolo 48°, che tratta degli strumenti di trasparenza della gestione fiscale, prevede al paragrafo unico che *"la trasparenza sarà garantita anche mediante incentivo alla partecipazione popolare e realizzazione di audizioni pubbliche, durante i processi di elaborazione e discussione dei piani, della legge di direttive di bilancio e dei bilanci"*.

Nella stessa sfera di definizione delle responsabilità del Gestore Pubblico, incluso il Sindaco, la Legge n. 10.028, del 19.10.2000, che integra la già citata Legge di controllo della gestione fiscale, ha stabilito crimini e fissato le relative pene che variano da una multa pecuniaria calcolata in base al reddito annuale del Gestore Pubblico a pene detentive, da detenzione a reclusione, con una durata che va da sei mesi a otto anni, a seconda del tipo e della forma della trasgressione.

Il fatto è che lo Stato, in precedenza, era concepito senza alcun senso di responsabilità fiscale, spendeva liberamente, senza controllo, e se gli mancavano risorse per coprire le sue spese cercava di strappare al contribuente, in modo forzato, senza pietà né misericordia, fino al limite dell'esaurimento. Ora, "schiacciando" il popolo, "schiaccia" anche lo Stato.

Questa concezione selvaggia, irrazionale e arcaica, poiché priva di impegno nel controllo e nella finalità delle risorse e nell'efficienza dei servizi pubblici, ha finito per generare crisi fiscali incommensurabili in tutto il mondo, imponendo la necessità di pensare a una nuova concezione per lo Stato, dove l'Efficienza e la Qualità dei Servizi Pubblici diventassero il fulcro, attribuendo al Gestore Pubblico responsabilità per questo controllo.

Attualmente, al SINDACO, Gestore Pubblico del Comune, è imposto il dovere di essere consapevole dei limiti entro cui si circoscrivono le sue responsabilità, nel campo amministrativo, civile e penale, derivanti dalla carica che ricopre, sapendo che il Ministero Pubblico, per forza di precetti costituzionali, deve essere permanentemente vigile per evitare deviazioni dalla condotta lecita e/o l'irresponsabilità amministrativa delle omissioni.

Inoltre, va sottolineato che la responsabilità del Gestore Pubblico, il Sindaco, con l'eccezione dei Sindaci delle Capitali, vincola direttamente e in modo oggettivo la persona fisica, indipendentemente dalle azioni esecutive dei suoi segretari, in virtù della delega ricevuta.

Nel perseguire l'efficienza del Servizio Pubblico, una delle grandi preoccupazioni, ad esempio, è l'assunzione di manodopera qualificata.

La Costituzione vieta, in modo chiaramente espresso, l'assunzione in un incarico pubblico senza una previa approvazione tramite concorso, ma ciò non significa che i servizi pubblici debbano necessariamente essere eseguiti esclusivamente da dipendenti pubblici vincitori di concorso. La stessa Costituzione Brasiliana prevede la possibilità di prestare servizi pubblici, direttamente o tramite gara, sotto il regime di concessione, permesso o (terceirizaçao). Tuttavia, in linea con l'efficienza e la qualità, il Gestore Pubblico dovrà identificare l'alternativa che meglio risponde agli interessi pubblici e alla collettività. Questo è il suo dovere.

Parallelamente a queste responsabilità, ad esempio, il SINDACO deve comprendere che, nel caso di un'intenzione imprenditoriale di istituire e sviluppare un determinato programma sociale, sarà necessario ottenere preliminarmente l'approvazione di una legge specifica e la relativa autorizzazione di bilancio, stimando anche i costi del programma per tre anni. Lo stesso vale per l'esigenza legale per la concessione di aumenti salariali ai dipendenti pubblici, la ristrutturazione dei piani di carriera e la copertura di posti pubblici. Poiché queste sono spese obbligatorie di carattere permanente, richiedono l'emanazione di una legge specifica e una stima dei costi per tre anni.

5. RIDUZIONI OBBLIGATORIE DELLE SPESE PUBBLICHE

D'altra parte, il SINDACO potrebbe essere obbligato a promuovere una riduzione immediata del 20% delle spese per i posti di fiducia, l'esonero dei dipendenti non stabili e anche l'esonero dei dipendenti stabili, osservando i criteri stabiliti dalla Legge n. 9.801/99, tra cui quelli con minore tempo di servizio, maggiore remunerazione e minore età, nel caso in cui, imprudentemente, venga superato il limite massimo del 95% delle spese per il personale. Questo adeguamento necessario dovrà essere attuato entro un periodo di 8 (otto) mesi, salvo nei casi in cui, durante questo periodo, venga dichiarato uno stato di *calamità*.

Il SINDACO dovrà cercare una solida guida e mantenere una vigilanza continua sui limiti del *debito pubblico* e sulla contrazione di operazioni di credito, principalmente perché la Legge sulla Responsabilità Fiscale, negli articoli 35°, 36° e 37°, stabilisce il divieto di prestiti e finanziamenti tra gli enti federati, Unione, *Stati e Comuni, salvo nei casi di acquisto di Titoli dell'Unione da parte degli Stati o dei Comuni e finanziamenti* dalla Caixa Econômica ai Comuni. Inoltre, secondo la regola dell'articolo 167°, III, della Costituzione Federale, non è consentito contrarre operazioni di credito per finanziare spese di gestione.

6. CONCLUSIONI

Pertanto, seguendo l'incoraggiamento all'osservanza del principio della democrazia partecipativa, la Legge sulla Responsabilità Fiscale stabilisce meccanismi di controllo sociale sull'uso delle risorse pubbliche, imponendo che, in versioni semplificate, i piani di bilancio, i rapporti fiscali e le relazioni sulle contabilità pubbliche debbano essere ampiamente divulgati, anche tramite internet, raccomandando, nel suo articolo 64°, che l'Unione fornisca l'assistenza tecnica e finanziaria necessaria affinché il Comune si adatti a questa struttura legale di pubblicazione degli atti pubblici.

E, per la consultazione e verifica da parte dei cittadini, che potranno mettere in discussione la sua legittimità, i conti del Comune dovranno rimanere disponibili presso la Camera dei Consiglieri per tutto l'esercizio, e non più solo per 60 (sessanta) giorni come previsto nel § 3° dell'articolo 31° della Costituzione Federale.

In questo modo legale, conviene a ogni Amministratore Pubblico Municipale, Signor SINDACO, una ragionevole riflessione sui limiti entro i quali si circoscrivono i poteri a lui conferiti attraverso il voto popolare e i rispettivi doveri che ne derivano, senza rinunciare a una competente consulenza, prevenendo imbarazzanti ostacoli giudiziari che turbano qualsiasi uomo probo!

CAPITOLO XI

Il diritto come strumento
di modellamento della società

Riassunto:
Assolvendo alla sua funzione sociale, il Diritto accompagna il progresso dei valori morali della società e, in quanto strumento normativo coercitivo, garantisce l'organizzazione dello Stato. In tal senso, il presente articolo analizza il contesto storico e politico di ciascuna delle costituzioni che sono state in vigore in Brasile, culminando con l'attuale del 1988, collocandole nei rispettivi momenti storici e politici e mostrando in che modo hanno svolto un ruolo rilevante nel modellare la società brasiliana come Nazione.

Parole chiave: Società brasiliana; Diritto costituzionale; Costituzione federale; Democrazia; Potere giudiziario; Potere legislativo; Corte Suprema Federale; Sistematizzazione; Norme; Organizzazione dello Stato.

1. INTRODUZIONE

Quando ci accingiamo ad analizzare o esporre la nostra comprensione del Diritto come naturale strumento di modellamento della società, è ovvio che dobbiamo partire dalla comprensione concettuale di cosa sia la società.

È davvero curioso, per non dire sorprendente, compilare la pluralità di concetti diversi di società registrati nel corso del tempo, dalla sua concezione originaria fino ad arrivare al concetto attuale, che sembra quasi essere espresso in senso opposto rispetto a quello originariamente diffuso.

Da qualsiasi prospettiva lo si osservi, quando si parla di esseri umani, si intende per società l'aggregazione di persone in modo organizzato e con obiettivi definiti, rendendo irrilevante, in questo senso, una tipizzazione specifica. Poco importa, per questo breve saggio, la distinzione che fa la dottrina giusnaturalistica tra società civile e società naturale, definendo la società politica come originaria dello Stato, poiché ciò, concettualmente, rappresenta solo una bozza dell'evoluzione della società umana.

Un'intesa condivisa e consolidata è quella secondo cui l'uomo è un essere politico che non sopravvive da solo; ha bisogno di vivere in gruppo, di vivere in società, per garantire la propria sopravvivenza. Tuttavia, porta nella sua natura, nel suo "DNA", *l'animus* del conflitto, poiché ambisce al potere, al dominio sul gruppo. Pertanto, vivere in conflitto fa parte della natura umana, mentre vivere in pace è solo uno stato temporaneo che, di norma, si persegue per sanare un dolore, in senso ampio, o per evitare altri dolori imminenti. Questa è stata la ragione della Dichiarazione Universale dei Diritti Umani, elaborata nel dopoguerra come strumento guida per le Costituzioni degli Stati firmatari, oggi divenuta lettera morta per coloro che, all'epoca della sua concezione, si erano impegnati a una rigorosa ubbidienza.

Come è noto, quando l'uomo ha cominciato a comprendere la necessità e l'importanza di vivere in gruppo, ha dato inizio, deliberatamente, alle cosiddette "organizzazioni sociali", che definiamo società primitive: aggregazioni di persone con l'obiettivo comune di preservare la vita e, di conseguenza, migliorare la vita collettiva, favorendo l'emergere e l'accettazione dei leader, i "capi" dei gruppi o delle società.

Di fatto, emergono da ciò due elementi naturali, semi del conflitto: il potere e il diritto – con la seguente equazione: potere, capacità di agire, individualmente o in gruppo, forza, influenza, contrapposto al diritto, insieme di benefici che derivano dall'effettivo adempimento dei rispettivi doveri, poiché è naturale che non esistano diritti senza doveri corrispondenti. Risultato: conflitti, mancanza di accordo tra due o più persone che richiede una regolamentazione, un controllo coercitivo.

Senza illusioni, non bisogna confondere comunità con società. La comunità è un'aggregazione di persone con interessi dispersi, in cui si può notare che gli interessi individuali prevalgono su quelli collettivi, indipendentemente dal fatto che sembrino essere accomunati da un medesimo patrimonio culturale e storico. Questo si contrappone alla società, che si organizza con un obiettivo comune volto al benessere di tutti, dove l'interesse collettivo prevale sugli interessi individuali.

Naturalmente, è proprio questa unità all'interno della società, che si costituisce a partire da un obiettivo comune, a favorire una maggiore coesione e solidarietà tra gli individui, inducendoli a svolgere con efficacia i rispettivi ruoli, conferendo così alla società il compito di organizzare e proteggere la vita e la dignità umana.

Da ciò deriva che le società si organizzano attraverso istituzioni come la famiglia, il governo, la scuola, il lavoro e, per il mantenimento dell'ordine sociale, mediante un sistema di controllo che comprende la polizia e la giustizia. È evidente che ogni società rappresenta una propria forma di organizzazione delle persone, basata sulla rispettiva cultura, con differenziazioni legate alle sue particolarità, dunque in accordo con il livello culturale plurale del gruppo.

2. VALORI MORALI DELLA SOCIETÀ

I valori morali sono elementi sentimentali astratti assorbiti dagli individui e dalla società collettivamente, che inducono a comprendere come dovrebbero essere i comportamenti, individuali e sociali della collettività, orientando e fungendo da meccanismi guida sul modo di agire per il bene di tutti.

Pertanto, i valori morali sono di rilevante importanza affinché si possa avere una vita sociale sostenibile e duratura, con una convivenza armoniosa e pacifica in cui si perpetui il rispetto tra le persone, il rispetto per la dignità umana. Per questo motivo, tali valori sono sempre in continua evoluzione nel tempo, in funzione delle nuove esigenze che emergono; di conseguenza, i valori morali sono variabili, differiscono tra le società e tra i diversi gruppi sociali.

Ciò si verifica in connessione con il naturalissimo principio fondamentale della libertà, uno dei tre principi che costituiscono il sentimento emancipatore ed evolutivo dell'individuo: libertà, uguaglianza e fraternità. Dunque, lo Stato, in quanto massima organizzazione sociale, deve garantire la libertà civile, che comprende tutti i diritti naturali che l'uomo deve esercitare all'interno della società, spiccando tra questi la libertà d'azione, che consente al cittadino di fare tutto ciò che non sia proibito dalle norme legali e secondo le modalità da esse previste, quando applicabili.

La libertà di pensiero e di esprimere liberamente il proprio pensiero su qualsiasi argomento – sia esso filosofico, religioso, governativo – la libertà politica di godere dei diritti che l'ordinamento giuridico nel suo complesso concede a ogni cittadino, inclusa la libertà di coscienza, che attribuisce all'individuo il diritto di professare le opinioni che ritiene più conformi alla verità.

Tuttavia, la *libertà morale* è particolare e personale per ogni individuo e si manifesta attraverso il libero arbitrio di scegliere tra gli impulsi dei desideri, degli interessi e delle idee della *ragione*, ovvero tutto ciò che costituisce il bene in quanto tale. Così, un uomo che non è libero in tutti i sensi non è un *cittadino*.

Per tutto questo, il *diritto* si costituisce come quell'insieme di regole generali destinate a tutti, lo strumento che modella la società, e, di conseguenza, tutto ciò che si oppone al progresso, alla prosperità, alla libertà, all'uguaglianza e alla solidarietà umana è *un male*; così come tutto ciò che contribuisce allo sviluppo sociale, al benessere collettivo e all'esercizio delle libertà è *un bene*.

3. L'ORGANIZZAZIONE DELLO STATO

Lo Stato è una concezione naturale, quasi spontanea del collettivo sociale, che si concretizza e sopravvive attraverso la relazione giuridica. Il creatore dello Stato, in quanto ente di diritto, è l'uomo; è la società che crea le norme per la sua istituzione e sopravvivenza, e successivamente elabora nuove norme affinché sia mantenuta la gestione e il controllo della società, conferendogli potere di sovranità, secondo un modello predefinito. Sono dunque queste regole che modellano tanto lo Stato quanto la società stessa in tutte le sue relazioni. Regole che, con il passare del tempo, richiederanno aggiornamenti in proporzione all'evoluzione dei concetti morali. Pertanto, il modello di una società si riflette nel suo rispettivo ordinamento giuridico.

Non è semplice sviluppare un'ordinazione normativa pienamente soddisfacente o accettata per un'istituzione tanto plurale e complessa quanto le società politiche, composte da lavoratori di ogni tipo, come agricoltori, allevatori, insegnanti, ingegneri, medici, leader religiosi, poliziotti, musicisti, scrittori, artigiani, ecc., inclusi i non lavoratori. Da qui nasce la necessità dell'organizzazione dello Stato, istituito con poteri sovrani previamente definiti, ma con la capacità di garantire l'effettività delle norme in modo coercitivo, senza la quale non possono esistere ordine e pace, e dunque non si raggiunge l'obiettivo del bene comune e del benessere sociale.

Abbiamo già evidenziato, in alcune riflessioni di natura giuridica, anche in un articolo pubblicato sulla Rivista dell'*IBEDAFT*, che è facilmente percepibile come il diritto sia l'unico strumento che accompagna l'evoluzione della civiltà umana, costituendosi come meccanismo di modellamento della società, in modo coercitivo, ma pienamente accettato come mezzo per promuovere l'armonia e il benessere sociale.

Pertanto, questo diritto che chiamiamo diritto materiale normativo, detta le regole del dover essere per l'intera società, del fare e del non fare, nelle rispettive sfere di controllo politico-sociale, costituendosi come il pilastro fondamentale dell'ordine e del desiderato benessere sociale.

Nel mondo attuale, nello spettro della civiltà, lo Stato è diviso in tre segmenti di potere – *legislativo, esecutivo e giudiziario* – che devono agire in modo armonico tra loro, senza alcuna contestazione, con l'obiettivo di non compromettere l'unità del potere statale, ovvero l'organizzazione dello Stato. Di conseguenza, spetta allo Stato-Giudice, oggi denominato *potere giudiziario*, attraverso l'esercizio della sua funzione giurisdizionale, il dovere di garantire l'effettività del diritto, nell'ambito della propria competenza, assicurando la necessaria sicurezza giuridica al cittadino, alle persone fisiche e giuridiche, quanto all'effettività del diritto normato, che, a sua volta, è stato previamente sancito *dal potere legislativo*, in quanto ente composto da rappresentanti del popolo eletti con il fine esclusivo di legiferare – cioè emanare le norme giuridiche che comporranno l'ordinamento destinato a modellare la società nell'esercizio delle sue libertà, secondo il dover essere e agire –, garantendo la sicurezza individuale del cittadino e il bene comune, la prosperità, il benessere e l'armonia sociale.

Il diritto, naturalmente, evolve man mano che i concetti morali avanzano nel tempo, al punto che le norme legali finiscono per non essere più adeguate alla contemporaneità, esigendo il loro necessario adeguamento, seguendo lo stesso meccanismo di produzione della norma originaria, specialmente per quanto riguarda la competenza e il processo legislativo.

Così, senza pregiudicare i principi costituzionali che guidano l'ordinamento fondamentale della Nazione e senza violare l'efficacia sacra dell'ordine costituzionale, le trasformazioni sociali richiedono un cambiamento formale, un aggiornamento delle norme legali.

Tuttavia, ciò non consente interpretazioni arbitrarie da parte dell'applicatore della legge per modificarne il significato letterale. Solo una nuova legge può abrogare o modificare quella in vigore; per questo si afferma con enfasi che, *quando la legge non prevede eccezioni, non spetta all'interprete – né al giudice, né ai tribunali – introdurle, né per ampliare né per restringere,* tutto ciò in nome dell'ordine e della sicurezza giuridica.

4. IL DIRITTO COME STRUMENTO NORMATIVO COERCITIVO

Il diritto, in quanto strumento normativo coercitivo, comprende un insieme di norme di condotta e di organizzazione ampio, che riguarda gli individui, la società e lo stesso Stato, consolidandosi in un'unità il cui contenuto è destinato alla regolamentazione delle relazioni fondamentali tra gli individui e tra questi e lo Stato, con l'obiettivo della convivenza e della sopravvivenza dei gruppi sociali, così come devono essere regolate le relazioni familiari, strumento base dell'evoluzione e dello sviluppo sociale.

In tale complesso normativo devono essere inserite la disciplina delle relazioni di natura patrimoniale, economica, di potere o politica, e in particolare la regolamentazione delle modalità di reazione alle violazioni delle norme, con l'istituzionalizzazione delle relative sanzioni, affinché si eviti il conflitto permanente o il tentativo di "farsi giustizia da sé".

Precautamente, queste norme possiedono una vocazione immaginaria minima a impedire il verificarsi di azioni volte alla distruzione della società, e possono contribuire alla risoluzione di conflitti che mettano a rischio la sopravvivenza stessa dei gruppi sociali, perseguendo pertanto la conservazione dell'ordine e della pace sociale.

Per quanto riguarda le norme giuridiche costitutive dell'ordinamento che modella la società, la necessità dell'istituzionalizzazione delle relative sanzioni in caso di violazione delle norme che regolano il dover essere da parte degli individui si impone per il fatto che, in ultima istanza, il Diritto deve ricorrere alla forza fisica per imporre il rispetto delle norme, garantendone così l'efficacia. Da ciò si definisce il diritto come strumento normativo coercitivo, che porta sia alla consolidazione che all'alternanza delle forze o leadership politiche, ciò che chiamiamo *potere dominante* nella società.

È dunque la forza coercitiva del diritto a garantire l'organizzazione e il potere dello Stato. Dall'altro lato, lo Stato organizzato garantirà l'efficacia del diritto normativo, strumento formale che definisce la modellazione sociale, nell'accezione organizzativa dello Stato e della convivenza tra individui. La definizione del modello politico statale e comportamentale della società conferisce all'ente pubblico il sigillo di Stato di Diritto, quando esso si conduce fedelmente sotto la luce dell'ordine giuridico.

Per questa ragione è ragionevole affermare che Stato e Diritto costituiscono due facce della stessa medaglia: da un lato lo Stato, dall'altro la Legge. La sovranità della Legge dipende dallo Stato, e la sovranità dello Stato dipende dalla Legge. Fuori da questo contesto, vi è solo conflitto o stato d'eccezione.

5. PROCESSO STORICO DELLA MODELLAZIONE LEGALE DELLA SOCIETÀ BRASILIANA

5.1. Nascita delle prime norme giuridiche brasiliane

Ma, come il diritto interno sta modellando la società brasiliana? Percorrendo il cammino della costruzione di una "Nazione" e dell'organizzazione di uno Stato, il Brasile, pur essendo ancora una colonia portoghese, ha cominciato effettivamente a tracciare le sue norme giuridiche per l'adeguamento e il controllo sociale solo a partire dal 1815, quando è stato superato il lungo periodo coloniale e le dispute territoriali, con la definizione del *Regno Unito* stabilito, sotto l'egida delle convenzioni chiamate leggi costituzionali originarie del Portogallo, una sorta di statuti normativi emanati dal Parlamento portoghese, riconosciuti come costituzionali, nonostante la loro forma e statura di legge.

Con l'insediamento della famiglia reale in Brasile, a Rio de Janeiro, sotto la guida del portoghese Pedro de Alcântara, titolato come D. Pedro I, ebbe inizio una serie di cambiamenti nel modello socio-politico della "Nazione". Per promuovere lo sviluppo commerciale ed economico, favorendo una grande espansione nei principali centri popolazionali, grazie all'implementazione di misure raccomandate dal Re del Portogallo, D. João VI ordinò l'apertura dei porti brasiliani alle nazioni amiche, stimolando in particolare uno scambio commerciale tra brasiliani e inglesi.

D. Pedro I, uomo colto e ben intenzionato, si occupò di attuare misure rivolte all'espansione dell'istruzione, della cultura e del progresso della letteratura brasiliana nell'insegnamento pubblico, creando scuole di perfezionamento per insegnanti – e, già nel secondo anno dell'Impero, istituì una lotteria in Bahia con l'obiettivo di raccogliere fondi per il completamento dei lavori del teatro cittadino.

Nella provincia di Pernambuco, istituì i corsi di Calcolo Integrale, Meccanica, Idromeccanica e Matematica, destinati in particolare agli studenti di Artiglieria e Ingegneria di quella capitania.

Con questo scopo di sviluppo per modellare la società, esentò dalle imposte, ossia dal pagamento dei diritti doganali nelle dogane brasiliane, le materie prime destinate alla manifattura in qualsiasi provincia, istituendo anche un corso regolare di lingua inglese nell'Accademia Militare di Rio de Janeiro.

Tutto ciò dimostrava chiaramente la buona intenzione del Re del Portogallo di modernizzare il Paese per eliminare l'idea che il Brasile fosse una mera colonia portoghese. Era la ratifica effettiva che il Brasile cessava di essere una colonia e iniziava a far parte del Regno Unito

di Portogallo, composto dagli Algarvi, dagli altri territori del Portogallo
e dal Brasile.

Con la proclamazione dell'Indipendenza del Brasile, da parte di
D. Pedro I, il 7 settembre 1822, e il Paese che si trasformava in una MO-
NARCHIA, incoronando D. Pedro I come suo Imperatore, si impose la
necessità di stabilire norme giuridiche proprie, innanzitutto per definire
chi fosse, o chi sarebbe stato, da allora, brasiliano e successivamente per
promuovere la costruzione di un diritto brasiliano, con l'emanazione di
norme giuridiche che definivano le nostre regole di condotta e di obbedienza allo Stato, ossia norme che definivano le relazioni tra i privati e la
relazione tra i privati e lo Stato, creando per questo uno Parlamento,
un'Assemblea Costituente, e di conseguenza, una Costituzione.

Questa cosiddetta prima COSTITUZIONE politica dell'Impero
del BRASILE, che nel suo preambolo esaltava "In Nome della Santissi-
ma Trinità", così disponeva nel suo articolo primo: *"L'IMPERO del
Brasile è l'associazione politica di tutti i cittadini brasiliani. Essi for-
mano una Nazione libera e indipendente, che non ammette con nessun
altro legame di unione o federazione che si opponga alla sua indipendenza". (sic). E continua a modellare la Nazione, fino all'articolo 6,*
stabilendo:

> Art. 2. Il suo territorio è diviso in Provincie nella forma in cui
> attualmente si trova, le quali potranno essere suddivise, come
> richiede il bene dello Stato.
> Art. 3. Il suo Governo è Monarchico Ereditario, Costituzionale
> e Rappresentativo.
> Art. 4. La Dinastia Imperante è quella del Signore Dom Pedro I,
> attuale Imperatore e Difensore Perpetuo del Brasile.
> Art. 5. La Religione Cattolica Apostolica Romana continuerà a
> essere la Religione dell'Impero. Tutte le altre Religioni saranno
> permesse con il loro culto domestico, o privato, in case destina-
> te a tale scopo, senza alcuna forma esterna di Tempio.
> Art. 6. Sono Cittadini Brasiliani:
>> I. Quelli nati in Brasile, che siano schiavi o liberi, anche
>> se il padre è straniero, purché questo non risieda per

servizio della sua Nazione.

II. I figli di padre Brasiliano, e i figli illegittimi di madre Brasiliana, nati in paese straniero, che vengano a stabilire domicilio nell'Impero.

III. I figli di padre Brasiliano, che si trovassero in paese straniero al servizio dell'Impero, anche se non vengano a stabilire domicilio in Brasile.

IV. Tutti i nati in Portogallo e nelle sue Possessioni, che, essendo già residenti in Brasile al momento in cui fu proclamata l'Indipendenza nelle Provincie in cui abitavano, aderirono ad essa espressamente, o tacitamente continuando a risiedere lì.

V. Gli stranieri naturalizzati, qualunque sia la loro Religione. La Legge stabilirà i requisiti precisi per ottenere la Carta di naturalizzazione. (sic).

Così, era stato delineato il primo modello strutturale socio-politico dello Stato brasiliano, ispirato al fatto che, nonostante la famiglia reale avesse implementato grandi progressi nello sviluppo del Brasile, continuavano ad essere attivi movimenti di resistenza e insoddisfazione con la presenza della famiglia reale al comando del Paese, al punto che Pernambuco scatenò la irresponsabile Rivoluzione del 1817, giustificata come un atto di rifiuto agli aumenti delle imposte, oltre alla creazione di altre nuove per sostenere la macchina governativa della Nazione, il che impattava direttamente sull'amministrazione di quella capitania.

Quella Rivoluzione fu violentemente repressa, in modo esemplare. Tuttavia, solo tre anni dopo, Dom João VI si trovò di fronte a un altro enorme problema, ben più grave, che dovette affrontare: l'esplosione delle insoddisfazioni in Portogallo, che viveva una forte crisi economica e politica, culminata nella Rivoluzione Liberale di Porto nel 1820, con enorme ripercussione sulla Nazione brasiliana, tanto da scatenare, in modo deciso e irreversibile, il movimento per l'indipendenza del Brasile, proclamata due anni dopo, nel 1822.

Quando fu proclamata l'indipendenza del Brasile, nacque naturalmente la sua prima costituzione, la Costituzione del 1824, matrice del suo ordine giuridico originario, modellando la Nazione brasiliana sotto il regime imperiale, conferendo a Dom Pedro I i pertinenti e ampi poteri di Imperatore, che rimasero in vigore per 65 (sessantacinque) anni, fino alla proclamazione della Repubblica, nel 1889.

Tuttavia, quando la *Costituzione Imperiale* cominciò ad essere elaborata nel 1823, *dall'Assemblea Costituente* composta da rappresentanti di tutte le Provincie del Brasile, che oggi corrispondono agli Stati, l'imperatore *Dom Pedro I*, vedendo che i Costituenti intendevano limitare troppo i suoi poteri, ordinò la loro chiusura e concesse una Costituzione in conformità con i suoi sentimenti e ideali politici, elaborata da una commissione di legislatori scelti da lui, la cosiddetta Costituzione Imperiale del 1824, istituendo il *Potere Moderatore*, di competenza dell'Imperatore, per intervenire sugli altri poteri. Istituì il voto censitario e il cattolicesimo come religione ufficiale della Nazione brasiliana, inaugurando un lungo periodo di libertà politica, che si turbò solo a partire dalla proclamazione della Repubblica.

5.2. Base dell'ordinamento giuridico a partire dalla proclamazione della Repubblica

Internamente, in modo ufficiale, la proclamazione della Repubblica avvenne con la pubblicazione del DECRETO N. 1, DEL 15 NOVEMBRE 1889, nei seguenti termini:
DECRETO N. 1, DEL 15 NOVEMBRE 1889
Proclama provvisoriamente e decreta come forma di governo della Nazione brasiliana la Repubblica Federativa, e stabilisce le norme secondo le quali si devono reggere gli Stati Federati.
Il Governo Provvisorio della Repubblica degli Stati Uniti del Brasile decreta:
Art.1. È proclamata provvisoriamente e decretata come forma di governo della nazione brasiliana – la Repubblica Federativa.
Art.2. Le Provincie del Brasile, unite dal vincolo della federazione, costituiscono gli Stati Uniti del Brasile.

Art. 3. Ciascuno di questi Stati, nell'esercizio della sua legittima sovranità, decreterà opportunamente la sua costituzione definitiva, eleggendo i suoi corpi deliberativi e i suoi governi locali.

Art. 4. Finché, per vie regolari, non si procederà all'elezione del Congresso Costituente del Brasile e anche all'elezione delle legislature di ciascuno degli Stati, la nazione brasiliana sarà governata dal Governo Provvisorio della Repubblica; e i nuovi Stati dai governi che abbiano proclamato o, in mancanza di questi, dai governatori, delegati del Governo Provvisorio.

Art. 5. I governi degli Stati federati adotteranno con urgenza tutte le misure necessarie per il mantenimento dell'ordine e della sicurezza pubblica, la difesa e la garanzia della libertà e dei diritti dei cittadini, sia nazionali che stranieri.

Art. 6. In qualsiasi degli Stati, dove l'ordine pubblico venga turbato e dove il governo locale manchi dei mezzi efficaci per reprimere i disordini e assicurare la pace e la tranquillità pubblica, il Governo Provvisorio effettuerà l'intervento necessario per, con il supporto della forza pubblica, assicurare il libero esercizio dei diritti dei cittadini e la libera azione delle autorità costituite.

Art. 7. Essendo la Repubblica Federativa Brasiliana la forma di governo proclamata, il Governo Provvisorio non riconosce né riconoscerà alcun governo locale contrario alla forma repubblicana, attendendo, come suo compito, la dichiarazione definitiva del voto della nazione, liberamente espresso tramite il suffragio popolare.

Art. 8. La forza pubblica regolare, rappresentata dalle tre armi dell'Esercito e dalla Marina Nazionale, di cui esistono guarnigioni o contingenti nelle varie province, continuerà subordinata e esclusivamente dipendente dal Governo Provvisorio della Repubblica, e i governi locali, con i mezzi a loro disposizione, potranno decretare l'organizzazione di una guardia civica destinata alla sorveglianza del territorio di ciascuno dei nuovi Stati.

Art. 9. Resteranno anch'esse subordinate al Governo Provvisorio della Repubblica tutte le amministrazioni civili e militari che fino a quel momento erano subordinate al governo centrale della nazione brasiliana.

Art.10. Il territorio del Comune Neutro rimarrà provvisoriamente sotto l'amministrazione immediata del Governo Provvisorio della Repubblica e della città di Rio de Janeiro, anch'essa provvisoriamente, sede del potere federale.

Art.11. Sono incaricati dell'esecuzione di questo decreto, nella parte che ciascuno di loro concerne, i segretari di Stato delle varie amministrazioni o ministeri dell'attuale Governo Provvisorio.

Sala delle Sessioni del Governo Provvisorio, 15 novembre 1889, 1° della Repubblica.

Marechal Manuel Deodoro da Fonseca, Capo del Governo Provvisorio. – S. Lobo. – Ruy Barboza. – Q. Bocayuva. – Benjamin Constant. – Wandenkolk.

Nota "Questo testo non sostituisce l'originale pubblicato nella Collezione di Leggi del Brasile del 1889".

Da allora, abbiamo avuto le Costituzioni del 1891, 1934, 1937, 1946, 1967 e 1988, tutte cercando di sviluppare un modello giusto e sostenibile per la Nazione brasiliana, uno Stato organizzato e prospero e una società armoniosa e felice, sei tentativi tra dispute di idee politiche e conflitti ideologici che non hanno ancora avuto successo.

5.3. Il nuovo ordinamento giuridico istituito dalla Costituzione del 1891

Con il compimento dell'atto patriottico della Proclamazione della Repubblica, il 15 novembre 1889, il paese passava a essere chiamato Stati Uniti del Brasile. Ponendo fine al periodo Imperiale, si dava inizio a una nuova era politica, con la vittoria dei repubblicani contro i monarchici.

Per questa nuova forma e modellazione di regime di governo, fu istituito un Governo Provvisorio sotto la guida del maresciallo Deodoro da Fonseca, alagoano e uno dei leader del movimento politico vincente, il cui primo atto fu l'esilio della famiglia imperiale e l'abrogazione della Costituzione del 1824, che era in vigore da 65 anni.

Insediata l'Assemblea Costituente per lo sviluppo di un nuovo ordinamento politico-giuridico per la Nazione brasiliana, lì si confrontavano le leadership repubblicane. Da un lato, i militari che difendevano ampi poteri per il Presidente, con l'obiettivo di consolidare la Repubblica appena proclamata ed evitare qualsiasi reazione monarchica, e dall'altro, un gruppo che difendeva una maggiore autonomia per gli Stati, che non sarebbero più stati province, e la separazione dei poteri tra Esecutivo, Legislativo e Giudiziario, preoccupati che la concessione di poteri eccessivi al capo dell'Esecutivo potesse portare il Paese a una dittatura.

Con un testo redatto congiuntamente da *Ruy Barbosa e Prudente de Morais*, l'Assemblea Costituente *promulgò la prima nuova Costituzione brasiliana dell'era repubblicana, il 24 febbraio 1891*, ispirata alla Costituzione degli Stati Uniti, con 91 articoli e 8 disposizioni transitorie. Promulgata la Costituzione, il Congresso elesse il maresciallo Deodoro da Fonseca come primo Presidente del Brasile, che, sebbene fosse costretto, poiché voleva avere più poteri di quelli che erano stati promulgati per difendere la Repubblica da qualsiasi minaccia monarchica, governò il Paese con stretta obbedienza alla Costituzione.

Con questa nuova modellazione politico-giuridica, fu definita la separazione tra Stato e Chiesa, istituendo, da quel momento, la laicità *nel Paese, garantendo la libertà* di credo e di culto religioso in tutto il territorio nazionale, opponendosi alla Costituzione precedente che stabiliva la religione cattolica come ufficiale.

Ora il Paese sarebbe governato da un Presidente, che sarebbe stato eletto con voto universale da uomini maggiorenni di 21 anni, con mandato limitato a quattro anni, senza diritto alla rielezione per il mandato successivo. Non avevano diritto di voto le donne, gli analfabeti, i mendicanti, i religiosi che avevano fatto voto di obbedienza e i militari di bassa categoria.

Inoltre, il voto dell'elettore era aperto, non segreto. L'elettore doveva firmare la scheda elettorale, il che permetteva facilmente manipolazioni a favore di coloro che erano al potere. Per questo motivo, il primo periodo della Repubblica del Brasile venne denominato *"Repubblica Oligarchica"*, poiché il potere era sotto il controllo di pochi gruppi politici. Fu anche il periodo in cui si figurava il *"voto di cabresto"*, poiché l'elettore non era libero di scegliere il candidato secondo la propria volontà, ma piuttosto per pressioni dei leader politici regionali.

Suggerendo un nuovo disegno politico-geografico, le disposizioni transitorie costituzionali prevedevano il trasferimento della Capitale Federale da Rio de Janeiro al Piano Centrale, con la giustificazione della necessità di popolare e sviluppare il "sertão brasiliano". Tuttavia, l'idea si concretizzò solo successivamente, durante il governo di *Juscelino Kubitschek*, nel 1958.

5.4. Nuovo cambiamento del modello giuridico della società brasiliana

Con la Costituzione del 1934, frutto di una sequenza di rivoluzioni e lotte per il potere, si cercò di dare priorità agli interessi legittimi della società, della nazione brasiliana, orientando la creazione di leggi che rendessero la vita della popolazione più armoniosa e più sana, evidenziando l'educazione e la salute, con la valorizzazione dei concetti di cittadinanza.

Cercando di controllare i privilegi dell'élite, la nuova Costituzione portava maggiore speranza per il popolo brasiliano, consolidando importanti cambiamenti nella sfera giuridico-amministrativa, come: a) Creazione del Tribunale del Lavoro e una legislazione lavoristica specializzata; b) dissociazione dei poteri, stabilendo l'indipendenza tra il Legislativo, il Giudiziario e l'Esecutivo; c) trasformazione del suffragio elettorale in universale, segreto, diretto e per maggioranza di voti; e d) istituzione dell'Azione Popolare. Sebbene durò solo tre anni, questa Costituzione rappresentava già una significativa evoluzione della società brasiliana.

Sostituendo la Costituzione del 1934, la *Costituzione brasiliana del 1937*, concessa dal Presidente Getúlio Vargas il 10 novembre 1937 e redatta dal giurista Francisco Campos, con la previa approvazione dell'allora Ministro della Guerra Generale Eurico Gaspar Dutra, imponeva nel Paese ciò che veniva chiamato lo Stato Nuovo. Era la quarta Costituzione del Brasile e la terza del periodo repubblicano.

Questo nuovo ordinamento costituzionale veniva propagandato come avente contenuti democratici, ma si trattava di una Carta Politica concessa, eminentemente volta a mantenere i poteri concentrati nelle mani del Presidente *Getúlio Vargas*, che all'epoca veniva soprannominata *"Polaca"*, in quanto si diceva ispirata al modello semifeudale polacco, con un contenuto estremamente centralizzatore, conferendo al Presidente poteri quasi illimitati.

In realtà, purtroppo, era una Costituzione autoritaria che rispondeva agli interessi dei gruppi politici che desideravano un governo fortemente centralizzato che garantisse la sostenibilità del potere dominante, in particolare preservando i privilegi di coloro che si alleavano con il Presidente Vargas.

La Carta Magna della costituzione conferiva una grande concentrazione di poteri nelle mani del Presidente, conferendogli la competenza di nominare le autorità statali, in particolare gli interventori, che a loro volta dovevano nominare le autorità municipali.

Così, *Getúlio Vargas* instaurò un governo altamente autoritario, nel modello fascista, che durò dal 1937 al 1945, periodo che venne denominato *"Dittatura Vargas"* per la forte repressione degli oppositori, con censura e uso della tortura come strumenti di sostenibilità dell'ordine politico. Tuttavia, questo modello di governo era molto accettato dalla maggior parte della popolazione brasiliana, che idolatrava il Presidente Getúlio Dorneles Vargas, tanto che, subito dopo la sua caduta, nell'ottobre del 1945, nacque un movimento politico chiamato "QUEREMISMO" che, pur concordando con la realizzazione delle elezioni per l'installazione di un'Assemblea Costituente, chiedeva il mantenimento di *Getúlio* alla Presidenza del Brasile, anche organizzando grandi manifestazioni in suo favore.

Anche con Getúlio Vargas alla Presidenza, quindi, prima della promulgazione della nuova Costituzione, la pressione su Vargas era molto forte, il che lo portò a cedere spazio a coloro che chiedevano la democratizzazione del Brasile, concordando con la convocazione di elezioni generali per la fine del 1945; concedendo l'amnistia per i prigionieri politici dello Stato Nuovo e permettendo la creazione di nuovi partiti politici. Fu così che nacquero, il Partito Social Democratico - PSD, un partito di centro, organizzato da ex burocrati dello Stato Nuovo, che lanciò la candidatura del Generale Eurico Gaspar Dutra alla *Presidenza*, e l'Unione Democratica Nazionale- UDN, un partito conservatore, formato da dissidenti del gruppo Getulista e vecchi avversari di Vargas, che si unì per cercare di fermare l'eredità politica di Getúlio, lanciando la candidatura del Brigadiere Eduardo Gomes, *movimenti che culminarono con il distacco coercitivo di Getúlio dalla Presidenza, il 29 ottobre 1945. Ci fu anche un terzo candidato*, lanciato dal Partito Comunista del Brasile – PCB, Yedo Fiúza. Alla fine, il vincitore fu il Generale Eurico Gaspar Dutra, che ottenne il sostegno sia dal Partito Lavorista Brasiliano – PTB, sia dallo *stesso Getúlio Vargas*.

Con la caduta della "Dittatura Vargas", dopo le elezioni generali del 2 dicembre 1945, i nuovi Senatori e Deputati Federali eletti formarono l'Assemblea Costituente che elaborò e promulgò la nuova Costituzione, il 18 dicembre 1946, instaurando un modello politico liberale democratico, restituendo l'indipendenza ai poteri Esecutivo, Legislativo e Giudiziario, ristabilendo l'equilibrio e l'ideale di armonia tra i tre poteri, istituendo l'autonomia degli Stati e dei Comuni, dando così inizio all'esperienza del regime democratico in Brasile, sebbene ancora con limitazioni evidenti e dibattute, inclusa la proibizione del voto per gli analfabeti. Era nata la *Quarta Repubblica!*

Questa Costituzione rimase in vigore per 21 anni, fino alla promulgazione della *Costituzione del 1967*, il 15 marzo di quell'anno, dopo l'instaurazione di una nuova esperienza in termini di modello di Stato, con il *Regime Democratico* Militare nel 1964, un modello di gestione rigido, all'epoca sostenuto e molto stimolato negli Stati Uniti e in America Latina, negli anni '60, a causa della paura generalizzata che, dopo la Rivoluzione Cubana, il comunismo avrebbe dominato il continente.

Infatti, già all'inizio dell'anno 1964, la paura del comunismo e l'inquietudine della società brasiliana raggiunsero il culmine, momento in cui i leader politici di destra, alleati dei militari, si unirono per rovesciare il Presidente João Goulart che, apertamente, in quel periodo, si stava alleando con tutta la sinistra per instaurare il comunismo internazionale nel Paese. Il Presidente fu deposto dal Congresso il 1° aprile 1964, dando inizio all'instaurazione del cosiddetto *Regime Democratico Militare*, organizzato disciplinatamente dalle leadership delle tre forze armate, *Esercito, Marina e Aeronautica*, con ampio supporto della popolazione brasiliana, incluso il supporto ufficiale del Vaticano, che esprimeva un riconoscimento positivo.

Legato ai suoi sentimenti ideologici, il nuovo potere dominante, strutturato tra civili e militari, si inclinò verso l'adozione di una nuova

Costituzione incorporando gli Atti Istituzionali che erano stati pubblicati dal 1964 per l'organizzazione di un nuovo potere politico che si installava in Brasile, con un focus sulla triade: proprietà, patria e famiglia.

Un abbozzo della Carta Magna, scritto su richiesta dai giuristi Francisco Campos, Levi Carneiro, Temístocles Cavalcanti e Orozimbo Nonato, con la coordinazione del Ministro della Giustizia Carlos Medeiros Silva, fu pubblicato nel 1966 dal Governo che intendeva la sua immediata promulgazione. Tuttavia, a causa delle forti proteste del MDB, partito di opposizione al Governo, e anche dell'Arena, partito alleato al Governo, che si preoccupò riaprendo e convocando il Congresso per discutere e votare la nuova Carta Magna, ciò avvenne nel periodo tra il 12 dicembre 1966 e il 24 gennaio 1967, quando il testo finale fu approvato, dai Deputati e Senatori, con poche modifiche.

Quali sono le caratteristiche di questa Costituzione del 1967? Contagiata dalle inquietudini socio-politiche di quel momento, nella logica della Guerra Fredda, la Carta Magna, mantenendo la Repubblica come forma di governo, evidenziava i temi della sicurezza nazionale, dell'aumento dei poteri della Repubblica e del Presidente, mentre riduceva i diritti individuali, persino sopprimendo diritti e garanzie fondamentali dei cittadini, precedentemente inclusi nella Costituzione del 1946.

Nel contesto del Regime Militare – Regime Democratico Militare, le principali disposizioni della *Carta Magna* includevano l'elezione del Presidente della Repubblica in modo indiretto, tramite un Collegio Elettorale, in sessione pubblica, per un mandato di quattro anni; la possibilità di annullamento e sospensione dei diritti politici da parte del Potere Esecutivo; l'istituzione del bipartitismo; l'indicazione di elezioni indirette per i governatori e i sindaci; l'introduzione della pena di morte per crimini contro la sicurezza nazionale; la limitazione del diritto di sciopero; l'ampliamento della competenza della giustizia militare, estendendo il foro speciale anche ai civili e, successivamente, nel 1968, l'incorporazione dell'Atto Istituzionale n° 5, "AI-5", che autorizzava la chiusura del Congresso Nazionale da parte del Potere Esecutivo; la censura preventiva dei mezzi di comunicazione; l'intervento militare negli Stati e nei Comuni; e la sospensione dei diritti civili e politici dei cittadini che commettevano crimini contro la Sicurezza Nazionale.

Sotto questa Costituzione, per circa 13 anni, il sistema bipartitico è stato in vigore in Brasile, sostenuto dalla maggior parte del Regime Democratico Militare iniziato nel 1964, con il "MDB" (Movimento Democratico Brasiliano) e l' "ARENA" (Alleanza Rinnovatrice Nazionale). Sebbene fosse previsto nella Costituzione Federale, il bipartitismo è stato abolito dalla Legge n° 6.767 del 20 dicembre 1979, dando origine a una maggiore pressione politica per le elezioni dirette, per meno autoritarismo e per più democrazia.

Non resistendo più alle pressioni politiche, il Governo Militare cedette alla candidatura di civili alla Presidenza della Repubblica nel 1984, consentendo che il Collegio Elettorale eleggesse Tancredo de Almeida Neves Presidente della Repubblica, il 15 gennaio 1985, con 480 voti, contro 180 voti dati a Paulo Maluf, con 26 astensioni. Era l'inizio della fine della Costituzione del 1967 e del Regime Democratico Militare.

Con il nuovo Governo Civile, nel 1986 furono eletti i deputati per formare l'Assemblea Costituente e redigere la nuova Carta Magna, con un nuovo modello di regime democratico, ora desiderato dalla maggioranza, un lavoro che si prolungò da febbraio 1987 a settembre 1988. Così, il 5 ottobre 1988, fu proclamata la "Costituzione della Repubblica Federativa del Brasile", la "Costituzione del 1988", segnando la nascita di un'altra "nuova ordine giuridica", un nuovo modello di società politica nel Paese, la settima costituzione del Brasile dalla sua indipendenza nel 1822 e la sesta del periodo repubblicano.

In che modo questa nuova Costituzione, ora in vigore, ha cercato di modellare lo Stato e la società brasiliana? La Costituzione Federale, strutturata in nove titoli, definiti come: *Titolo I - Principi Fondamentali; Titolo II - Diritti e Garanzie Fondamentali; Titolo III - Organizzazione dello Stato; Titolo IV - Organizzazione dei Poteri; Titolo V - Difesa dello Stato e delle Istituzioni; Titolo VI - Tassazione e Bilancio; Titolo VII - Ordine Economico e Finanziario; Titolo VIII - Ordine Sociale; e Titolo IX - Disposizioni Generali, sebbene oggi* sia stata parzialmente modificata e talvolta violata, ha introdotto nella società brasiliana caratteristiche particolari nella disciplina dei diritti dei cittadini.

Per quanto riguarda i diritti dei lavoratori, la Costituzione ha consolidato alcune conquiste precedenti: ha mantenuto l'indennità di 40% del FGTS in caso di licenziamento e l'indennità di disoccupazione; l'indennità di ferie e la tredicesima per i pensionati; ha istituito una settimana lavorativa di 44 ore, che prima era di 48 ore; ha introdotto il congedo di maternità di 120 giorni e il congedo di paternità di 5 giorni; e il diritto di sciopero e la libertà sindacale.

Per quanto riguarda i diritti umani, ha fatto significativi progressi, istituzionalizzando la fine della censura nei mezzi di comunicazione; la libertà di espressione; i diritti per bambini e adolescenti; elezioni dirette e universali con due turni; il diritto di voto per gli analfabeti; il voto facoltativo per i giovani tra i 16 e i 18 anni; il crimine inaffiabile per la pratica del razzismo; il divieto della tortura; l'uguaglianza di genere; e il sostegno al lavoro femminile.

Ha inoltre stabilito che gli indigeni avessero il riconoscimento della proprietà delle terre che occupavano, così come quelle che tradizionalmente si consideravano di loro proprietà, e ha garantito all'Unione il diritto di legiferare sugli indigeni e garantire la preservazione delle loro usanze, lingue e tradizioni. Ha anche riconosciuto il diritto di proprietà delle terre occupate dai discendenti di *Quilombos*.

Pertanto, con l'intento naturale di modellare la società brasiliana, la Costituzione istituisce l'ordinamento giuridico del Paese, stabilendo regole che regolano e mirano a pacificare i conflitti di interesse dei gruppi sociali, autorizzando anche che modifiche nel testo costituzionale possano essere effettuate tramite emendamento costituzionale, eccetto per quanto riguarda le clausole inviolabili che riguardano il Sistema *Federativo dello Stato; il voto diretto, segreto, universale e periodico; la separazione dei poteri; e i diritti e le garanzie individuali.*

6. COME GARANTIRE CHE LA COSTITUZIONE DEL PAESE SIA RISPETTATA ED EFFICIENTE?

Una nazione sarà tanto forte e rispettata internazionalmente quanto più sarà rispettata internamente la sua *Costituzione,* il suo ordinamento giuridico, la sua *Carta Magna!* Non è concepibile né razionale che lo Stato, che la società ha creato per garantire l'armonia, il benessere, l'esercizio delle sue libertà e dei meccanismi della prosperità, si trasformi in un mostro che divora il suo creatore!

Il *Supremo Tribunale Federale,* la cui giustificazione per la sua creazione sta nella garanzia del rispetto e dell'efficacia dell'ordine costituzionale, sembra calpestare la sacra *Costituzione Federale* quando annulla le sacre norme costituzionali che lo costituiscono come suo guardiano, delimitano la sua competenza e definiscono le sue funzioni giurisdizionali.

In effetti, allontanandosi dal dovere di vigilare sul rispetto e sull'efficacia della Carta Magna, destinata a promuovere la sicurezza giuridica, la pace, l'armonia e il benessere sociale, la Corte Suprema non può fare politica esplicita, professare ideologie o inclinarsi a difendere interessi di partito, proclamandosi, giustificando la sua postura adottata, come il "potere moderatore del Brasile", sebbene questo potere moderatore straordinario sia esclusivo del sistema Imperiale. Il nostro sistema giuridico è Repubblicano e Democratico, non ammette l'intrusione audace di un autoproclamato *"potere moderatore"!*

Il nostro indimenticato e insuperabile giurista, *Pontes de Miranda*, che ha diffuso tanto il nostro prezioso diritto in tutta Europa e nel mondo, e che ha anche contribuito a inquadrare il diritto tedesco come uno dei sistemi giuridici più importanti nell'era moderna dello Stato di diritto, ha sempre insegnato, come disse in un'intervista concessa al giornalista Oto Lara Rezende nel 1979, subito dopo entrare nell'Accademia Brasiliana delle Lettere, che *"IL DIRITTO non ha né sinistra né destra"*, il DIRITTO è l'ordinamento giuridico, imparziale, è quello che è scritto nella norma, per tutti, senza distinzione di alcun tipo, uno strumento modellatore della società nato dall'intelligenza della stessa società.

Le lezioni di quel maestro di eccezionale intelligenza, che diffondeva il nostro diritto come uno dei migliori al mondo, meritano tutta l'attenzione e il rispetto. Se la Corte Suprema Federale è decisa a inclinarsi ai margini della Costituzione Federale, disprezzando il senso di imparzialità del diritto e della giustizia, incorporando un'ideologia politica, dovrebbe abdicare dalla preziosa biblioteca del suddetto e compianto maestro, *Pontes de Miranda,* che conserva, e trasferirla a un'Università o a una Biblioteca Pubblica di qualità, che valorizzi quel ricco patrimonio pedagogico, che potremmo persino definire patrimonio dell'umanità.

Per gli accademici e i giuristi brasiliani è stato molto triste sentire da Ministri della Corte Suprema Federale che la Corte esercita il

"Potere Moderatore in Brasile". E ora, dopo essere stato nominato alla carica di Ministro di quella Suprema Corte, il nuovo Ministro Dino afferma, con enfasi, in un'intervista alla "Gazeta do Povo[16]", che *"la Suprema Corte ha questo grande ruolo di controllo sugli altri Poteri"*, vantandosi, dunque, in quanto Ministro, che la *"Corte Suprema Federale esercita il controllo sugli altri Poteri della Nazione"*. Secondo questa ottica, allora, sarebbe estinta la Repubblica Federativa del Brasile, oppure tale dichiarazione deliberata rafforza l'immagine di uno stato d'eccezione – una *Dittatura del Potere Giudiziario?* Dove si trova l'impegno, un tempo assunto, per l'effettività della Costituzione Federale e per la Democrazia? Dove si trova il rispetto per i Poteri costituiti, per l'armonia e per il benessere sociale? Dove si trova la garanzia del Diritto pre-costituito come strumento di modellamento della società?

Dopo il lungo processo percorso per la consolidazione della nazione brasiliana, conseguendo preziose conquiste di natura sociale e politica, non vi è più spazio per regressi.

---

[16] **RAMALHO, Renan.** La Corte Suprema ha questo grande ruolo, di controllo sugli altri Poteri. *Gazeta do Povo*, 22 feb. 2024. Disponibile su: https://gazetadopovo.com.br/republica/supremo-papel-controle-poderes-dino.

7. RIFERIMENTI BIBLIOGRAFICI

BOBBIO, Norberto; MATTEUCCI, Nicola; PASQUINO, Gianfranco. Dicionário de Política. trad. Carmen C, Varriale et al. 11ª Edição. Brasilia: Editora UNB, 1998.

BRASIL. [Constituição (1988)]. Constituição da República Federativa do Brasil: promulgata il 5 Ottobre 1988.

CARONE, Edgard. A República Nova (1930-1937). 2ª Edição. Editora DIFEL: São Paulo, 1976.

A Terceira República (1937-1945). 2ª Edição. Editora DIFEL: São Paulo, 1982.

COSTA, Antonio Francisco. A insegurança jurídica no Brasil, promovida pelo estado-juiz. Revista do IBEDAFT, coord. Kiyoshi Harada, Francisco Pedro Jucá. Vol. 6, n. 3 – jul./dez. 2022. São Paulo: Max Limonad, 2023.

Portal Institucional do Senado Federal. Disponibile su www.senado.leg.br.

RAMALHO, Renan. O Supremo tem esse grande papel, de controle sobre os outros Poderes. Gazeta do Povo, em 22 fev. 2024. Disponibile su https://gazetadopovo.com.br/republica/supremo-papel-controle-poderes-dino.

Brasil. [Coleção de Leis do Brasil - 1889, Página 1, Vol. 1)], (Publicação original).

Brasil. [Constituição (de 25 de Março de 1824)] Constituição Politica do Imperio do Brazil Constituição Política do Império do Brasil, outorgada pelo Imperador D. Pedro I, em 25.03.1824. Disponibile su https://www.planalto.gov.br/ccivil_03/Constituicao/Constituicao24.htm

CAPITOLO XII

Democrazia, uno strumento di marketing politico

Sommario: Il presente articolo analizza la definizione e l'emergere della democrazia, e il suo utilizzo da parte della demagogia come strumento di marketing politico, come forma di dominio delle masse per il mantenimento di gruppi politici al potere. Esamina inoltre lo Stato di diritto attraverso la lente della democrazia, dalla divisione dei poteri al suo società ruolo di garantire i diritti fondamentali alla. L'articolo propone anche una panoramica sul progresso storico e politico nella formazione dell'attuale Costituzione del Brasile.

Parole chiave: Democrazia; Stato; Società brasiliana; Costituzione federale; Diritto costituzionale; Libertà democratica; Forme di governo; Costituzione federale del 1988.

1. INTRODUZIONE

L'obiettivo dello Stato deve essere il bene comune, il benessere sociale, la pace e la sicurezza del popolo. Pertanto, deve garantire le libertà e stimolare la produzione volta alla sostenibilità della vita umana con dignità.

Per questa ragione, lo Stato democratico di diritto deve essere strutturato su tre pilastri che rappresentano gli strumenti fondamentali delle sue funzioni: la funzione legislativa, la funzione esecutiva e la funzione giudiziaria, moderne "POTERI", che insieme costituiscono il potere unico dello Stato. Per funzionare bene, dipendono dalla qualità della "materia prima" della loro organizzazione, cioè dalla qualità dei loro agenti, dai componenti umani che li costituiranno, in termini di competenza, formazione morale, etica, senso di patriottismo, solidarietà e lealtà.

Uno dei grandi problemi per l'umanità oggi è quando lo Stato sembra trasformarsi in un mostro che divora il suo creatore: la società. Per questo motivo, la relazione tra Stato e società sta diventando, giorno dopo giorno, sempre più complessa di quanto si immaginasse.

2. IL RITRATTO DELLO STATO DI DIRITTO

Nel quadro dello Stato di diritto, figurano i tre poteri, ognuno con funzioni specifiche. Il Potere Legislativo deve essere impegnato nella costruzione e nel perfezionamento dell'ordinamento giuridico che regola le leggi dello Stato e della società. Il Potere Esecutivo, subordinato all'ordinamento giuridico previamente costituito, deve essere impegnato nelle azioni amministrative di gestione dello Stato, finalizzate al bene comune, al fine di garantire l'effettività delle libertà individuali, il benessere sociale, promuovendo l'educazione, la sicurezza e la salute della popolazione, stimolando la società allo sviluppo di meccanismi di costruzione e sostenibilità della vita dignitosa. Allo stesso modo, il Potere Giudiziario, anch'esso subordinato all'ordine giuridico, deve essere impegnato nella risoluzione dei conflitti, quando richiesto, intervenendo nella struttura politico-sociale solo attraverso gli effetti delle sue decisioni giuridiche, emesse mediante il dovuto processo legale, esercitando la funzione giurisdizionale piena di interpretazione e applicazione delle leggi, e facendo rispettare le proprie decisioni volte a realizzare la giustizia e promuovere la pace sociale. Così si presenterà il perfetto ritratto dello Stato di diritto.

Al contrario, lo Stato si trasforma in un *mostro che divora il proprio creatore, la società*, quando, ad esempio, gli agenti pubblici, con modi apparentemente uniformi, ambiziosamente uniscono i propri interessi verso un punto comune di dominazione, costituendo un potere dominante resistente, abbracciando lo Stato come una proprietà privata. Di conseguenza, lo Stato non ha più limiti, diventa assolutamente sovrano, e la società diventa subalterna o schiavizzata, poiché l'obiettivo naturale del potere dominante è il perfezionamento di meccanismi che ne assicurino la continuità e la sostenibilità permanente, mettendo in secondo piano l'interesse collettivo e il bene comune.

Il giornalista esperto *José Luiz Tejon*, editorialista del giornale *A TARDE*, il 29 aprile 2024 (Caderno B2, pag.2), parlando di un commento che gli fece il compianto *Alysson Paulinelli il 7 dicembre 2017*, quando saggiamente gli affermò che "la Democrazia è il miglior sistema di governo, ora la società civile deve organizzarsi. La regola mondiale è che chi è organizzato va, chi non lo è non va, perciò non mi fido più solo del governo", suggerisce che "nella guerra dei tre poteri, il Paese ha bisogno del 4° potere, urgentemente". Il Brasile, forse sì, forse no. Tuttavia, credo che questa non sarebbe la soluzione per una società democratica. La società civilizzata, orientata verso lo sviluppo del bene comune, del benessere sociale collettivo con giusta interazione di rispetto e fiducia tra Stato e Popolo, è il perfezionamento dell'unità del Potere statale esercitato armoniosamente attraverso le tre Funzioni fondamentali: *Funzione Legislativa, Funzione Esecutiva, Funzione Giudiziaria* (Poter Legislativo, Potere Esecutivo e Potere Giudiziario).

Il problema cruciale del Brasile sembra risiedere nella mancanza di controllo della corruzione e, di conseguenza, nella sfrenata ambizione di potere che su di essa si concentra. La soluzione non sarebbe l'istituzione di un ulteriore "potere" ma, piuttosto, nel rispetto del principio dell'unicità del "potere", una nuova ripartizione dello stesso, capace di risolvere il grave problema che destabilizza la società e lo stesso Stato brasiliano.

L'idea di un regime democratico per la società e per lo Stato è una discussione piuttosto antica tra i popoli organizzati, sebbene sembri, ai giorni nostri, piuttosto utopica. Molto prima di *Aristotele in Grecia* (IV secolo a.C.), i *fenici* già discutevano questa idea di Democrazia come sistema di governance dello stato, come governance di quell'importante "Impero" economico senza Imperatore, diviso tra una pluralità di piccoli regni autonomi, i cui poteri venivano trasmessi per ereditarietà.

Sebbene conosciuti come il *popolo del mare*, per essere, all'epoca, grandi mercanti marittimi, i fenici costituivano una delle civiltà più importanti dell'Antichità e si erano stabiliti nel nord della Palestina, tra il Mar Mediterraneo e una regione che oggi comprende il Libano, la Siria e Israele.

La *Fenicia* era un territorio composto da un insieme di città autonome, con governi indipendenti, che erano esercitati dai membri della classe aristocratica (classe dei ricchi), ricchi commercianti, artigiani di spicco e armatori. In genere, il capo del governo era un re, e questa funzione (Potere) veniva trasmessa per ereditarietà. Da qui nasce la discussione, in quella società, sul perfezionamento *di un governo del popolo per il popolo,* il cui potere di governare non fosse trasmesso per ereditarietà, ma che avesse alternanza, sebbene ristretta, tra la "classe aristocratica", nel moderno senso dell'espressione - poiché "aristocrazia", dal greco, è sinonimo di élite, che si traduce letteralmente come "il governo dei migliori", visto che stiamo facendo riferimento a momenti distinti, 2300 a.C. e 322 a.C.!

I fenici erano di origine semita, discendenti degli antenati comuni degli arabi e degli ebrei che dominavano la regione costiera del Mediterraneo che attualmente comprende i territori del Libano, della Siria e di Israele, e che, intorno al 2300 a.C., si stabilirono in quella regione costiera dell'antica Canaan.

Ma, va sottolineato che per parlare di Democrazia, una parola che oggi *suona come un rimedio generico, o una panacea che cura tutto,* dobbiamo innanzitutto fare brevi chiarimenti sulle distinzioni *tra regimi, sistemi e forme politiche o di governo,* proprio per capire a quale corpo essa possa adattarsi come "veste". Cosa sarebbe democratico: la forma, il regime o il *sistema politico?*

Come è noto, il *governo statale* costituisce un complesso di strutture e funzioni centrali di potere che materializzano il potere politico supremo, che naturalmente, in genere, si basa sui termini della rispettiva Costituzione dello Stato. Questo complesso di strutture e funzioni è costruito come un tutto unico che comprende la forma, il sistema e il regime politico, indipendentemente dai modelli o pensieri ideologici dei rispettivi gruppi dominanti. Da qui la giustificazione dell'origine dell'espressione *unicità del potere dello Stato.*

Come si possono quindi definire questi tre strumenti astratti, i cui effetti della loro rispettiva efficacia hanno ripercussioni significative sulla vita della società? Questo cercheremo di chiarire di seguito.

La forma di governo può essere definita come il mezzo o modello di attribuzione del potere che orienta l'effettività di un sistema di governo. Il sistema di governo, d'altra parte, costituisce l'insieme di norme che istituzionalizzano la forma di governo, che è definito nel contenuto della Costituzione. In altre parole, è ciò che è ordinato nella Costituzione. *Il regime di governo*, invece, si costituisce nel modo effettivo in cui il potere è esercitato in un determinato periodo di efficacia di un potere dominante, di un governo.

3. LE FORME DI GOVERNO

In termini di concettualizzazione accademica, universalmente, ci confrontiamo ancora teoricamente con sei forme di governo conosciute, divise in due livelli di efficacia: tre forme che portano un certo grado di astrazione e altre tre, nella visione aristotelica più contemporanea, che si avvicinano a una realtà convincente. Le prime tre sono la monarchia, l'aristocrazia e la democrazia. Le più reali, secondo *Aristotele*, a seconda dell'interesse perseguito — interesse collettivo generale o solo gli interessi del potere dominante, dei governanti — nelle *versioni legittime e illegittime,* sono la tirannide, *l'oligarchia e la demagogia.* Tutte queste forme portano uno stendardo astratto come richiamo alla convinzione delle loro idee, una bandiera irreale comune: *"democrazia".*
Fermandosi sulla credenza di legittimità e orientata all'interesse comu-

ne, la *democrazia* segue tranquillamente montata sul cavallo alato della demagogia, incurante della tipologia del sistema di governo, che sia repubblicano o monarchico.

Indipendentemente da tutto ciò, per la tranquillità del potere dominante che si è impadronito, si cerca di distinguere *tre regimi di governo:*

i) il regime *democratico,* che si caratterizza con la bandiera della libera formulazione delle preferenze politiche e della disputa pacifica del potere, con la proposta di alternanza in intervalli di tempo predefiniti;

ii) il *regime autoritario,* che maschera un pluralismo limitato, senza la possibilità di una mobilitazione politica ampia e con una certa limitazione nell'accesso all'effettività del potere; e, infine,

iii) *il regime totalitario,* regime aggressivo che controlla tutta la mobilitazione politica nello Stato, consolidando il potere nelle mani di un piccolo gruppo, base di un partito unico di massa, con un'ideologia concentrata e chiara, blindata contro la sua dissoluzione tramite mezzi pacifici.

4. LA DEMOCRAZIA SECONDO L'ONU

Dall'approvazione della *Dichiarazione Universale dei Diritti Umani,* seme del neo-costituzionalismo, promulgata in risposta alle conseguenze delle atrocità delle guerre mondiali nel 1948, quando il dolore e la sofferenza erano comuni a tutti, l'Organizzazione delle Nazioni Unite (ONU) è giunta alla conclusione che la democrazia è il regime di governo ideale per perseguire il bene comune, il benessere sociale e la garanzia delle libertà individuali.

Pertanto, l'intendimento dell'ONU è che la democrazia *"è un valore universale basato sulla volontà, espressa liberamente dal popolo, di determinare il proprio sistema politico, economico, sociale e culturale, nonché sulla piena partecipazione a tutti gli aspetti della vita."*

Recentemente, nel dicembre del 2007, con questa convinzione teorica universale, *l'Organizzazione delle Nazioni Unite,* come se volesse distribuire speranza ai popoli del mondo, ha istituito il 15 settembre come "Giornata Internazionale della Democrazia," con l'obiettivo di stimolare gli Stati ad assimilare il neo-costituzionalismo, incentrato

sull'importanza di promuovere la democratizzazione, e la sensibilizza-
zione politica sulle garanzie dei Diritti Umani, in particolare le libertà
fondamentali.

L'ONU ha cercato quindi di sottolineare la stretta e sana relazione tra la *democrazia* e *i diritti umani,* riconoscendo che questa connessione contagia il popolo, promuovendo la difesa della partecipazione
politica in modo equo e senza restrizioni per tutti i cittadini, in modo
ampio e senza limitazioni nei rispettivi Stati. Questo processo è visto
come uno strumento per garantire il pieno rispetto *dei diritti umani,* il
loro riconoscimento e la loro protezione.

Il fondamento del neo-costituzionalismo è quello di orientare
gli Stati ad assumersi la responsabilità della protezione dei diritti umani,
impedendo loro di compiere azioni che violino tali diritti universali,
considerati le cellule madri della democrazia. Per questo motivo, non si
può negare che questa concezione moderna dei diritti umani rappresenti
una delle più grandi conquiste dell'umanità, sancita nella pregevole *Dichiarazione Universale dei Diritti Umani,* firmata nel 1948 in una speciale *Assemblea Generale dell'ONU,* composta da 30 articoli che copro-
no diritti civili, politici, sociali, economici e culturali.

Poiché il dolore, la sofferenza e il grave turbamento morale che
hanno motivato quella speciale *Assemblea Generale dell'ONU* si riflet-
tevano in tutto il mondo all'epoca, non c'era modo che i *diritti umani,*
definiti nella rispettiva Dichiarazione promulgata lì, non assumessero il
carattere universale, in quanto considerati diritti di tutti i popoli.
Non si può parlare di *democrazia* senza la piena attuazione *dei diritti
umani.* Pertanto, non esiste una *"democrazia relativa"*! Come definito
dall'ONU,

**[...] i diritti umani sono garanzie giuridiche universali che
proteggono gli individui e i gruppi di individui da   azioni o omissioni dei governi che violano la dignità umana e/o la loro libertà, le
libertà degli individui e delle persone.**

Solo la *democrazia* può concepire il campo naturale per la protezione e la realizzazione effettiva dei diritti umani, e questa relazione
tra democrazia e diritti umani è definita nell'articolo 21 della *Dichiarazione Universale dei Diritti Umani,* dove si legge che:
[...] la volontà del popolo è la base dell'autorità dei poteri pub-

blici; essa deve esprimersi attraverso elezioni oneste, effettuate periodicamente mediante suffragio universale e uguale, con voto segreto o mediante un processo equivalente che preservi la libertà di voto.**

Tali diritti, con carattere di universalità, sono stati successivamente consacrati nel *Patto Internazionale sui Diritti Civili e Politici*, istituito dall'Assemblea Generale delle Nazioni Unite (ONU) il 16 dicembre 1966, così come nel Patto Internazionale sui Diritti Economici, Sociali e Culturali, anch'esso istituito nel 1966 dalla ONU, che mira a garantire una distribuzione equa della ricchezza e l'accesso uguale e giusto ai diritti civili e politici, costituendo elementi essenziali di una *democrazia* effettiva.

5. LA DEMOCRAZIA COME STRUMENTO DI *MARKETING*

Per queste ragioni, con un focus su questi sani principi concettuali, tutte le organizzazioni politico-partitiche, indipendentemente dalle loro ideologie particolari, nella ricerca della conquista del *POTERE POLITICO* e del dominio dello Stato, utilizzano come bandiera elettorale e giustificazione motivazionale per conquistare l'approvazione del popolo (la conquista del voto popolare), la promessa ingannevole di garantire la *Democrazia*.

È un dato di fatto che la demagogia è una caratteristica naturale della condotta del politico professionista. È radicata nel "DNA" del cosiddetto *"politico di carriera"*.

Questo termine greco, "demagogia", significa l'arte di guidare il popolo, attraverso un'azione politica volta alla manipolazione e alla ricerca del favore della massa popolare, mediante promesse, senza alcun impegno per la loro effettiva realizzazione, con l'obiettivo speciale di conquistare il *Potere Politico*.

Costituisce, quindi, una strategia stravagante di conduzione politico-ideologica attraverso argomenti emotivi, appello e irrazionali per la conquista di obiettivi esclusivamente personali. Sfortunatamente, la democrazia porta con sé questa falla, fin dall'antica Grecia, di permettere la manipolazione della maggioranza attraverso l'uso di argomentazioni di apparente senso comune, ma piene di fallacie. In Grecia era una pratica naturale, ma a partire dalla scuola di Aristotele, il termine, molto discusso, ha acquisito il giusto significato peggiorativo, considerato stravagante per le buone maniere socio-politiche.

In questo modo, possiamo dire che la Demagogia non è, quindi, una Forma di Governo, né si configura come un Regime Politico. È difficile trovare un argomento contrapposto in grado di convincere. In realtà, è, naturalmente, una pratica politica che si appoggia sul popolo, sulla massa di persone comuni, suscitando aspirazioni irrazionali e impedendo lo sviluppo di una consapevolezza riguardo alla reale partecipazione attiva dei cittadini nella vita politica.

L'azione demagogica è plurale e si concretizza in diverse forme, tutte legate agli interessi particolari del demagogo, che abilmente si perfeziona nei metodi di camuffamento. Nella forma più comune, il politico sfrutta fatti o questioni storico-politiche specifiche, rivolgendole ai propri fini, istigando e attirando il popolo mediante discorsi ben addestrati per convincere le masse. Spesso, anche in modo istintivo, interagisce con l'umore del popolo e con i suoi bisogni più immediati, per conquistare ammirazione e adesione alle sue idee, che non sono orientate al bene comune e tanto meno a promuovere il benessere sociale, ma piuttosto a favorire le sue ambiziose conquiste per un interesse esclusivamente personale.

Nell'espansione di questo modello di azione politica non vengono presi in considerazione gli interessi reali dello Stato, né le conseguenze nel lungo periodo, riguardo alle quali, al massimo, si fanno commenti senza nesso, con parole superflue, ma che piacciono alla massa. L'obiettivo, ineludibile, è la conquista e la consolidamento di un potere di dominazione sostenibile, personale o del gruppo dominante. È che il termine *"democrazia"* è contagioso!

Concentrandoci su questo fatto incontrovertibile, quando ci immergiamo nella storia delle dottrine politiche, ci troveremo ad affrontare Aristotele, il pioniere, che qualificava il demagogo come un "adulatore del popolo", definendo la *Demagogia come una pratica corrotta o degenerata con cui si istituiva un governo a beneficio delle classi inferiori o di molti che governano in nome della massa.* (In *Politica*, IV, 5°, 1292, a).

Era comune l'opinione di *Platone e Aristotele*, come risulta dai loro scritti ("in *La Repubblica, 562-64, e in Politica 1.304, b, 1.305 a*), che le azioni dei *demagoghi*, instaurando quella che oggi possiamo sicuramente definire una falsa *"democrazia estrema"*, portano lo Stato a due possibili situazioni politiche dannose: l'instaurazione di un regime autoritario oligarchico o di un regime tirannico.

Nel primo caso, si verifica un'esasperazione del clima anarchico verso cui i demagoghi conducono lo Stato, provocando una reazione delle persone più influenti che, a quel punto, rovesciano la maggioranza, quasi sempre con il supporto dei militari e talvolta con il sostegno di entità esterne, instaurando un governo forte che impone ampie restrizioni alle garanzie individuali e ai diritti fondamentali del cittadino.

Nel secondo caso, ben più comune e frequente, come naturale conseguenza della pratica demagogica, viene eliminata ogni opposizione, e in tali condizioni i demagoghi si arrogano il diritto e la capacità di interpretare gli interessi delle masse, prendendo su di sé tutto il potere e la rappresentanza del popolo, instaurando una *tirannia o una dittatura* personale, imponendo allo stesso modo restrizioni molto severe alle garanzie individuali e ai diritti fondamentali del cittadino.

Anche se dobbiamo capire che, nella teoria medievale, di origine romana, influenzata dalle idee fenicie, con la *democrazia* basata sulla sovranità popolare, la contrapposizione si situa tra una concezione ascendente e una concezione discendente della sovranità. In quest'ultimo caso, il potere supremo deriva dal popolo e diventa rappresentativo, mentre quando il potere proviene dal principe, si trasmette per delega, dal superiore all'inferiore, in modo discendente.

Nella *teoria contemporanea*, derivata dalle tradizioni del pensiero politico, come la teoria classica divulgata dalla visione aristotelica, la Democrazia è intesa come il Governo del popolo, di tutti i cittadini, di coloro che godono dei diritti di cittadinanza. Essa si distingue dalla monarchia, che è il governo di uno solo, e dall'aristocrazia, che è il governo di pochi.

Infine, nella teoria moderna, conosciuta come la teoria di Maquiavelli, che nasce con lo Stato moderno, la democrazia assume la forma delle grandi monarchie. Secondo questa visione, le forme storiche di governo sono essenzialmente la monarchia e la repubblica, dove la Democrazia non è altro che un modello di repubblica, mentre l'altra forma è l'aristocrazia, originata dall'interazione caratteristica del periodo prerivoluzionario tra ideali democratici e ideali repubblicani, dando luogo al governo chiamato *"repubblica"*, anziché *"democrazia"*.

Contro il processo civilizzatore, purtroppo, in questo secolo - non mi riferisco al "nostro secolo", poiché appartengo ai secoli XX/XXI - questo fenomeno della *demagogia* si è accentuato notevolmente sulla scena politica, avendo un ruolo determinante nella dominazione delle masse che crescono e si agitano, in conseguenza di un "lievito" - batterio putrefatto che fa crescere e ingrossare le masse inerti.

Nel mondo attuale, in cui il *controllo del potere dello Stato* è conquistato attraverso rigorose strategie dei cosiddetti Partiti Politici, si sfrutta il concetto *utopico di Democrazia*, di "governo del popolo, dal popolo e per il popolo", come mezzo per strappare la fiducia e la devozione delle masse con false promesse di libertà e diritto di partecipazione, arricchite da illusioni di costruzione del bene comune, del benessere sociale e della prosperità, mentre in realtà ciò che si cerca è semplicemente la conquista del potere e la sua durabilità, mettendo in secondo piano il benessere collettivo.

Quindi, il gruppo, assumendo lo status di *"Potere Dominante"*, rivela la sua ideologia preponderante e irrinunciabile: il Potere Politico, con il mantenimento del controllo solido sulla popolazione, da cui estrarre tutto il possibile per garantire la sostenibilità della macchina amministrativa, senza troppa preoccupazione per la capacità fiscale dei cittadini, né per la salute e la sicurezza della gente. Il benessere sociale equivale alla felicità, quindi è una questione atemporale e passeggera.

Non si può dimenticare che, prendendo come base la *Repubblica Romana, Machiavelli*, all'epoca, registrò le sue idee dedicate al principato, mostrando che tutti i poteri sono sovrani sul popolo e sono Repubbliche o Principati, nel senso di più liberali o autoritari, imperialisti.

Tuttavia, la repubblica, come contrapposizione alla monarchia, non si identifica necessariamente con la *Democrazia* come Governo del Popolo, anche perché, tra le cosiddette *Repubbliche Democratiche*, esistono anche le Repubbliche Aristocratiche, attualmente molto simili ai *Regni Parlamentari, come ad esempio il Regno Unito britannico.*

Ora, se si intende la *Democrazia nel modello* aristotelico, la Repubblica non può essere intesa, rigorosamente, come *Democrazia,* poiché, nel pensiero moderno, la Democrazia è considerata un regime contrario all'autoritarismo, opposto alle forme dispotiche di governo. Convivenza di molte "repubbliche" autoritarie!

Per questa ragione, tutti i movimenti o Partiti Politici, universalmente, indipendentemente dalle loro reali ideologie e scopi di potere, anche i più perversi e con vocazione autoritaria, utilizzano falsamente lo *stendardo della Democrazia* per ingannare la massa, il popolo, alla ricerca di sostegno per la conquista del potere. Solo per questo. È *l'imperialista,* il *socialista,* il *comunista,* tutti indistintamente. Il fatto è che il POPOLO è una massa inerte che si muove solo grazie al "lievito", alla provocazione artificiale.

È sorprendente, al giorno d'oggi, vedere gruppi o Partiti Politici con ideologie comuniste radicali sollevare lo stendardo della democrazia per convincere il popolo a credere in false promesse irrealizzabili, promettendo libertà *democratiche,* al fine di conquistare il potere.

Quando, in realtà, ciò che è noto a tutti è che il comunismo è un'ideologia politica, sociale ed economica autoritaria che mira a stabilire una società egualitaria, ma in termini di dipendenza dal *potere dominante,* che trasforma lo Stato in una *Dittatura del Proletariato,* uno Stato repressivo dove solo la classe dominante evolve e gode del benessere. Il resto è massa, è semplicemente il popolo soggiogato dalla sovranità dello Stato oppressore.

6. CHE COS'È LA LIBERTÀ DEMOCRATICA?

La *libertà democratica* è nell'essenza del *"neoconstituzionalismo"* suggerito dalla già citata *Dichiarazione Universale dei Diritti Umani,* focalizzata sullo sviluppo del bene comune, del benessere sociale, della prosperità e della felicità del popolo, fondata su un insieme di garanzie e libertà individuali che devono essere assicurate dallo Stato: libertà di circolazione; libertà di espressione; libertà di religione; libertà di lavoro; garanzia del diritto di proprietà e della sicurezza; diritto all'istruzione; diritto alla salute; diritto di voto e di essere votato; e diritto a una vita dignitosa, che rende l'individuo un cittadino. Lo Stato che si distacca da questi valori non è uno *Stato democratico.*

La *libertà democratica* presuppone la libertà e il diritto di resistenza e opposizione all'autoritarismo, all'oppressione e alle ingiustizie. L'oppressione si manifesta con la limitazione delle libertà e la negazione della garanzia dei diritti individuali del cittadino, anche se in modo relativo o parziale.

Si può definire l'*Autoritarismo* come una forma malefica di governo caratterizzata dall'imposizione di obbedienza assoluta all'autorità dello Stato, incarnata nella persona del leader politico, annullando le libertà individuali e, di conseguenza, il benessere sociale. Ogni regime autoritario è antidemocratico.

I regimi autoritari non accettano di coesistere con istituzioni o procedimenti di partecipazione e competizione politica, non riconoscono l'efficacia dei diritti fondamentali, tanto meno alcun meccanismo di controllo del potere, che è una caratteristica della Democrazia.

Purtroppo, l'autoritarismo è una tendenza a cui è esposto ogni tipo di potere. Si può dire che la realizzazione umana ruota attorno a due elementi naturali: il sesso e il potere. È già una teoria indiscutibile che l'uomo, come essere politico, non vive da solo, ma, quando è in gruppo, lotta per la dominazione, per detenere il potere sugli altri.

Il p*otere* rappresenta una forza fisica o morale, che si caratterizza per l'influenza effettiva, la capacità di conquista, sia per diritto che per influenza. Per questo motivo, il potere ha una connessione più permanente con l'autoritarismo che con il *dialogo.*

Storicamente, le società umane hanno sempre esercitato l'autoritarismo. I regni antichi si basavano sull'autoritarismo, con il monarca che esercitava un potere assoluto sul regno e sul popolo, controllato dalla forza, indipendentemente dal necessario "pane e circo" per placare le ripetute insoddisfazioni del popolo e i disagi dei suoi eserciti controllori. Naturalmente, i più intelligenti usavano la manipolazione per convincere i sudditi a seguire le leggi e le regole stabilite da loro, con priorità per la sostenibilità del potere. Ricordiamo il monarca Luigi XIV, Re di Francia e Navarra, che solleva proclamare:

"L'État, c'est moi" (Io sono lo Stato). Sebbene si registrino piccole flessibilità nell'autoritarismo esercitato dai cosiddetti monarchi costituzionali che governavano parte dell'Europa, in particolare la Gran

Bretagna, non cessavano di essere governi autoritari.

La libertà democratica nel senso politico aristotelico, sebbene non fosse quella praticata ad *Atene*, è un'*utopia* esagerata. *Atene* sviluppò un regime che denominava *Democrazia*, in cui solo coloro che erano considerati "cittadini", ossia gli uomini liberi nati in città, vale a dire al massimo il 30% della popolazione, godevano dei diritti politici, come quello di votare e di essere eletti.

Dire che la democrazia teorica *aristotelica è un'utopia*, nei termini originari greci di "ou+topos", che significa "luogo inesistente", è un termine che si usa esattamente per designare "*costruzioni immaginarie di società perfette delineate secondo i principi filosofici dei loro ideatori*".

Ora, immaginiamo una libertà democratica assoluta in un Paese come la Cina, con un miliardo e mezzo di abitanti! Ciò che il mondo chiede e che tutti noi dobbiamo agli altri, nell'evoluzione del processo civilizzatorio, è, prima di tutto, il rispetto per la vita, il rispetto per la dignità umana.

Il rispetto per la dignità umana consiste nella costruzione di una coscienza generale del dovere reciproco, collettivo, di garantire e proteggere la vita, la libertà, l'uguaglianza, la sicurezza, l'educazione e la salute, mirando al bene comune e al benessere sociale.

Coinvolto in tutta questa discussione filosofica, che all'epoca era abbracciata da *Atene* e dai filosofi greci, *Socrate*, nel suo stile molto "*democratico*", concordando con le regole fondamentali della stessa democrazia, incarnate nel libero confronto delle opinioni, vale a dire, nell'esercizio libero del pensiero e della parola, formulava le sue critiche consistenti e razionali. Critiche consapevoli, poiché *Socrate* difendeva il diritto di cercare la conoscenza attraverso il metodo del questionamento e delle riflessioni. Credeva e insegnava *Socrate* che la verità dovesse essere cercata attraverso il dialogo e l'indagine razionale e non, semplicemente, piegandosi alle credenze tradizionali assorbite dalla massa.

Questo metodo venne denominato "*maieutica socratica*", consistente in una procedura di domande successive, una moltiplicazione delle domande, inducendo l'interlocutore alla scoperta delle proprie verità. Si formula una domanda, l'interlocutore risponde, si chiede nuovamente un concetto basato sulla risposta precedente, e così via.

Nonostante che *Socrate* si opponesse esplicitamente ai tiranni e all'autoritarismo, ha sempre professato che la democrazia fosse destinata alla sconfitta.

Tuttavia, sebbene in forme primitive e senza la denominazione greca, un regime democratico venisse discusso fin dalla civiltà fenicia, più di 2.000 anni a.C., e persino nella Roma antica, la discussione effettiva sulla sua implementazione iniziò nel V secolo a.C., seguendo la filosofia di *Dracone e Solone*, due legislatori eupatridi che disegnarono un'Atene politicamente plurale, liberata dai tiranni e dagli oligarchi, un'*Atene* fondata e guidata dalle leggi. Organizzandosi in questo modo, divenne una "potenza", periodo che fu conosciuto come la sua "era d'oro".

Per comprendere meglio questo contesto, vale la pena approfondire ancora un po' questo periodo effervescente della storia dell'umanità.
La grande leadership del più grande statista ateniese, *Pericle*, la personalità politica più prominente di quel secolo, era devota ai principi democratici ed era figlio di un influente politico, *Xantippo*. Nato nel 495 a.C. e morto nel 429 a.C., governò la sua città, Atene, per oltre trent'anni, diventando il rappresentante più significativo e il più brillante della civiltà greca antica, facendo in modo che quel secolo fosse chiamato "*il secolo di Pericle*".
Si è definita *democrazia ateniese* quel sistema politico stabilito nella città di Atene, che trionfò nel V secolo a.C., ben prima di Aristotele, poiché si caratterizzava per la partecipazione diretta dei cittadini liberi nelle assemblee popolari, nei tribunali e nelle decisioni politiche, a seguito delle riforme introdotte da Clistene, prima di *Pericle*, che permisero la partecipazione dei cittadini nei collegi indipendentemente dal loro reddito.

Tuttavia, la sfortunata *Guerra del Peloponneso*, scatenata a causa della competizione di interessi tra Atene e Corinto, una città alleata di Sparta e membro della Lega del Peloponneso, così come altre interferenze straniere, tra cui la conquista macedone da parte di Alessandro "*Il Grande*", *e i regimi oligarchici* instaurati nel periodo successivo alla guerra, portarono al crollo della democrazia, soprattutto a causa dell'esclusione delle donne dal processo politico e dalla dipendenza dalla schiavitù, contraddicendo i principi di *uguaglianza e libertà* su cui si basava la democrazia *ateniese*.

Il Potere non ha vergogna, e perciò si dice che il potere non si delega. Il Potere è un oppio che crea dipendenza e, una volta che crea dipendenza, corrompe tutto e tutti per preservarsi.

L'Ambizioso promette persino la vita per conquistare il Potere, e quando è al Potere, con la stessa enfasi, dà la vita per non perderlo.

Il *Potere* in sé non è legato a nessuna ideologia. Intransigentemente, si lega al carattere, che è particolare e innato nell'individuo, e che porta con sé nella sua natura organico-psichica immutabile. Secondo il concetto comprensibile di Carl J. Friedrich, l'ideologia è un *"sistema di idee collegate all'azione, comprendente un programma e una strategia di azione volta a cambiare o difendere un ordine politico esistente"*.

Per non rinunciare al *Potere*, l'ambizioso accetta di rivedere i suoi concetti ideologici più radicati e persino cambiare *ideologia*, ma mai rinunciare al Potere per attaccamento a*ll'ideologia*. La vera ideologia dell'ambizioso è il *Potere*.

Augusto Boal, drammaturgo ed esegeta che è diventato un riferimento del teatro brasiliano, creatore della metodologia nota come "teatro dell'oppresso", autore di opere come "Theater of the Oppressed", "Théâtre de l'oppprimé" e "Teatro Legislativo", associava ingenuamente libertà e democrazia, partendo dalla premessa teorica che la democrazia è l'unico regime politico che può permettere ai cittadini di resistere all'ingiustizia e all'oppressione in generale, consentendo loro di svilupparsi.

Nel credere nella possibilità di sussistere, nell'ambito del potere politico dello Stato, un regime democratico puro, non sarebbe del tutto sbagliato, no. Questo, se non fosse che la *democrazia* piena è un'utopia assoluta.

Considerando-se, come non potrebbe essere altrimenti, che il conflitto risiede nella natura umana e che il potere è la risorsa più ambita dall'uomo, sarebbe delirante immaginare uno Stato strutturato e organizzato secondo "l'ideale regime di governo volto a cercare il bene comune, il benessere sociale e la garanzia delle libertà individuali", basato sull'ideale di "un valore universale fondato sulla volontà, espressa liberamente dal *popolo, di determinare il proprio sistema politico, economico, sociale e culturale, così come la sua piena partecipazione in tutti gli aspetti della vita"*, cioè fondato nella democrazia come concepita dalle Nazioni Unite? Utopia!

In termini puramente nazionali, possiamo ricordare la caduta della memorabile (per le sue peculiarità e l'eccezionalità della leadership politica del dittatore) "Dittatura Vargas". Dopo le elezioni generali del 2 dicembre 1945, i nuovi **senatori e deputati federali** eletti in quel momento composero **l'Assemblea Costituente** per elaborare, come venne effettivamente fatto, e promulgare la nuova *"Costituzione democratica"* il 18 dicembre 1946, offrendo alla Nazione un modello *politico liberale e democratico*. Questo modello si basava sull'indipendenza dei poteri Esecutivo, Legislativo e Giudiziario, ripristinando l'equilibrio e l'ideale di armonia tra i tre poteri, istituendo l'autonomia degli Stati e dei Comuni. Si inaugurava, così, effettivamente, l'esperienza del regime democratico in Brasile, che giuridicamente era nato nel 1822, sebbene con limitazioni e interrogativi ancora percepibili e controversi sui diritti e le libertà fondamentali, compreso il divieto di voto per gli analfabeti. Nacque così la *Quarta Repubblica* brasiliana, definita democratica!

Questa Costituzione, raggiungendo la "maggiore età" a 21 anni, era già gravemente contraddetta e minacciata dalla grande maggioranza della popolazione brasiliana, inclusi numerosi gruppi influenti, formatisi a causa dello smantellamento del potere centrale, che, temendo le atrocità del comunismo e invocando la "DEMOCRAZIA", imposero la sua revoca. Di fronte a questa resistenza, fu promulgata una nuova Costituzione, la *Costituzione del 1967*, il 15 marzo di quell'anno. Si sanciva una nuova esperienza in termini di modello statale, incorniciato dal Regime Democratico Militare instaurato nel 1964, il cui modello di gestione rigido si basava sull'ordine e sulla disciplina, tipici del militarismo, sostenuto e stimolato all'epoca negli Stati Uniti, in seguito alla paura generalizzata che il comunismo potesse dominare il continente dopo la Rivoluzione Cubana.

Si chiamava *democrazia*: *Regime Democratico Militare!* Tuttavia, in termini di efficacia, era molto diverso dal modello concettuale professato dalle Nazioni Unite, come precedentemente indicato.

È comune sentire dire che una nuova concezione giuridica di cittadinanza fosse stata introdotta nel diritto brasiliano dopo l'"apertura democratica" dello Stato e il conseguente superamento dell'ordine giuridico precedente, segnato dall'autoritarismo del *regime militare,* che durò in Brasile dal 1964 al 1985, e talvolta si parla erroneamente di "dittatura".

Ora, la verità è che, all'inizio del 1964, la paura del comunismo e l'inquietudine della società brasiliana raggiunsero il loro apice, momento in cui i leader politici di destra, alleati ai militari, si unirono per destituire il *Presidente João Goulart,* il quale, in quel periodo, si stava apertamente articolando con tutta la sinistra per imporre il comunismo internazionale nel Paese.

Di fronte a ciò, il Presidente fu quindi deposto dal suo incarico dal Congresso Nazionale il 1° aprile 1964, dando così inizio all'instaurazione del cosiddetto "*Regime Democratico Militare*", organizzato disciplinatamente dalle leadership delle tre forze armate - *Esercito, Marina e Aeronautica* - con un significativo e clamoroso sostegno della popolazione brasiliana.

Fedele ai suoi principi ideologici, il nuovo Potere Dominante, composto da civili e militari, decise di redigere una nuova Costituzione incorporando gli Atti Istituzionali che erano stati pubblicati dal 1964, per organizzare un nuovo Potere Politico che si stava instaurando in Brasile, teoricamente incentrato sulla triade della p*roprietà, della patria e della famiglia.*

È un fatto storico che una bozza della Carta Magna fosse stata scritta, su incarico, dai giuristi Francisco Campos, Levi Carneiro, Temístocles Cavalcanti e Orozimbo Nonato, con la coordinazione dell'allora Ministro della Giustizia Carlos Medeiros Silva, e pubblicata nel 1966 dal Governo che intendeva la sua immediata promulgazione. Tuttavia, in seguito a forti proteste del MDB (Movimento Democrático Brasileiro), partito di opposizione al Governo, e anche dell'Arena (Aliança Renovadora Nacional), partito alleato del Governo, questi ultimi, per precauzione, riaprirono il dibattito e immediatamente convocarono il Congresso per discutere e votare la nuova Magna Carta proposta, che avvenne tra il 12 dicembre 1966 e il 24 gennaio 1967, quando il testo finale fu approvato, dai deputati e dai senatori, con poche modifiche.

Quali erano le caratteristiche di quella Costituzione del 1967? Contagiata dalle inquietudini socio-politiche di quel momento, nella logica della *Guerra Fredda,* la *Carta Magna,* mantenendo la Repubblica come forma di governo, evidenziava i temi della sicurezza nazionale e l'aumento dei poteri della Federazione e del Presidente della Repubblica, mentre riduceva i diritti individuali, persino sopprimendo diritti e garanzie fondamentali del cittadino precedentemente sanciti nella Costituzione del 1946.

In questa linea di *Regime Militare - Regime Democratico Militare –*, si distinguevano come principali disciplinamenti della *Carta Magna*: l'elezione del Presidente della Repubblica in forma indiretta, tramite un Collegio Elettorale, in seduta pubblica, per un mandato di quattro anni; la possibilità di revoca e sospensione dei diritti politici da parte del Potere Esecutivo; l'introduzione del bipartitismo; le elezioni indirette per governatori e sindaci; la pena di morte per crimini contro la sicurezza nazionale; la restrizione del diritto di sciopero; l'ampliamento delle competenze della giustizia militare, estendendo il foro speciale ai civili; e, successivamente, nel 1968, l'incorporazione dell'Atto Istituzionale n. 5°, "AI-5°", che autorizzava la chiusura del Congresso Nazionale da parte del Potere Esecutivo; la censura preventiva dei mezzi di comunicazione; l'intervento militare negli Stati e nei Municipi; e la sospensione dei diritti civili e politici dei cittadini che commettevano crimini contro la Sicurezza Nazionale.

Accade che, sotto questa Costituzione, per circa 13 anni, il Brasile abbia adottato il *sistema bipartitico*, resistendo alla maggior parte del *Regime Democratico Militare*, iniziato nel 1964, con il *"MDB"* e l'*"ARENA" - Movimento Democrático Brasileiro e Aliança Renovadora Nacional*, rispettivamente.

Nonostante fosse previsto dalla Costituzione Federale, il bipartitismo fu abrogato dalla *Legge n. 6.767 del 20 dicembre 1979*, dando luogo a una maggiore pressione politica per le elezioni dirette, per meno autoritarismo e per più "democrazia".

Pertanto, non resistendo più alle pressioni politiche, il Governo *Militare* cedette alla candidatura di civili alla Presidenza della Repubblica nel 1984, consentendo al Collegio Elettorale di eleggere Tancredo de Almeida Neves Presidente della Repubblica il 15 gennaio 1985, con 480 voti contro 180 voti dati a Paulo Maluf, registrando 26 astensioni. Era l'inizio della fine della *Costituzione del 1967 e del Regime Democratico Militare*.

Con l'elezione di un nuovo Governo Civile nel 1986, furono eletti anche i deputati per formare l'Assemblea Costituente e redigere la nuova Carta Magna, con un "nuovo modello di regime democratico", come desiderato dalla maggioranza, un lavoro che si sviluppò da febbraio 1987 a settembre 1988. Così, il 5 ottobre 1988, fu proclamata la

"Costituzione della Repubblica Federativa del Brasile", "Costituzione del 1988", segnando la nascita di una "nuova ordine giuridica", un nuovo modello di società politica nel Paese, la settima costituzione del Brasile dalla sua indipendenza nel 1822 e la sesta del periodo repubblicano, definita "Costituzione Cittadina", anche se nel suo nome non vi è alcun riferimento alla *"democrazia"*.

In che modo questa nuova Costituzione, attualmente in vigore, ha cercato di modellare lo Stato e la società brasiliana, definita come democratica? *La Costituzione Federale, strutturata in nove titoli, definiti come: Titolo I - Principi Fondamentali; Titolo II - Diritti e Garanzie Fondamentali; Titolo III - Organizzazione dello Stato; Titolo IV - Organizzazione dei Poteri; Titolo V - Difesa dello Stato e delle Istituzioni; Titolo VI - Tassazione e Bilancio; Titolo VII - Ordine Economico e Finanziario; Titolo VIII - Ordine Sociale; e Titolo IX - Disposizioni Generali, sebbene oggi in* parte emendata e talvolta violata, ha introdotto nella società brasiliana caratteristiche particolari nella disciplina dei diritti dei cittadini.

Per quanto riguarda i cosiddetti *Diritti Umani*, il Paese sembrava evolversi in modo significativo, istituzionalizzando la fine della censura sui mezzi di comunicazione; la libertà di espressione; i diritti dei bambini e degli adolescenti; elezioni dirette e universali con due turni; il diritto di voto per gli analfabeti; il voto facoltativo per i giovani tra i 16 e i 18 anni; il crimine inaffiancabile per la pratica del razzismo; il divieto della tortura; l'uguaglianza di genere e il sostegno al lavoro femminile.

Stabilì anche che gli indigeni avrebbero avuto riconosciuta la proprietà delle terre che occupavano, nonché quelle che tradizionalmente si considerava fossero di loro proprietà, e garantì all'*Unione* il diritto di legiferare sugli indiani e di proteggere le loro tradizioni, lingue e usanze. Riconobbe anche il diritto di proprietà sulle terre occupate dai discendenti dei Quilombos. Teoricamente, una meraviglia!

Chi interpreta attentamente i termini della Dichiarazione Universale della Democrazia, approvata dall'Unione Parlamentare durante una riunione nella città del Cairo, in Egitto, nel 1997, con rappresentanti di 128 paesi, capirà facilmente perché *la democrazia sia, in realtà, solo uno strumento di marketing dei partiti politici alla ricerca della conquista del potere.*

Quando la suddetta Dichiarazione Universale inizia a definire i Principi della Democrazia, nel primo principio stabilisce: *"La democrazia è un ideale* universalmente riconosciuto, un obiettivo che si basa su valori comuni condivisi dai popoli di tutto il mondo, indipendentemente dalle differenze culturali, politiche, sociali ed economiche. È, quindi, un diritto fondamentale della cittadinanza, da esercitare in condizioni di libertà, uguaglianza, trasparenza e responsabilità, con il dovuto rispetto per la *pluralità dei punti di vista,* nell'interesse della comunità."

Come è noto, "un ideale" è un termine latino, *"ideale,* che significa un principio, valore o bene materiale che serve come meta per l'individuo. Pertanto, la democrazia non si adatta come regime politico assoluto di uno Stato, perché il regime politico è effettivo e non rimane semplicemente nell'attesa di "un ideale".

La Dichiarazione Universale della Democrazia prosegue, ribadendo nel secondo principio che *"la democrazia è sia un ideale* da perseguire che una forma di governo che deve essere utilizzata in base a modalità che riflettano la diversità di esperienze e particolarità culturali, ma senza trascurare i principi, le norme e gli standard internazionalmente riconosciuti. Si trova quindi in uno stato di continuo *perfezionamento, e il suo progresso dipenderà da una varietà di fattori politici, sociali, economici e culturali".*

Pertanto, si tratta di un piano culturale di trasformazione che evolve lentamente, adattandosi alle situazioni concrete nel tempo, iniziando gradualmente per poi evolversi, e così facendo enfatizza nel terzo principio, affermando che "come ideale, la democrazia è destinata *essenzialmente a preservare e promuovere la dignità e i diritti fondamentali dell'individuo;* raggiungere la giustizia sociale; e favorire lo sviluppo economico e sociale della collettività, rafforzando la coesione sociale e la tranquillità della nazione, creando un equilibrio interno per creare un ambiente favorevole alla pace internazionale. Come forma di governo, la democrazia è il miglior modo per raggiungere questi obiettivi e anche l'unico sistema politico che ha la capacità di promuovere la sua correzione".

Con questi termini, nel quarto principio si evidenzia che "la conquista della democrazia presuppone una vera partnership tra uomini e donne nella gestione degli affari della società, dove lavorano in uguaglianza e complementarità, ottenendo un arricchimento reciproco dalle loro differenze". Presupporre significa presumere, quindi si troverebbe solo nel campo della presunzione, dell'immaginario. Un'utopia, che significa un progetto irrealizzabile, una chimera!

Nel quinto principio si afferma che "lo stato democratico garantisce che i *processi attraverso cui si accede al potere*, lo si esercita e lo si trasmette, derivano da una libera competizione politica, essendo il prodotto della partecipazione libera, aperta e non discriminatoria del popolo, *esercitata in conformità con lo stato di diritto (sia in termini scritti che nel suo spirito)*". Quindi dipende dalla natura politica dello Stato di Diritto.

Lo Stato di Diritto può essere socialista. Pertanto, in questa ipotesi, è inconcepibile l'effettività dell'ideale di *"preservare e promuovere la dignità e i diritti fondamentali dell'individuo, raggiungere la giustizia sociale e favorire lo sviluppo economico e sociale della collettività"*.

Abbiamo quindi che la XIX Conferenza del Partito Comunista dell'Unione Sovietica (PCUS) ha registrato la tesi sulla transizione dell'URSS verso uno Stato socialista impegnato con il concetto di "imperio della legge" (*rechtsstaat*), il che significa un concetto scientifico della prospettiva di uno Stato di Diritto Socialista. Essenzialmente, non è altro che uno Stato Socialista.

Tuttavia, uno *Stato socialista* è quello che si dedica, costituzionalmente, a sviluppare una società socialista, e la società socialista, a sua volta, è strutturata secondo una filosofia politica, sociale ed economica che implica una pluralità di sistemi economici e sociali *caratterizzati dalla proprietà sociale* dei mezzi di produzione, dove la proprietà sociale può essere pubblica, collettiva, cooperativa o patrimoniale, ma mai privata. Pertanto, è incompatibile con i principi della democrazia, anche se si considera quanto stabilito dal settimo principio descritto nella *Dichiarazione Universale*, che afferma che "la democrazia si fonda sul primato del diritto, così come sull'esercizio dei diritti umani. In uno stato democratico, nessuno è al di sopra della legge e tutti sono uguali di fronte ad essa". Quale diritto? Quali leggi? Diritti e leggi socialisti!

L'ottavo principio, confermato il sogno dell'ideale di democrazia, conclude che "la pace e lo sviluppo economico, sociale e culturale sono, *simultaneamente*, condizioni per lo sviluppo e frutti della democrazia. Esiste quindi un'interdipendenza tra la pace, lo sviluppo, il rispetto e l'osservanza dello stato di diritto e dei diritti umani". Vale a dire che, senza l'effettività di questo insieme di valori, non si ha *democrazia*.

7. CONCLUSIONE

LA *DEMOCRAZIA* non è altro che uno strumento di *MARKETING* utilizzato da gruppi o partiti politici con l'obiettivo di convincere il popolo a credere nelle loro proposte e promesse, senza alcun vero impegno con l'effettività, con l'unico scopo di conquista e dominio del *Potere*.

Nei momenti attuali, assistiamo, a livello mondiale, al fatto che tutti i gruppi costruiti sulle loro ideologie politiche, che lottano per conquistare il *Potere* dello Stato, la dominazione, il controllo e la gestione dello Stato, presentano sempre, in modo chiaro, un piano per il dominio per un periodo tra trenta e cinquanta anni! Pertanto, si oppongono alla *democrazia*, che ha come caratteristica l'alternanza del *potere*.

Non si può negare che la pace e lo sviluppo economico, sociale e culturale sono condizioni per lo sviluppo di una *democrazia* sana e che uno *Stato democratico* è quello che garantisce la libera competizione politica per ascendere al potere, esercitata in conformità con lo stato di diritto e senza discriminazione nella *partecipazione* del popolo.
Ciò a cui si assiste attualmente in Brasile, ad esempio, è che il *Potere Dominante*, rafforzato dal palese e inappropriato sostegno del *Potere Giudiziario*, in modo errato e incostituzionale, esercita un'ingiusta e accanita persecuzione contro avversari politici che godono di una solida leadership tra il popolo e rappresentano una minaccia di ascesa al potere, sospendendo loro i diritti politici di cittadino, in particolare quello di concorrere in elezioni libere da decidere dal popolo. Ciò, oltre a essere illegale e incostituzionale, è *antidemocratico*.

La *democrazia* sognata dagli uomini di buona volontà, non compromessi con l'ambizione del potere, ha essenzialmente come obiettivo quello di preservare e promuovere la dignità e i diritti fondamentali dell'individuo, basandosi su valori comuni condivisi dai popoli, indipendentemente dalle differenze culturali, politiche, sociali ed economiche. È un diritto fondamentale di cittadinanza da esercitare in condizioni di libertà, uguaglianza, trasparenza e responsabilità, con il dovuto rispetto per la pluralità dei punti di vista, nell'interesse della comunità.

Chi ambisce al *Potere*, non ama la democrazia, poiché il *Potere* è dominazione, mentre la *Democrazia* è libertà.

8. RIFERIMENTI BIBLIOGRAFICI

BOBBIO, Norberto; MATTEUCCI, Nicola; PASQUINO, Gianfranco. **Dicionário de Política.** Trad. Carmen C. Varriale et al. Brasília: Editora Universidade de Brasília, 11a ed., 1998.

BRASIL. [Constituição (1988)]. **Constituição da República Federativa do Brasil**: promulgata il 5 ottobre 1988.

CARONE, Edgard. **A República Nova** (1930-1937). 2a. ed. Editora DIFEL: São Paulo, 1976.

CARONE, Edgard. **A Terceira República** (1937-1945). 2a. ed. Editora DIFEL: São Paulo, 1982.

CAVALLI, Luciano. **La democrazia manipolata**, Edizioni di Comunità, Milano: Crespi F. 1965.

COSTA, Antonio Francisco. A insegurança jurídica no Brasil, promovida pelo estado-juiz. **Revista do IBEDAFT**. Coord. Kiyoshi Harada, Francisco Pedro Jucá. Vol. 6, n. 3 - jul./dez. 2022. São Paulo: Max Limonad, 2023

FASSÒ, Guido. La democrazia in Grecia (1959). Il Mulino, Bologna 1967.

MAQUIAVEL, Nicolau. **O Príncipe**, tradução de Antonio Cauccio-Caporale, L&PM Pocket: Porto Alegre, 2011.

ONU - Organização das Nações Unidas. Assembleia Geral da ONU. (1948). **Declaração Universal dos Direitos Humanos**. Resolução 217 [III] A. Paris, 1948. Disponibile su https://brasil.un.org/sites/default/files/2020-09/por.pdf. Visitato il 14 Giugno 2024.

ONU - Organização das Nações Unidas. Assembleia Geral. **Declaração universal da democracia**: Resolução A/62/7 da Assembleia Geral da

Organização das Nações Unidas - ONU, setembro de 2007. Brasília: Senado Federal, 2012. Disponibile su https://www2.senado.leg.br/bdsf/bitstream/handle/id/243080/000954851.pdf. Visitato il 14 Giugno 2024.

OPPENHEIM, F. E. **Dimensioni della libertà**. Feltrinelli, 1961.
RAYMOND, Aron, **Démocratie et totalitarisme.** Paris, Gallimard, 1965.

TEJON, José Luiz. Na guerra dos três poderes, o País precisa do 4º poder, urgente. **Jornal A Tarde**, Salvador, 29 abr. 2024. Disponibile su: https://atarde.com.br/atardeagro/na-guerra-dos-tres-poderes-o-pais-precisa-do-4-poder-urgente-1268182. Visitato il 3 Maggio 2024.

BIOGRAFIA DELL'AUTORE

Antonio Francisco Costa

Giurista e Scrittore. Specialista in Scienza Giuridica • Master in Amministrazione Aziendale e Commercio Internazionale • Post-laurea in Diritto Processuale Civile e Diritto Cambiario • Specialista in Giornalismo Investigativo • Ex-coordinatore del Corso di Diritto dell'Università Cattolica di Salvador • Professore di Diritto Internazionale e Diritto Processuale Civile presso UNIFACEMP • Membro dell'Istituto degli Avvocati di Bahia, dell'Istituto Brasiliano di Governance Corporativa – IBGC –, dell'Accademia Massonica di Lettere di Bahia, Direttore Consulente dello Studio Legale Antonio Francisco Costa Avvocati Associati, Membro dell'Istituto Brasiliano di Studi di Diritto Amministrativo, Finanziario e Tributario – IBEDAFT, Presidente dell'Istituto Baiano di Diritto Aziendale – IBADIRE.

E-mail: afccosta49@hotmail.com